Eberhard Ulich / Bettina S. Wiese

Life Domain Balance

Konzepte zur Verbesserung der Lebensqualität

GABLER

Bibliografische Information der Deutschen Nationalbibliothek
Die Deutsche Nationalbibliothek verzeichnet diese Publikation in der Deutschen Nationalbibliografie; detaillierte bibliografische Daten sind im Internet über <http://dnb.d-nb.de> abrufbar.

Mitglieder der SGO (Schweizerische Gesellschaft für Organisation und Management) erhalten auf diesen Titel einen Nachlass in Höhe von 10% auf den Ladenpreis.

1. Auflage 2011

Lektorat: Ulrike Lörcher | Katharina Harsdorf

Gabler Verlag ist eine Marke von Springer Fachmedien.
Springer Fachmedien ist Teil der Fachverlagsgruppe Springer Science+Business Media.
www.gabler.de

Umschlaggestaltung: KünkelLopka Medienentwicklung, Heidelberg
Druck und buchbinderische Verarbeitung: MercedesDruck, Berlin
Gedruckt auf säurefreiem und chlorfrei gebleichtem Papier
Printed in Germany

ISBN 978-3-8349-1403-3

Geleitwort

Die persönliche Lebensgestaltung ist eine der wichtigsten Voraussetzungen für ein ausgewogenes, glückliches Leben.

Sie ist nicht delegierbar und gehört damit in den Bereich der Eigenverantwortung. „Sich selbst führen" steht im Mittelpunkt; eine anspruchsvolle, spannende Aufgabe. Noch zu oft schieben wir diese Aufgabe immer wieder beiseite und warten, bis uns die Umwelt, das Leben die Entscheidung abnimmt. Dass dies nicht selten zu Überraschungen und zu lang andauernder Unzufriedenheit führen kann, ist verständlich.

Damit sind wir aufgefordert, frühzeitig über die Prioritäten in den verschiedenen „Life Domains" nachzudenken, Chancen und Risiken abzuwägen und entsprechende strategische Schritte festzulegen. In den verschiedenen Lebensphasen sind Anpassungen vorzunehmen, um die Ausgewogenheit, eben die Balance sicherzustellen. Das Angebot an Inhalten in den verschiedenen Lebensbereichen ist über die vergangenen Jahre deutlich angestiegen; die Freiheitsgrade sind grösser geworden und die Erreichbarkeit hat zugenommen. Gekonntes Marketing mit überzeugenden Produkten und Dienstleistungen bereichert das Menu in der Domain Freizeit stündlich. Aber auch die Arbeitswelt kann mit neuen Lösungen aufwarten, welche die Flexibilität stark erhöht haben. Dies sind die Resultate jahrelanger Forschung, primär in den Fachgebieten Organisation, Arbeitswissenschaft, Psychologie und Medizin. Stichworte sind lebensfreundliche Arbeitszeiten, job sharing, Telearbeit, Familienarbeit, Freiwilligenarbeit u.a.m. Den Verantwortlichen in Führung und Management kommt die Aufgabe zu, sich über die neuen Möglichkeiten zu informieren, Anwendungen zu prüfen und entsprechende Projekte auszulösen.

Eberhard Ulich und Bettina S. Wiese haben das Thema „Life Domain Balance" in allen Dimensionen studiert, verfolgt und kontinuierlich weiterentwickelt. Mit diesem Werk legen sie die Ergebnisse vor. Es ist ihnen in überzeugender Weise gelungen, den Themenbereich breit darzustellen, verständlich zu strukturieren und die Umsetzbarkeit dank vielen praktischen Beispielen zu fördern. Das Werk schliesst damit eine Marktlücke, in einer Zeit, da die Angebote in allen Domains immer vielfältiger werden und gleichzeitig die

Verantwortung von Individuen und Führungspersonen, sinnvolle und gewollte Lösungen zu realisieren, sehr hoch geworden ist.

Die Stiftung der Schweizerischen Gesellschaft für Organisation und Management hat dieses Forschungsprojekt begleitet und finanziert. Sie wurde darin von der Firma vivit gesundheits ag in Luzern grosszügig unterstützt. Die SGO Stiftung bedankt sich bei der Autorin und dem Autor für die geleistete Arbeit sehr herzlich und gratuliert zu den erreichten Resultaten.

Es ist zu hoffen, dass diesem Werk die gebührende Aufmerksamkeit von Individuen, Führungsverantwortlichen, Organisationsspezialisten und der Wissenschaft zuteil wird.

Zürich – im Dezember 2010

Dr. Markus Sulzberger

Präsident der Stiftung der Schweizerischen Gesellschaft für Organisation und Management (SGO Stiftung)

Vorwort

In dem hier vorliegenden Buch geht es um Konzepte zur Verbesserung der Lebensqualität. Der Titel „Life Domain Balance" macht deutlich, dass damit eine Balance beziehungsweise ein Balancieren zwischen verschiedenen Lebensbereichen gemeint ist. Um welche Lebensbereiche es sich dabei handelt, hängt nicht zuletzt davon ab wie Lebensqualität definiert wird. In der ersten Hälfte der 1990er Jahre hat sich eine Studiengruppe der Weltgesundheitsorganisation auf die folgende Definition von Lebensqualität verständigt: „Quality of life is an individual's perception of his/her position in life in the context of the culture and value systems in which he/she lives, and in relation to his/her goals, expectations, standards and concerns. It is a broad-ranging concept, incorporating in a complex way the person's physical health, psychological state, level of independence, social relationships, and their relationship to salient features of their environment" (WHOQOL Group, 1994a, p. 43).

Wenige Jahre später formulierte Noll (1997, S. 435): „Lebensqualität schließt alle wichtigen Lebensbereiche ein und umfasst nicht nur das materielle und individuelle Wohlergehen, sondern auch immaterielle und kollektive Werte, wie Freiheit, Gerechtigkeit, die Sicherung der natürlichen Lebensgrundlagen und die Verantwortung gegenüber zukünftigen Generationen."

Mit diesen Definitionen wird deutlich, dass für das Erleben von Lebensqualität sowohl objektive als auch subjektive Kenngrößen ausschlaggebend sind. Die Beziehungen zwischen diesen Kenngrößen sind nicht immer ohne weiteres nachvollziehbar. Das zeigt sich etwa am Beispiel des „satisfaction paradox" (Olson & Schober, 1993). Das heißt: „Es gibt unter 'objektiv' ungünstigen Bedingungen glückliche Menschen, ebenso wie es unglückliche Menschen unter objektiv bevorzugten Bedingungen gibt" (Gertz & Berwig 2008, S. 1023). Diese Aussage unterstützt eine frühere Äußerung von Campbell (1972, p. 442): „The quality of life must be in the eye of the beholder."

Damit wird zugleich deutlich, wie schwierig es ist sich dieser Thematik so zu nähern, dass die Auseinandersetzung damit sowohl wissenschaftlichen Ansprüchen genügt als auch von praktischem Nutzen ist.

Leserinnen und Leser erfahren in diesem Buch neben theoretischen und konzeptuellen Überlegungen auch immer wieder etwas über Ergebnisse empirischer Untersuchungen. Viele kennen natürlich aus ihrem eigenen Leben und ihrem Umfeld Beispiele, die nicht unbedingt dem entsprechen, was sich im Mittel in solchen Untersuchungen ergeben hat. Dieses Buch strebt aber auch nicht an, Einzelpersonen konkrete Ratschläge zu ihrer Lebensgestaltung zu geben; dazu müssten die persönlichen Lebensgeschichten und die individuellen Rahmenbedingungen mit in Betracht gezogen werden. Dieses Buch darf und soll vielmehr all jenen Anregung sein, die sich persönlich beziehungsweise im beruflichen Umfeld mit den auch gesamtgesellschaftlich relevanten Fragen der Life Domain Balance auseinander setzen. Dazu möchten wir hier Denkanstöße bieten.

Die Arbeit an diesem Buch wurde durch die Stiftung der Schweizerischen Gesellschaft für Organisation und Management finanziert. Dafür möchten wir dem Stiftungsrat und unserem Gesprächspartner Dr. Markus Sulzberger herzlichen Dank sagen. Unser Dank gilt auch Dr. Bernd Knappmann für die kurzfristige Übernahme der Formatierung, die damit verbundene sorgfältige Arbeit und weiter führende wertvolle Hinweise.

Zürich / Basel – im November 2010

Eberhard Ulich — Bettina S. Wiese

Inhaltsverzeichnis

Kapitel 1

Einführung

Aus der Vielzahl der für das Erleben von Lebensqualität relevanten Bedingungen werden hier vor allem solche behandelt, die sich auf Arbeit, Familie und Gesundheit beziehen. Dabei spielen Fragen der Vereinbarkeit von Erwerbsarbeit und Familienleben sowie der Möglichkeiten und Wirkungen familienfreundlicher Maßnahmen von Unternehmen eine wichtige Rolle.

In einer vom Bundesministerium für Familie, Senioren, Frauen und Jugend (2003) in Deutschland publizierten Untersuchung über „Betriebswirtschaftliche Effekte familienfreundlicher Massnahmen" wurden anhand von Controllingdaten aus zehn Unternehmen die Wirkungen solcher Maßnahmen analysiert. Den Kosten für ein Programm familienfreundlicher Maßnahmen – hier: Beratungsangebote, Kinderbetreuung, individuelle Arbeitszeitmodelle, Telearbeit – wurden die durch reduzierte Fluktuation und Abwesenheitszeiten erzielbaren Einsparpotentiale gegenübergestellt. Aus den Daten der analysierten Unternehmen wurde eine Modellrechnung für eine fiktive „Familien GmbH" mit 1'500 Beschäftigten und einer dem Bundesdurchschnitt entsprechenden Struktur der Belegschaft vorgenommen. „Innerhalb dieser Szenariorechnung wurde bei der Familien GmbH bei einem Aufwand für familien-freundliche Maßnahmen in Höhe von rund 300.000 € eine realisierte Kosteneinsparung von 375.000 € errechnet" (Bundesministerium für Familie, Senioren, Frauen und Jugend, 2003, S. 6).

Für ein schweizerisches Modellunternehmen – die „Familien AG" mit ebenfalls 1´500 Beschäftigten – wurde eine vergleichbare Szenariorechnung erstellt, die bei einem Aufwand von 247´000 Franken einen Nutzen von rund 267´000 Franken ergab (EVD, 2005).

Derartige Kosten-Nutzen-Analysen könnten für einige Unternehmen Anlass sein, sich mit Fragen der „work life balance" ernsthafter auseinander zu setzen. Dass die gesamte Thematik eine darüber hinaus gehende Aufmerksamkeit erfährt, ist allerdings kaum zu übersehen. So fanden sich bei einer einfachen Internetabfrage (am 23.9.2010) innerhalb weniger als einer halben Minute unter dem Stichwort „Work life balance" rund 46 Millionen Einträge, unter dem Stichwort „Life domain balance" 27 Millionen und unter dem Stichwort „Familie und Beruf" rund 4 Millionen Einträge. Dies zeigt, dass hier eine Problematik existiert, der von vielen Seiten eine große Bedeutung eingeräumt wird.

Die Vehemenz der in diesem Zusammenhang gerade jetzt geführten Diskussion sollte aber nicht darüber hinwegtäuschen, dass es sich beim Begriff „work life balance" um eine zwar eingängige, aber sachlich falsche und irreführende Begrifflichkeit handelt. Sie legt nämlich den fatalen Schluss nahe, dass es sich um eine Balance bzw. ein Balancieren zwischen Arbeit und Leben handelt. Erstens aber ist Arbeit ein zentraler Bestandteil des Lebens. Und zweitens finden sich vielfältige Formen von Arbeit auch außerhalb der Erwerbstätigkeit, um die es in der Diskussion um „work life balance" fast immer geht; d.h. dass eigentlich eine Balance zwischen verschiedenen „Life domains" angesprochen ist.

Die vorliegenden Konzepte und praktischen Beispiele beziehen sich mehrheitlich auf betriebliche Arbeitszeitmodelle, mit deren Hilfe eine Verbesserung der Balance zwischen Familie und Beruf ermöglicht werden soll. In einer Vielzahl von Publikationen über „work life balance" wird „familienfreundlichen" Arbeitszeitregelungen ebenfalls ein besonders hoher Stellenwert eingeräumt; in vielen Fällen werden sogar ausschließlich solche Überlegungen angestellt. Auch bei der vom schweizerischen Volkswirtschaftsdepartement gemeinsam mit einigen Großunternehmen erarbeiteten „Checkliste familienfreundliche Maßnahmen" spielen neben finanziellen Zulagen und Unterstützung bei der Kinderbetreuung Zeitmodelle eine zentrale Rolle. Tatsächlich können derartige Maßnahmen aber mit unbeabsichtigten Neben- oder Folgewirkungen verbunden sein. „Beispielsweise kann eine Reduzierung der Erwerbsarbeit verbunden sein mit dem Wegfall von Aufgabenteilen, die höhere Entscheidungsspielräume beinhalten, oder zu Belastungen, wie z. B. Zeitdruck, führen" (Volpert, Resch & Lüders, 1992, S. 2). Wohl deshalb werden auch von der Auditierungsgruppe „Beruf und Familie" zwar Arbeitszeitkonzepte an erster Stelle genannt, zusätzlich aber eine Vielzahl qualitativ anders gearteter Maßnahmen aufgeführt. Bemerkenswert sind in diesem Zusammenhang etwa die Befunde über mögliche Auswirkungen länger ausgeübter Arbeitstätigkeiten auf Ruhestandspläne.

In der überwiegenden Mehrzahl der betrieblichen Beispiele werden die Arbeitszeitmodelle auf berufstätige Frauen fokussiert. Interessant sind in diesem Zusammenhang aber auch mögliche Auswirkungen verkürzter Arbeitszeiten auf das Verhalten berufstätiger Männer. Sowohl in der von der Auditierungsgruppe Beruf und Familie vorgelegten Maßnahmenliste als auch in der vom Eidgenössischen Volkswirtschaftsdepartement gemeinsam mit Unternehmen entwickelten Checkliste wird neben arbeitszeitbezogenen Maßnahmen immerhin auch die Möglichkeit der „Arbeit von zu Hause" genannt.

Dass es sich hierbei um eine auch für die zukünftige gesellschaftliche Entwicklung höchst bedeutsame Thematik handelt, ist offensichtlich. Generell geht es dabei schließlich um die Realisierung des Postulats: „... : die berufliche Arbeit sollte so gestaltet sein, dass sie es erlaubt und dazu befähigt, soziale Verantwortung in der Gesellschaft zu übernehmen – sei es durch Kinder- oder Altenbetreuung, in Form nachbarschaftlichen oder bürgerschaftlichen Engagements. Eine solche Perspektive ist allerdings weit entfernt von den ‚Work Life Balance'-Modeerscheinungen, deren betriebliche Umsetzung und Lebensdauer ausschließlich von dem Nachweis abhängt, dass bürgerschaftlich engagierte Menschen oder aktive Väter zugleich auch produktivere Mitarbeiter seien" (Resch, 2003, S. 7f.).

Der hier vorliegende Band versucht, dem so formulierten Postulat dadurch gerecht zu werden, dass verschiedene Facetten der Life Domain Balance angesprochen und Möglichkeiten bzw. Voraussetzungen zu deren Optimierung aufgezeigt werden. Dies geschieht in Kapitel 2 zunächst durch die Auseinandersetzung mit Problemen und Möglichkeiten der von Erwerbsarbeit freien Zeit, das Aufzeigen der für eine Life Domain Balance relevanten Lebensbereiche und der darin agierenden oder reagierenden Personengruppen. Da die Welt der Erwerbsarbeit zu den im vorliegenden Zusammenhang zentralen Lebensbereichen gehört, werden in Kapitel 3 Probleme skizziert, die seit einiger Zeit vermehrt durch prekäre Beschäftigungsverhältnisse und zwiespältige Managementpraktiken entstehen, deren Folgen nicht zuletzt in einer Zunahme psychischer Störungen und Erkrankungen sichtbar werden. Dass solche Folgen durch persönlichkeits- und gesundheitsförderliche Arbeitsgestaltung vermieden und zugleich Verbesserungen der Produktivität erreicht werden können, zeigen die in Kapitel 4 dargestellten Beispiele. Das Entstehen derartiger positiver Effekte kann allerdings sowohl durch zeitliche als auch durch räumliche Bedingungen erheblich erschwert oder sogar verhindert werden. Deshalb werden in den beiden folgenden Kapiteln 5 und 6 einerseits Beispiele für „lebensfreundliche" Arbeitszeiten aufgezeigt, die ein angemessenes Balancieren der verschiedenen Lebensbereiche ermöglichen. Andererseits werden

Modelle dargestellt, die geeignet sind, Probleme zu lösen, die aus der räumlichen Trennung von Wohnort und Ort der Erwerbstätigkeit, aber auch aus der Zusammenlegung beider Orte resultieren können.

Natürlich aber gibt es Arbeit nicht nur als Erwerbsarbeit. Deshalb beschäftigt sich Kapitel 7 mit Haus- und Familienarbeit, mit deren Analyse und Bewertung, stellt mögliche Beweggründe für eine Beteiligung an Freiwilligenarbeit dar und skizziert deren individuelle und gesellschaftliche Bedeutung. Da jegliche Form von Arbeit mit Belastungen und Beanspruchungen, häufig genug auch mit Fehlbeanspruchungen verbunden ist, kommt dem anschließenden Kapitel 8 über Erholungsmöglichkeiten eine häufig unterschätzte Bedeutung zu. Ähnliches gilt für die in Kapitel 9 behandelten Möglichkeiten der Generationen übergreifenden sozialen Unterstützung durch Mentoringprozesse. Besondere Herausforderungen an die generationsübergreifende Zusammenarbeit stellt sich auch in den ebenfalls behandelten Betriebsübergaben von Familienunternehmen.

In den beiden letzten inhaltsbezogenen Kapiteln 10 und 11 werden einerseits konkrete betriebliche Maßnahmen zur Verbesserung der Beziehungen zwischen Familienleben und Erwerbstätigkeit dargestellt. Andererseits geht es am Beispiel von Arbeitszeitmodellen um grundsätzliche Fragen der unternehmerischen Verantwortung für den Erhalt von Arbeitsplätzen und regionale Projekte zur Einkommenssicherung.

Das abschließende Kapitel 12 zu „Lessons learned" soll im Sinne eines Ausblicks die individuelle und gesellschaftliche Bedeutung der Thematik „Life Domain Balance" noch einmal in Erinnerung rufen.

Wir haben allen Kapiteln einen „Blick zurück" vorangestellt, um damit sichtbar zu machen, dass und in welcher Weise sich andere Autorinnen und Autoren zum Teil schon sehr viel früher mit der jeweiligen Thematik auseinander gesetzt haben. Damit möchten wir nicht nur diesen Autorinnen und Autoren unsere Reverenz erweisen sondern auch verdeutlichen, dass es sich lohnt sich mit früheren Arbeiten ernsthaft zu beschäftigen.

Vom Work Life Balance Konzept zum Life Domain Balance Konzept

Kapitel 2

aktivitäten in unterschiedlichem Ausmaß obligatorisch sind und man einige deshalb eher der „Halb-Freizeit" („demi-loisir") zuordnen solle.

2.1 Beziehungen zwischen Arbeit und Freizeit

Im Folgenden werden wir zunächst verschiedene psychologische Forschungsansätze skizzieren, die sich mit dem Zusammenspiel verschiedener Lebensbereiche befassen. Dazu zählt die Arbeit-Freizeit-Forschung sowie jene Forschung, die sich mit Fragen der Vereinbarkeit von Beruf und Familie beschäftigt. Nach einer kurzen Erläuterung und kritischen Reflektion des populären Work Life Balance-Begriffs, gehen wir dann detaillierter auf den hier vertretenen Life Domain Balance-Ansatz ein.

Külp und Müller (1973, S. 4) bezeichen als Freizeit „die von Arbeitsverpflichtungen freie Zeit, die nicht der psychophysischen Regeneration vorbehalten bleibt". Tatsächlich wird der werktäglichen Freizeit ebenso wie dem arbeitsfreien Wochenende eine derartige Restitutionsfunktion zumindest implizit zugeschrieben. Ausdrücklich betont wird sie, wenn es darum geht, das Eingehen von Zweitarbeitsverhältnissen zu untersagen. Schließlich hat Spescha (1981) mit dem Begriff der „Sozialzeit" ein Konzept eingeführt, das das soziale Engagement außerhalb des für die Erwerbstätigkeit vorgesehenen Zeitrahmens interpretiert beziehungsweise zuordnet. Orendi (1990) hat dieses Konzept aufgenommen und in die arbeitspsychologische Diskussion über Arbeit und Freizeit integriert.

Auf der Grundlage der Ansätze von Schelsky (1957), Lundberg et al. (1934), Külp und Müller (1973) sowie Spescha (1981) sollte es möglich sein, die für Untersuchungen über Freizeit notwendigen – aber möglicherweise je spezifischen – operationalen Definitionen abzuleiten.

Allerdings fällt auf, dass in der Mehrzahl der verwendeten Begriffsbestimmungen Freizeit in Abhebung von Arbeit definiert und darauf verzichtet wird, Freizeit als eigenständiges Phänomen zu begreifen. Tatsächlich ergeben sich hinsichtlich der Beurteilung des Freizeitcharakters verschiedener Tätigkeiten nicht unerhebliche interindividuelle Unterschiede (vgl. Tabelle 2.1).

Tabelle 2.1

Einstufungen verschiedener Tätigkeiten hinsichtlich ihrer Zugehörigkeit zur Freizeit – Antworten in Prozent (aus: Scheuch 1969, S. 778; Quelle: Divo-Pressedienst, März 1963, S. 3)

	Antwortvorgaben			
Tätigkeiten	Gehört zur Freizeit	Teils/teils	Gehört nicht dazu	Keine Angabe
Sich ausruhen / etwas schlafen	75	12	10	3
Gartenarbeit	39	28	28	5
Hausarbeit	11	15	68	6
Fernsehen	69	16	7	8
Um die Schulaufgaben der Kinder kümmern	24	27	33	16
Mit Nachbarn unterhalten	49	28	15	8
Besuche machen	69	22	5	4
Mit der Familie zusammen sein	67	20	8	5
Allgemeinbildung verbessern	41	30	20	9
Berufliche Weiterbildung	28	29	34	9
Sich mit politischen Fragen beschäftigen	29	28	26	17
Einkaufsbummel	61	20	12	7
Einkaufen	22	22	50	6
Theater, Konzerte oder andere kulturelle Veranstaltungen	83	8	2	6
Vereinsleben	46	27	14	13
Sich in den Berufsverbänden und ähnlichen Organisationen betätigen	24	30	30	16
Am kirchlichen Gemeindeleben teilnehmen	44	29	15	12

In diesem Zusammenhang ist interessant, dass Daumenlang und Dreesmann (1989, S. 147) „angesichts der beklagten zunehmenden Sinnentleerung des Berufes" dem Ansatz von Havighurst und Feigenbaum (1956) neue Bedeutung zuschreiben, dass nämlich Freizeit Funktionen übernimmt, die Jahoda (1983) der Arbeit zugeschrieben hatte (z.B. Teilnahme am sozialen Leben, Möglichkeiten zu schöpferischem Ausdruck der Persönlichkeit, Quelle der Selbstachtung (vgl. Daumenlang & Dreesmann, 1989).

In der Arbeitspsychologie herrschen Modellvorstellungen vor, die – wie auch immer geartete – Beziehungen zwischen Arbeitstätigkeit und Freizeitverhalten postulieren. Die Modell-vorstellungen über mögliche Beziehungen zwischen Arbeitstätigkeiten und Freizeitverhalten lassen sich vier Grundannahmen zuordnen (vgl. Ulich & Ulich, 1977; Hoff, 1986; Stengel, 1988):

1. Erlebens- und Verhaltensweisen in Arbeit und Freizeit hängen nicht miteinander zusammen. Diese Annahme wird als Neutralitäts-, Autonomie- oder Segmentierungshypothese bezeichnet.
2. Erlebens- und Verhaltensweisen in der Arbeitstätigkeit beeinflussen Erleben und Verhalten in der Freizeit *oder* umgekehrt. Je nachdem, ob dabei verstärkende oder ausgleichende Wirkungen angenommen werden, ist hier von einer Generalisationshypothese oder von einer Kompensationshypothese die Rede.
3. Erlebens- und Verhaltensweisen in der Arbeitstätigkeit beeinflussen Erleben und Verhalten in der Freizeit *und* umgekehrt. Diese Annahme kann als Interaktions-Hypothese bezeichnet werden.
4. Erlebens- und Verhaltensweisen in Arbeit und Freizeit weisen zwar Übereinstimmungen auf, diese sind aber auf Drittvariablen zurückzuführen. Diese Annahme wird als Kongruenzhypothese bezeichnet.

Gegen die *Neutralitäts-* bzw. *Segmentierungshypothese* wurden vielfältige Bedenken angemeldet. So hielt es Hanhart (1964) aufgrund seiner Untersuchungsergebnisse für unzulässig, Personen in einen „Arbeitsmenschen" und einen „Freizeitmenschen" aufzuspalten. Obwohl eine subjekive Segmentierung der Lebensbereiche Arbeit und Freizeit von ihm durchaus für möglich gehalten und empirisch belegt wird, ist auch für Hoff (1986, S. 99) eine Neutralitätsannahme problematisch: „Zentrale, ganzheitlich-psychologische Begriffe wie 'Persönlichkeit' oder 'Identität' werden hinfällig, wenn man sich den Menschen gewissermassen als Chamäleon vorstellt, das sich völlig in eine Arbeits- und eine Privatperson aufteilt." Die subjektive Segmentation resultiere vielmehr aus einem Vergleich zwischen Arbeits- und Freizeitbereich und sei interpretierbar „als kompensatorische Strategie mit dem Ziel, Zwänge, negative Gedanken und Gefühle nicht in die angeblich 'freie' Zeit hineinzutragen, sondern hier etwas 'ganz anderes' denken, fühlen oder tun zu können" (Hoff, a.a.O.).

Zu den verbleibenden Modellen ist zunächst festzustellen, dass es verfehlt wäre, die *Generalisations-* und die *Kompensationshypothese* als einander ausschließende Hypothesen zu diskutieren. Schon bei Schelsky (1957) wird Freizeitverhalten einerseits als berufsfortsetzend, andererseits als kompensatorisch diskutiert. Für Schmitz-Scherzer (1974, S. 131) können die Beziehungen zwischen Beruf und Arbeit „sowohl kompensatorisch als auch stimulierend und ergänzend sein". Dass sich der Zusammenhang zwischen Arbeitsgestaltung und Freizeitverhalten möglicherweise selbst bei einer Person nicht durch ein Modell abbilden lässt, wurde ebenfalls schon früher betont (Ulich & Ulich, 1977).

Hoff (1986, S. 100) führt ein Beispiel dafür an, dass sogar dieselbe Freizeittätigkeit gleichzeitig als Generalisation und als Kompensation interpretiert werden kann: „Facharbeiter in Bereichen der Reparatur und Instandhaltung können sich am Wochenende mit Reparaturen des eigenen Autos beschäftigen. Inhaltlich setzt sich darin ihre Arbeitstätigkeit weitgehend fort (zu fragen wäre auch umgekehrt, ob nicht tatsächlich ihre Arbeit Fortsetzung ihrer beliebtesten Freizeitbeschäftigung ist). Zugleich kann diese Tätigkeit formal auch als kompensatorisch begriffen werden – zum Beispiel als selbstbestimmt im Vergleich zur Fremdkontrolle am Arbeitsplatz". Hoff (1986) macht schließlich auch deutlich, dass selbst in den verschiedenen Phasen einer Berufsbiographie Generalisation und Kompensation einander abwechseln und miteinander interagieren können (vgl. auch Champoux, 1978; Hecker & Grunwald, 1981).

Die *Kongruenzhypothese* postuliert eine nicht kausale Art der Beziehung zwischen Arbeit und Freizeit (vgl. Ulich & Ulich 1977). Dabei handelt es sich um einen korrelativen Zusammenhang im Sinne einer Parallelität zwischen Arbeitsverhalten und Freizeitverhalten. Die übereinstimmenden Erlebens- und Verhaltensweisen sind dieser Hypothese zufolge jedoch nicht auf einen Wirkungszusammenhang zwischen Arbeit und Freizeit zurückzuführen, sondern auf eine gemeinsame Abhängigkeit von einer oder mehreren Drittvariablen (z.B. Persönlichkeitsmerkmale), die in den verschiedenen Lebensbereichen wirksam werden, ohne dass diese aufeinander einwirken. Allerdings sind auch mit der Möglichkeit einer „drittseitigen Determination gewählter Arbeits- und Freizeittätigkeiten aus vorberuflich entwickelten Eigenschaften" (Hacker, 1976, S. 33) zusätzlich wirkende Generalisierungs- oder Kompensationseffekte keineswegs ausgeschlossen.

2.1.1 Empirische Untersuchungen zum Zusammenhang von Arbeit und Freizeit

Die kurze Skizzierung der Hypothesen lässt ebenso wie die Begriffsdefinition erhebliche Schwierigkeiten für die adäquate Erhebung und Interpretation empirischer Daten erwarten. Tatsächlich ist die Anzahl der Untersuchungen, die sich theoretisch und methodisch fundiert mit Zusammenhängen zwischen Arbeitstätigkeit und Freizeitverhalten beschäftigen, nach wie vor nicht sehr umfangreich. Die empirische Forschung beschränkte sich dabei zunächst fast ausschließlich auf männliche Industriearbeiter.

In einer Untersuchung von Argyris (1959) wurden die Freizeitaktivitäten von Arbeitern aus zwei Abteilungen der metallverarbeitenden Industrie, die sich vor allem durch ihre technologische Ausstattung unterschieden, miteinander verglichen. In der einen Abteilung waren Tätigkeiten mit vergleichsweise hohen Anforderungen an die Qualifikation auszuführen. Die Arbeiter dieser Abteilung verhielten sich in ihrer Freizeit deutlich aktiver und kreativer als Kollegen aus einer Abteilung mit teilautomatisierten Arbeitsprozessen, die geringere Anforderungen an die Qualifikation stellten. In eine ähnliche Richtung weisen Befunde von Dumazedier und Latouche (1962). Durch diese Ergebnisse und die Untersuchungen von Kornhauser (1965) an Arbeitern aus der Automobilindustrie in Detroit werden die Befunde von Argyris (1959) bestätigt. Ihre Interpretation ist allerdings dadurch erschwert, dass in keiner dieser Untersuchungen Vergleichsdaten der Beschäftigten bei Eintritt in die Firma erhoben worden waren und deshalb Wirkungen von Drittvariablen, d.h. von vor- bzw. außerberuflichen Einflüssen nicht ausgeschlossen werden können. Tatsächlich ist ein Schluss von korrelativen Zusammenhängen solcher Art auf kausale Beziehungen nicht zulässig.

In einer Untersuchung von Wippler (1970, 1974) wurden Umfrageergebnisse einer Zufallsstichprobe von annähernd neunhundert 16- bis 65-jährigen Personen aus den Niederlanden analysiert. Arbeitsbezogene Merkmale (z.B. Arbeitsaufgabe, Arbeitserfahrung) erklärten nur einen relativ kleinen Teil des Freizeitverhaltens (Wippler, 1974). Als weitaus beste Prädiktoren des Freizeit-verhaltens erwiesen sich in dieser Untersuchung Merkmale des sozialen Hintergrundes, insbesondere der soziale Status, der durch Bildung, Einkommen und Berufsprestige erfasst wurde. Darüber hinaus legen die Ergebnisse den Schluss nahe, „dass vor allem kompensatorisches Freizeitverhalten nur unter Arbeitsbedingungen von extremer Deprivation auftritt" (Wippler, 1974, S. 101). Wippler (1974) zog aber auch den Schluss, dass ein Mangel an materiellen Ressourcen die Wahl der Freizeitaktivitäten weniger einschränke „als der Mangel an erlernten Fähigkeiten" (a.a.O., S. 103).

Über zwei bemerkenswerte Beispiele einer besonderen Form von Kompensation berichtete Baitsch (1985). In diesem Fall ging es um gelernte Metzger, die in der stark arbeitsteilig organisierten Brätherstellung für Wurstprodukte arbeiteten und im Rahmen ihres beruflichen Alltags keine Bestätigung ihrer Identität als Metzger finden konnten. Eines der beiden Beispiele ist in Kasten 2.1 auszugsweise wiedergegeben.

Kasten 2.1

Beispiel für kompensatorisches Freizeitverhalten nach Angaben von Baitsch 1985 (aus: Baitsch & Schilling 1990, S. 31).

„Gerhard Sedlmayr arbeitet an den Wochenenden bei ihm bekannten Metzgereien als Aushilfsmetzger und kann dort auch auf eigene Rechnung Wurstspezialitäten herstellen, die er dann verkauft. Nach Aussage des Personalchefs des Betriebes hat er sich regional als Salami-Spezialist einen guten Namen geschaffen.

Insgesamt wird offensichtlich, dass sein Selbstbild als hochqualifizierter und erfolgreicher Wurstmetzger ... erheblich kontrastiert mit seiner alltäglichen Arbeitserfahrung: auf der untersten Stufe bearbeitet er einen Ausschnitt der Wurstproduktion und kann dabei lediglich einen zwar wichtigen, aber doch begrenzten Ausschnitt der Bedingungen kontrollieren; insbesondere kann er eigene Rezepturen und Produktionsverfahren – seine eigentliche Qualifikation – nicht einbringen. ... Gerhard Sedlmayr weicht mit seiner beruflichen Identität in die Freizeit aus."

Meissner (1971) analysierte die Beziehungen zwischen Arbeit und Freizeit an einer Stichprobe von 206 männlichen Industriearbeitern eines holzverarbeitenden Betriebes in Kanada. Im Rahmen seiner Arbeit wurde zunächst die Beziehung zwischen technischen Zwängen und sozialer Isolation bei der Arbeit betrachtet. Technische Zwänge beschreiben den Grad der Einschränkung individueller Handlungsspielräume, hier operationalisiert z.B. über den Arbeitstakt und räumliche Beschränkungen. Zwischen dem Ausmaß technischer

Zwänge und dem Umfang sozialer Interaktion bei der Arbeit bestanden durchgängig negative Beziehungen. Im Weiteren wurden die Zusammenhänge zwischen den technischen Zwängen und der Partizipation an außerbetrieblichen freiwilligen Vereinigungen untersucht. Schließlich wurden die Zusammenhänge zwischen dem Ausmaß der sozialen Interaktion am Arbeitsplatz und dem Grad der Partizipation an den vorgenannten außerbetrieblichen Organisationen geprüft. Insgesamt fand Meissner, dass Arbeiter mit weniger ausgeprägten Arbeitszwängen und weniger eingeschränkten Möglichkeiten sozialer Kommunikation am Arbeitsplatz auch außerhalb der Erwerbsarbeit zu erweiterter „Soziabilität" tendieren, während Arbeiter mit technologisch stark gebundenen Tätigkeiten und eingeschränkten Möglichkeiten sozialer Kontaktnahme am Arbeitsplatz auch außerhalb ihrer Erwerbstätigkeit zu eingeschränkter „Soziabilität" neigten. In der arbeitsfreien Zeit engagierten sich diese weniger als jene in solchen Betätigungen, die Planung, Koordination und zielbewusste Aktivität erfordern, sondern wendeten vermehrt Zeit auf für gesellige und „expressive" Tätigkeiten. Das heißt: Wenn die Möglichkeit der Wahl von Handlungsalternativen durch die räumlichen, zeitlichen und funktionalen Zwänge von Arbeitsprozessen eingeschränkt oder unterdrückt wird, so wird damit gleichzeitig die Fähigkeit – oder die Bereitschaft – reduziert, Anforderungen anspruchsvoller Freizeitaktivitäten zu erfüllen. In die gleiche Richtung deuten Befunde von Lüders, Resch und Weyerich (1992), die in der ersten Erhebungswelle einer Längsschnittuntersuchung fanden, „dass Personen mit hohen Regulationserfordernissen in der Erwerbsarbeit in einem größeren Umfang Freizeittätigkeiten mit langfristiger Zielstellung ausführen als Personen mit niedrigeren Regulationserfordernissen" (a.a.O., S. 96). Solche Befunde stützen die These der Generalisation. Meissner (1971) selbst spricht bildhaft vom „long arm of the job".

Es liegt nahe anzunehmen, dass die beschriebenen Zusammenhänge sich auch in Ruhestandsaktivitäten niederschlagen. Tatsächlich fanden Abraham und Hoefelmayr-Fischer (1982) für 180 ältere Arbeitnehmer aus Schweizer Betrieben der Metallindustrie zunächst einen statistisch signifikanten Zusammenhang zwischen der Größe des Handlungsspielraums in der Arbeitstätigkeit und Berichten über Ruhestandspläne mit kognitiven Anforderungen. Außerdem zeigte sich ein spezifischer, ebenfalls signifikanter Zusammenhang zwischen der sozialen Dimension des Handlungsspielraums und sozial orientierten Ruhestandsplänen. Darüber hinaus konnte in dieser Untersuchung – die sich über drei Jahre bis in den Ruhestand hinein erstreckte – gezeigt werden, dass Personen mit größerem Handlungsspielraum in ihrer letzten Arbeitstätigkeit prozentual häufiger sowohl kognitiv akzentuierte Ruhestandsaktivitäten ausübten als auch den Wunsch hatten, weiter zu lernen. Die Autoren halten es allerdings für unzulässig, aus diesen positiven Zusammenhängen ohne weiteres auf kausale Zusammenhänge zu schließen. Sie weisen vielmehr zu Recht auf die Möglichkeit hin, dass tendenziell intensivere kognitive Aktivität bei Personen mit großem Handlungsspielraum in der Arbeit schon vorberuflich vorhanden gewesen sein könnte.

Die von Abraham und Hoefelmayr-Fischer mitgeteilten Ergebnisse (vgl. auch Abraham, 1993) wurden schließlich durch Befunde von Richter (1993) bestätigt, der differenziertere Pläne für den Ruhestand bei solchen Beschäftigten fand, zu deren beruflicher Tätigkeit ausgeprägte Anforderungen an Planung und eigenständige Zielsetzung gehörten. „Die am wenigsten differenzierten Zukunftskonzepte im höheren Lebensalter fanden wir bei Beschäftigten mit restriktiven, anforderungsarmen Arbeitsaufgaben“ (Richter, 1993, S. 40).

Die *Neutralitätsthese* wurde herangezogen, um die zum Teil berichteten fehlenden Zusammenhänge von Erlebens- und Verhaltensqualitäten in Beruf und Freizeit zu erklären. Heute werden diesbezügliche Nullkorrelationen anders interpretiert, da es möglich erscheint, dass eine Segmentierung von der Person als Strategie des Umgangs mit Anforderungen des Berufs- und Familienlebens „gewählt“ wird (Hoff, im Druck). Ansonsten geht man inzwischen davon aus, dass sich die Lebensbereiche einer Person grundsätzlich gegenseitig beeinflussen (können), sowohl in positiver als auch in negativer Hinsicht.

Als Fazit aus den berichteten Untersuchungen bleibt festzuhalten, dass die Ergebnisse eine Vielzahl unterschiedlicher Beziehungen zwischen Arbeitstätigkeit und Freizeitverhalten erkennen lassen. Darüber hinaus wird aber auch eine Reihe von methodischen Problemen erkennbar, von denen hier beispielhaft nur drei genannt werden:

1. Querschnittserhebungen ohne Kenntnis des vorberuflichen Status in Bezug auf relevante Persönlichkeitsmerkmale lassen keine Kausalerklärungen zu.

Zeitgleich entwickelte sich insbesondere in den USA sowohl in der Arbeits- und Organisationspsychologie als auch in der Familienpsychologie ein wachsendes Interesse an verschiedenen Formen des Konflikterlebens zwischen Beruf und Familie, ein bis heute sehr aktives Forschungsgebiet. Tatsächlich dominiert in der empirischen Forschung der Blick auf Probleme der Vereinbarkeit von Beruf und Familie. Dabei sind, was in jüngerer Zeit zusehends anerkannt wird, aber durchaus auch positive Effekte des gleichzeitigen Engagements in Beruf und Familie möglich. In den folgenden beiden Abschnitten werden deshalb einige Überlegungen und Befunde sowohl zu Formen des Konflikterlebens als auch zu positiven Aspekten des Zusammenspiels zwischen Beruf und Familie zusammengefasst.

2.2.1 Konflikte zwischen Beruf und Familie

Rollentheoretisch gesprochen bezeichnen Konflikte zwischen Beruf und Familie die Erfahrung, dass die Rollenerfüllung in einem Bereich durch die gleichzeitige Rollenerfüllung im anderen Lebensbereich erschwert wird.

In neuerer Zeit hat sich in der Literatur vor allem die Unterscheidung von Konflikten nach ihrer jeweiligen Wirkrichtung durchgesetzt: a) Störungen des Familienlebens durch berufliche Anforderungen (B→F-Konflikte) und b) Konflikte, bei denen partnerschaftlich-familiäre Anforderungen sich beeinträchtigend auf den beruflichen Bereich auswirken (F→B-Konflikte; vgl. Eby et al., 2005). Diese Unterscheidung findet sich mittlerweile auch in den meisten Selbstberichtsskalen zur Konflikterhebung (z.B. von dem Knesebeck, Joksimovic, Dragano & Siegrist, 2004; vgl. Kasten 2.2).

Greenhaus und Beutell (1985) haben eine Typologie des Konflikterlebens eingeführt, die auf den postulierten Ursachen des Konflikterlebens basiert, nämlich zeitbasierte Konflikte (d.h. die zeitlichen Anforderungen in einem Lebensbereich erschweren es, den Anforderungen im anderen Lebensbereich gerecht zu werden), beanspruchungsbasierte (d.h. die psychische Beanspruchung in einem Lebensbereich macht es schwer, den Anforderungen in dem anderen Lebensbereich gerecht zu werden) und verhaltensbasierte Konflikte (d.h. inkompatible Verhaltenanforderungen in den Lebensbereichen: z.B. rational-kühles vs. warmherzig-empathisches Verhal-

Kasten 2.2

Kurzfragebogen zur Erfassung von Konflikten zwischen Beruf und Familie (von dem Knesebeck et al., 2004

Beruf→Familie

1. „Durch meinen Beruf bin ich oft so beansprucht, dass ich zu müde bin, um noch etwas mit meinem Partner / meinen Kindern zu unternehmen."
2. „Durch meinen Beruf bin ich oft so beansprucht, dass ich zu müde bin, um mich meinen persönlichen Interessen (z.B. Hobbys) zuzuwenden."

Familie→Beruf

1. „Durch mein Privatleben bin ich oft so beansprucht, dass ich unausgeschlafen und unkonzentriert während der Arbeit bin."
2. „Private / familiäre Probleme hindern mich daran, mich in meinem Beruf so zu engagieren, wie ich es eigentlich sollte."

ten; vgl. Abbildung 2.1). Bisher haben nur wenige Studien explizit verhaltensbasierte Konflikte untersucht (z.B. Carlson, 1999), aber eine Reihe von Studien untermauert die Bedeutung zeitlichen Involvements bzw. erlebter psychischer Beanspruchung. Bemerkenswerterweise gibt es Hinweise darauf, dass Indikatoren der psychischen Beanspruchung für das Konflikterleben bedeutsamer sind als das reine Zeitinvestment. So ist für sich genommen das Arbeitspensum zwar deutlich mit dem Konflikterleben verbunden (Major, Klein & Ehrhart, 2002), bei gleichzeitiger Berücksichtigung der subjektiven Beanspruchung spielt aber letzteres die entscheidende Rolle (Wiese, 2004).

Beanspruchung und Erschöpfung sagen Konflikterleben aber nicht nur vorher, sie können auch dessen Ergebnis sein. So haben Demerouti,

Abbildung 2.1

Typologie des Konflikterlebens nach Greenhaus und Beutell (1985)

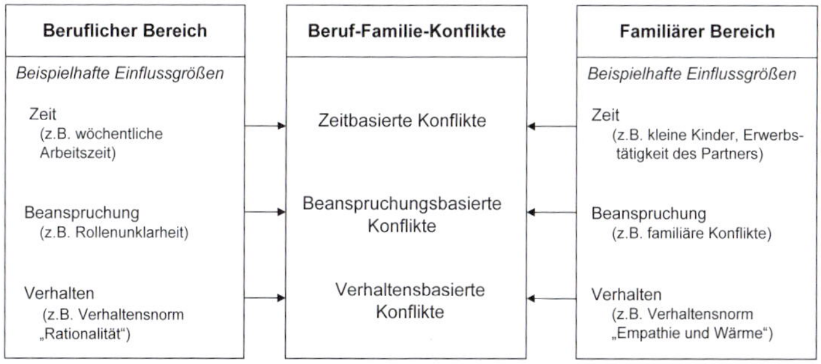

Bakker und Bulters (2004) im Rahmen einer Studie mit drei Messzeitpunkten (im Abstand von je sechs Wochen) gezeigt, dass reziproke Beziehungen zwischen dem Beruf-Familie-Konflikterleben sowie dem subjektiven Arbeitsdruck und Erschöpfungszuständen bestehen, die zu einer Akkumulation von Beanspruchung führen können.

Die empirische Befundlage zum Konflikterleben zwischen Beruf und Familie und seinen negativen Beziehungen zu Indikatoren des allgemeinen sowie bereichsspezifischen Wohlbefindens ist mittlerweile sehr umfangreich (vgl. Allen, Herst, Bruck & Sutton, 2000). Die meisten bisherigen Befunde basieren allerdings auf Querschnittsanalysen. Es liegen aber auch längsschnittliche Studien vor, die größtenteils die erwarteten negativen Beziehungen zu Wohlbefindensindikatoren zeigten (Grant-Vallone & Donaldson, 2001; Frone, Yardley & Markel, 1997).

Hinsichtlich soziodemographischer Einflussfaktoren hat Pleck (1977) schon in den 1970er Jahren die These der geschlechtsspezifisch unterschiedlich durchlässigen Grenzen aufgestellt. Er postulierte, dass Frauen stärker als Männer Konflikte erleben, bei denen sich Anforderungen des Familienlebens negativ auf Anforderungen des Arbeitslebens auswirken (F$\rightarrow$B), während Männer häufiger erfahren, dass Anforderungen des Arbeitslebens das Familienleben negativ beeinflussen (B$\rightarrow$F). Diese These ließ sich nicht durchgängig bestätigen, aber sofern Geschlechterunterschiede bestehen, sind es die Frauen, die stärkere Konflikte angeben (vgl. Wiese & Freund, 2000). Analog gilt, dass überraschenderweise Eltern nicht von durchgängig stärkeren Konflikten zwischen Berufs- und Familienleben berichten als Nicht-Eltern (vgl. Wiese & Freund, 2000). Dabei könnte die teilweise fehlende Evidenz allerdings auch Ausdruck von bereits vollzogenen Anpassungen an die Familiensituation sein: Eltern haben gegebenenfalls schon Strategien entwickelt, die ihnen helfen mit höheren familiären Anforderungen umzugehen oder sie wählen in der Beurteilung des Konflikterlebens andere soziale Vergleichsgrößen (Vergleich mit anderen Eltern statt mit Nicht-Eltern). In jüngerer Zeit wurde auch der Frage nach möglichen Altersunterschieden beim Konflikterleben zwischen Beruf und Familie Aufmerksamkeit geschenkt. Während bei Prüfung linearer Zusammenhänge keine Beziehung zwischen Konflikterleben und Alter zutage trat (z.B. Thompson & Prottas, 2005; von dem Knesebeck et al., 2004), liefern Grzywacz, Almeida und McDonald (2002) erste Hinweise auf eine umgekehrt u-förmige

Beziehung: Das Konfliktniveau stieg vom jungen zum mittleren Erwachsenenalter an – mit einem Höchststand im Altersbereich zwischen Mitte 30 und Mitte 40 – und sank dann wieder ab.

2.2.2 Positive Aspekte des Zusammenspiels von Beruf und Familie

Zwar haben einzelne Autoren immer wieder auf mögliche Positivbeziehungen zwischen Beruf und Familie hingewiesen (z.B. Crouter, 1984; Lambert, 1990; in der Soziologie: z.B. Sieber,1974). Auch die Generalisations- und die Kompensationsthese der frühen Arbeit-Freizeit-Forschung beinhalteten die Möglichkeit positiver Übertragungen und Funktionen zwischen Lebensbereichen (s.o.), doch hat die diesbezügliche Forschung in der Psychologie gerade in letzter Zeit deutlich zugenommen. Positive Aspekte des Zusammenspiels werden unter Begriffen wie zum Beispiel *positiver Transfer, positiver Spillover, Enhancement* oder *Enrichment* gefasst. Dabei geht es allgemein gesprochen um das Ausmaß, in dem die Teilhabe an und das positive Erleben in einem Lebensbereich (z.B. Berufsarbeit) durch die Fähigkeiten und Erfahrungen erleichtert werden, die sich aus einem anderen Lebensbereich (z.B. Familie) ergeben (Grzywacz & Marks, 2000). Wie für die Konzeptualisierung von Beruf-Familie-Konflikten ist auch bei positiven Aspekten des Zusammenspiels von zwei Wirkrichtungen auszugehen: Beruf→Familie und Familie→Beruf.

Selbstberichtetes Konflikterleben und selbstberichteter positiver Spillover weisen dabei im Mittel keine Zusammenhänge auf (vgl. Greenhaus & Powell, 2006). Die Befundlage zum Zusammenhang mit soziodemographischen Merkmalen ist gemischt. Mit Blick auf das Geschlecht finden Thompson und Prottas (2005) keine Unterschiede, während Grzywacz und Marks (2000) berichten, dass Frauen einen stärkeren positiven Transfer vom Berufsleben auf den familiären Bereich angeben als Männer. Heterogen ist auch die Befundlage zum Lebensalter (keine Zusammenhänge: Thompson & Prottas, 2005; positive Beziehung: Grzywacz et al., 2002). Quer- und längsschnittliche Studien verweisen außerdem auf gesundheits- und wohlbefindensfördernde Auswirkungen des positiven Spillovers (z.B. Grant-Vallone & Donaldson, 2001; Hammer et al., 2005; Thompson & Prottas, 2005). Greenhaus und Powell (2006) schlagen vor, das positive Zusammenspiel folgendermaßen zu klassifizieren: a) *additive Effekte* des simultanen

Engagements in verschiedenen Lebensbereichen auf das Wohlbefinden, b) *Puffereffekte*, bei denen die Teilhabe an einem Lebensbereich die Auswirkungen von Negativerfahrungen im anderen Lebensbereich abfedert bzw. kompensiert und c) *positive Transfererfahrungen im engeren Sinne*, bei denen positive Erfahrungen in und Ressourcen (z.B. Fähigkeiten, Selbstwirksamkeitsüberzeugungen, materielle Ressourcen) aus einer Rolle positive Auswirkungen auf die andere Rolle haben.

Ähnlich wie Greenhaus und Powell schlagen auch Wiese, Seiger, Schmid und Freund (2010) für die Konzeptualisierung des positiven Zusammenspiels von Beruf und Familie vor neben möglichen kompen-

Abbildung 2.2 *Positive Facetten des Zusammenspiels von Beruf und Familie (nach Wiese et al., 2010)*

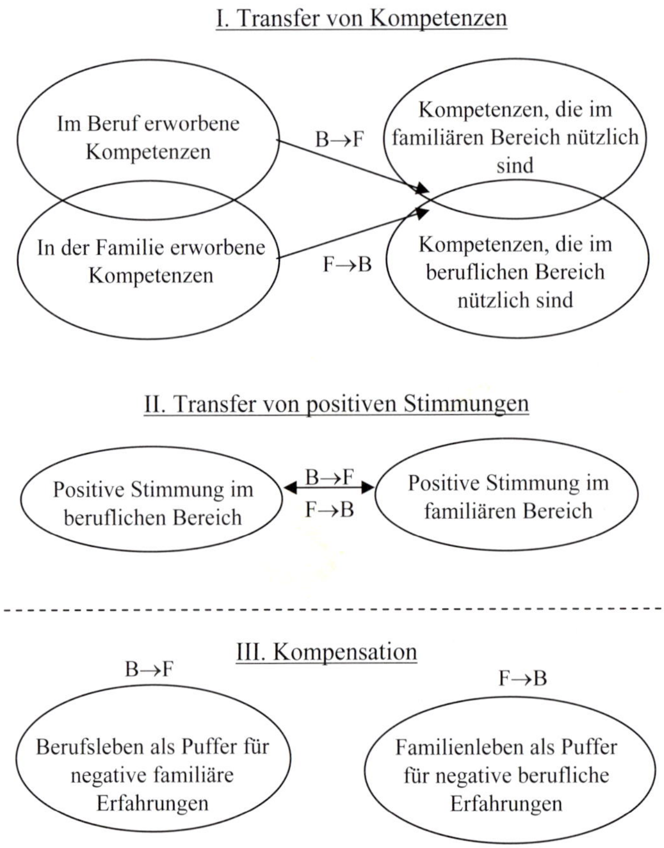

satorischen Effekten zu beachten, dass Ressourcen, die in einer Rolle generiert werden, gleichzeitig einen instrumentellen Nutzen für die andere Rolle haben können (Kompetenztransfer) und dass positive Stimmungen von einem auf den anderen Lebensbereich übertragen werden können (Stimmungstransfer; vgl. Abbildung 2.2).

Gerade mit Blick auf den instrumentellen Transfer von Kompetenzen erscheint es interessant zu wissen, welche Kompetenzen in einem der Lebensbereiche erworben und dann auf den anderen Lebensbereich übertragen werden. Inhaltsanalysen qualitativer Befragungsdaten von Erwerbstätigen zeigen, dass – sowohl bei Betrachtung des Transfers vom Beruf in das Familienleben als auch beim Transfer vom Familienleben in den Beruf – vor allem soziale Kompetenzen (z.B. Kommunikation, Perspektivenübernahme) genannt werden, gefolgt von personalen Stärken (z.B. Belastbarkeit) sowie Organisationsgeschick (vgl. Wiese, Freund & Seiger, 2007). Zur standardisierten Erhebung der verschiedenen Facetten des positiven Zusammenspiels schlagen Wiese et al. (2010) ein mehrdimensionales Selbstberichtsinstrument vor. Einige Beispielitems sind Kasten 2.3 zu entnehmen.

Kasten 2.3

Beispielitems aus dem Selbstberichtsfragebogen zum positiven Zusammenspiel zwischen Beruf und Familie (Wiese et al., 2010)

I. Kompetenztransfer:

Beruf → Familie

„Die Erfahrungen und Kompetenzen aus meinem Berufsleben ...
... lassen mich meinen Familienmitgliedern gegenüber geduldiger sein."
... verbessern meinen Umgang mit der Zeit im Familienleben."

Familie → Beruf

„Die Erfahrungen und Kompetenzen aus meinem Familienleben ...
... verbessern mein Durchsetzungsvermögen bei der Arbeit."
... machen es mir leichter, die Sichtweisen meiner Arbeitskollegen oder Kunden zu verstehen."

II. Transfer positiver Stimmungen:

Beruf → Familie

„Wenn ich mich bei meiner Arbeit gut fühle, habe ich auch zu Hause gute Laune."

„Wenn ich bei der Arbeit ruhig und gelassen bin, fühle ich mich auch zu Hause entspannt."

Familie → Beruf
„Wenn ich mich zu Hause gut fühle, habe ich auch bei der Arbeit gute Laune."
„Wenn ich zu Hause voller Tatkraft bin, überträgt sich das auf meine Energie bei der Arbeit."

III. Kompensation:
Beruf → Familie
„Wenn es daheim mal nicht so gut läuft, gibt mir meine Arbeit wieder Selbstvertrauen."
„Mein Beruf hilft mir, von familiären Sorgen abzuschalten."
Familie → Beruf
„Wenn es bei der Arbeit nicht so gut läuft, schöpfe ich Kraft aus meinem Familienleben."
„Mein Familienleben hilft mir, von beruflichen Sorgen abzuschalten."

2.3 Work Life Balance als Thema des modernen Arbeitsmarktes

In den letzten Jahren hat das Thema der Vereinbarkeit von beruflichem und außerberuflichem Bereich unter dem populären Begriff „Work Life Balance" eine deutliche Aufmerksamkeitssteigerung erfahren (Resch & Bamberg, 2005). Möglicherweise hat dies mit jenen Merkmalen der modernen Arbeitswelt zu tun, die unter dem Begriff des Strukturwandels diskutiert werden. Dazu zählen verschiedene Formen der Flexibilisierung des Arbeitslebens (z.B. Entstandardisierung von Arbeitszeiten, -orten und -formen) ebenso wie Entwicklungen, die unter den Begriff der „Subjektivierung" von Arbeit (Moldaschl & Voß, 2002) gefasst werden. Diese Subjektivierung ist unter anderem durch zunehmende Anforderungen an die alltägliche Selbstorganisation und an das eigenverantwortliche lebenslange Lernen gekennzeichnet, die erfordern, dass Erwerbstätige bereit sind, einen Großteil ihrer persönlichen Ressourcen und Kompetenzen in den Dienst der Arbeit zu stellen. Diese Anforderungen lassen aus arbeitspsychologischer Sicht eine verstärkte Beschäftigung mit Fragen der Regulationsüberforderung notwendig erscheinen. So ist es beispielsweise bemerkenswert, dass die in vielen Bereichen verbreitete Projektarbeit einerseits viele Charakteristika einer persönlichkeits- und gesundheitsförderlichen Arbeitsgestaltung enthält (z.B. Ganzheitlichkeit, lernförderliche Anforderungsvielfalt, Autonomie; vgl. ausführlicher Kapitel 4), dass diese aber zugleich Erwerbstätige auch vor besondere Herausforderungen im Bereich der Zeiteinteilung und der Sicherung von Erholungsphasen stellt (vgl. Kasten 2.4). Es gibt deutliche Hinweise, dass insbesondere hochqualifizierte Angestellte vermehrt und – aufgrund ihrer Vertragsstrukturen – häufig unentgeltlich Überstunden leisten (vgl. Metz-Göckel, 2004). Das Gefühl, die richtige Balance zwischen Erwerbsarbeit und dem Leben außerhalb der Erwerbsarbeit zu haben, scheint mit der Wochenarbeitszeit sowie der Führungsverantwortung zu sinken (Guest & Conway, 1998, 2000).

Projektarbeit: Konsequenzen für den außerberuflichen Bereich **Kasten 2.4**

In der in vielen Bereichen praktizierten Projektarbeit unterliegen die Arbeitsaufgaben stetigen kontextabhängigen Veränderungen (in Abhängigkeit von Kundenwünschen bzw. dem Projektverlauf) und die Arbeitszeiten bestimmen sich zusehends nach dem vereinbarten Ergebnis. Welche Konsequenzen hat dies für den außerberuflichen Bereich?

In einer Studie mit 215 überwiegend männlichen Projektmitarbeitern aus dem IT- und Produktentwicklungsbereich berichtete fast ein Drittel der von Gerlmaier (2004) Befragten von Entgrenzungserfordernissen, die zum Beispiel durch erhöhte Arbeitszeiten und einer Erreichbarkeit für Kunden und Vorgesetzte außerhalb der Arbeitszeiten indiziert wurden. Ebenfalls etwa ein Drittel der Befragten gab an, dass das Familienleben durch den Beruf stark belastet wird. Außerdem fanden sich deutliche Beeinträchtigungen der individuellen Erholungsfähigkeit.

Vor dem Hintergrund der geschilderten Veränderungen auf dem Arbeitsmarkt ist zu erwarten, dass eine arbeitszentrierte Lebensgestaltung an Bedeutung gewinnt und es zunehmend mehr Tätigkeitsfelder geben wird, bei denen es zu „Entgrenzungen" zwischen dem Berufs- und Privatleben kommt. Eine potenziell problematische Beziehung zwischen Berufs- und Privatleben ist vor diesem Hintergrund nicht nur für Frauen oder für Erwerbspersonen mit anforderungsarmen beruflichen Arbeitssituationen (s.o.) zu erwarten, sondern insbesondere auch für hoch qualifizierte Erwerbstätige, unter denen Männer überrepräsentiert sind. Das macht deutlich, warum Work Life Balance nicht einfach als Frauenthema abzuhandeln ist. Betroffen sind vielmehr beide Geschlechter, wenn auch nicht immer in der gleichen Art und Weise.

Exkurs: Gender Mainstreaming

Eine speziell auf die Gleichstellung von Mann und Frau bezogene Sicht ist das sogenannte *Gender Mainstreaming*, annäherungsweise als durchgängige Gleichstellungsorientierung übersetzbar. Damit wird eine Strategie bezeichnet, unterschiedliche Ausgangslagen und unterschiedliche Wirkungen von Maßnahmen auf Männer und Frauen systematisch zu berücksichtigen. Es geht um den Versuch, die Gleichstellung der Geschlechter auf allen gesellschaftlichen Ebenen durchzusetzen. *Gender Mainstreaming* unterscheidet sich von expliziter Frauenpolitik dadurch, dass beide Geschlechter gleichermaßen einbezogen werden. Beispiele für Themen des *Gender Mainstreamings* finden sich auf der Webpage des deutschen Bundesministeriums für Familie, Senioren, Frauen und Jugend (www.gender-mainstreaming.net; z.B. Gesundheit, Berufswahl). Mit Blick auf die berufliche Entwicklung wird davon ausgegangen, dass gegenwärtig noch viele Mädchen und Frauen ihre Erwerbstätigkeit lediglich als Zuverdienst begreifen und bereit sind, diese zugunsten des Familienlebens deutlich einzuschränken oder sogar ganz aufzugeben. Für Männer stellt sich oft erst gar nicht die Frage, ob sie ihre Berufstätigkeit zugunsten der Familie einschränken, da sie sich wie selbstverständlich als Hauptverdiener sehen. Ihr Bedürfnis nach gemeinsamer Familienzeit kann so ungewollt zu kurz kommen.

Work Life Balance bezeichnet in der psychologischen Forschung ein Themengebiet, in dessen Vordergrund Fragen zur funktionalen alltags- und biografiebezogenen Relation zwischen Berufs- und Privatleben stehen (Wiese, 2007). Schauen wir uns den Begriff näher an, so werden seine Schwächen allerdings schnell sichtbar. Die *„Work"*-Komponente bezieht sich in der Regel auf den Bereich der Erwerbsarbeit, die *„Life"*-Komponente auf andere Lebensbereiche. Work Life Balance ist dabei insofern irreführend als die Erwerbsarbeit Teil des Lebens und nicht ein dem Leben gegenübergestellter Bereich ist (Resch & Bamberg, 2005). Außerdem können – wie bereits erwähnt – auch Tätigkeiten außerhalb der Erwerbsarbeit durchaus Arbeit darstellen (z.B. Kindererziehung, Hausarbeit, Ehrenamt; siehe ausführlicher Kapitel 6).

Vielfach ist mit dem Begriff der Balance eine normative Vorstellung verbunden. Das Bild der Waage legt den Schluss nahe, dass ein gleichgewichtiges Verhältnis zwischen Berufs- und Privatleben das optimale Verhältnis sei. Aber geht es wirklich um „Gleichgewicht"?

In einer Studie mit rund 350 Erwerbstätigen betrachteten Greenhaus, Collins und Saw (2003) unter anderem den Einfluss des relativen zeitlichen Involvements im beruflichen und familiären Bereich auf die selbstberichtete Lebensqualität. Die Ergebnisse zeigen, dass das Ausmaß der Balance keine Bedeutung für die selbstberichtete Lebensqualität hatte.

Damit wird deutlich, dass die Vorstellung eines einfachen Gleichgewichts zu kurz greift. Ein angemessenes Verhältnis kann durchaus auch ein (phasenweises) Überwiegen eines Lebensbereichs beinhalten. Auch ist nicht auszuschließen, dass Personen mit „objektiv" unterschiedlichen Balancequotienten zu ähnlichen Einschätzungen der Zufriedenheit mit der von ihnen realisierten Balance kommen. Insgesamt erscheint es deshalb sinnvoller, von einem *angemessenen,* statt von einem im engeren Wortsinn gleichgewichtigen Verhältnis verschiedener Lebensbereiche zu sprechen.

Im Prozess der Balancierung geht es vor allem darum, in den betrachteten Lebensbereichen positive Erlebensqualitäten zu maximieren bzw. negative Erlebensqualitäten zu minimieren (vgl. Wiese, 2007). Clark (2000) definiert Balance beispielsweise als Funktionstüchtigkeit in und Zufriedenheit mit verschiedenen Rollen bei einem Minimum erlebter Rollenkonflikte. Im Ergebnis wird ein positiver Erlebniszustand angestrebt, der sich aus der Bedürfnis- und Erwartungserfüllung in verschiedenen Lebensbereichen ergibt.

2.4 Life Domain Balance: Relevante Lebensbereiche

Ein umfassendes Verständnis von lebensbereichsbezogener Balancierung sollte sich unseres Erachtens auf eine Vielzahl von Lebensbereichen beziehen lassen, welche potenziell positive, aber auch negative Erlebensqualitäten haben, um die Zeit und Energie einer Person konkurrieren, sich aber auch ergänzen können. Dazu zählen zum Beispiel:

- Erwerbsarbeit
- Hausarbeit
- Beziehung zu den eigenen Kindern / Kindererziehung
- Partnerschaft
- Beziehung zur Herkunftsfamilie
- Hobbys
- Sport
- Gesundheit
- Ehrenämter

2.4.1 Lebensstil und Lebensgestaltung

Die Breite des hier vorgestellten Konzeptes geht einher mit Fragen der Lebensgestaltung und des Lebensstils, welche Personen in sehr unterschiedlichen Lebenssituationen und -phasen betreffen. Lebensgestaltung und -führung werden von unterschiedlichen Wissenschaftsdisziplinen behandelt. Wir werden hier kurz auf die soziologische und sozialmedizinische Perspektive eingehen und dann ausführlicher auf die handlungstheoretische und lebensspannenpsychologische Sicht.

2.4.1.1 Die soziologische Perspektive

Die moderne soziologische Forschung im Bereich der Lebensführung wurde im deutschsprachigen Raum maßgeblich von der subjektorientierten Soziologie geprägt. Diese analysiert unter anderem, wie Menschen innerhalb eines soziostrukturellen Rahmens agieren und so zu seiner Verfestigung oder Veränderung beitragen (Bolte, 1983). Unter Lebensführung werden dabei die unterschiedlichen Tätigkeiten einer Person in verschiedenen Lebensbereichen (Beruf, Familie, Verbände, Freizeitgruppen etc.) und die darauf bezogenen, von der Person mitgestalteten Arrangements verstanden (Voß, 1995). Thema ist damit das gesamte tätige Leben von Individuen, aber nicht in seiner „Länge" wie in der Biographie- oder Lebensverlaufsforschung, sondern sozusagen in seiner *„Breite"*.

Die alltägliche Lebensführung wird von den Betroffenen aktiv (mit) gestaltet. Gesellschaftliche Entwicklungen wie die Flexibilisierung von Arbeitszeiten und Beschäftigungsverhältnissen oder die Veränderung von Geschlechterrollen lassen die Anforderungen an die alltägliche Lebensführung ansteigen. Lebensführung, so deshalb eine aktuelle These der subjektorientierten Soziologie, wird immer mehr zur Arbeit. Zugleich scheint in der Heterogenität realisierter Lebensgestaltung aber auch eine Chance zu liegen, die im aktuellen gesellschaftlichen und speziell wirtschaftsbezogenen Diskurs unter dem Begriff der Diversität beschrieben wird.

Exkurs: Diversität

Während die Beschäftigung mit Fragen der Gleichstellung ihre Legitimation durch die Forderung nach sozialer Gerechtigkeit und der Unterbindung von Diskriminierung erhält, geht es bei *Diversity* bzw. *Diversität* um eine potenziell wünschenswerte Heterogenität beispielsweise mit Blick auf demographische Merkmale wie Alter, Geschlecht, ethnische Herkunft, Religion, sexuelle Orientierung und Bildungsstand, aber auch Merkmale wie Werthaltungen, Erfahrungen und Lebensstil. *Diversity Management* ist ein Konzept der Unternehmensführung, das die Heterogenität der Beschäftigten zu nutzen versucht. Auf der operativen Ebene soll *Diversity* die Problemlösequalität und Ressourcenflexibilität erhöhen. Auf der strategischen Ebene sollen zum Beispiel durch Nachbildung der demographischen Struktur der Kundengruppen in der Belegschaft, etwa durch Einsatz von Kundenmanagern („*Key Account Manager*") mit entsprechender Passung, Wettbewerbsvorteile erzielt werden.

2.4.1.2 Die sozialmedizinische Perspektive

Ein großer Teil der Lebensstilforschung ist in der Sozialmedizin bzw. Gesundheitspsychologie verortet. Dabei stehen traditionellerweise vor allem Aspekte wie Alkohol- und Tabakkonsum sowie das Ernährungs- und Bewegungsverhalten und schließlich die Inanspruchnahme medizinischer Vorsorgeuntersuchungen im Vordergrund des Interesses (vgl. Dean, Colomer & Pérez-Hoyos, 1995).

Gesundheit ist nach heutigem salutogenetischen Verständnis kein Zustand, sondern ein dynamischer Entwicklungsprozess, der immer wieder neu herzustellen ist (Udris, Rimann & Thalmann, 1994), weshalb man auch von Gesundheits*kompetenz* spricht. Aus präventivmedizinischer Sicht ist ein wesentlicher Teil dieser Kompetenz die individuelle Umsetzung eines sogenannten *aktiven Lebensstils*, welcher regelmäßige körperliche Aktivität einschließt. Lümkemann (2004) fasst eine Reihe eindrücklicher gesundheitsfördernder Effekte eines solchen Lebensstils zusammen: körperliche Schutzwirkung (v.a. Prävention im Bereich Bluthochdruck und Diabetes), erhöhte Stressresistenz, Steigerung der Konzentrationsfähigkeit und verringertes Depressionsrisiko. Als Empfehlung gilt, dass Erwachsene mindestens eine ½ Stunde pro Tag auf einem moderaten oder anstrengenden Niveau körperlich aktiv sein sollten.

Gerade auch im Bereich des Gesundheitsverhaltens wird dabei immer wieder darauf hingewiesen, dass Handlungsgewohnheiten durch kulturelle Settings, die sich aus spezifischen sozialen und ökonomischen Situationen ergeben, deutlich mitgeprägt werden.

Schon Kinder und Jugendliche profitieren hier von günstigen Rahmenbedingungen sowie gesundheitskompetentem Verhalten im Elternhaus (Gerhards & Rössel, 2003; Mattocks et al., 2007). So haben beispielsweise Elternhäuser, die einen sportorientierten oder hochkulturorientierten Lebensstil (Literatur, Musizieren, Theaterbesuche) pflegen, einen positiven Einfluss auf das gesunde Ernährungsverhalten ihrer Kinder (z.B. verstärkter Verzehr von Obst, Gemüse und Vollkornprodukten).

Im Erwachsenenalter zeigt sich darüber hinaus, dass insbesondere für Männer der eigene Erwerbsstatus deutlich Auswirkungen auf die eigene Gesundheit und das Gesundheitsverhalten hat (z.B. Dean et al., 1993; vgl. auch Kuhnert & Kastner, 2002). Bei den weniger deutlichen Auswirkungen auf Seiten der Frauen mag es sich allerdings um einen Kohorteneffekt handeln; das heißt, dass zukünftig vielleicht auch für Frauen der Erwerbsstatus an gesundheitsbezogener Relevanz gewinnt.

Mit Blick auf die alltägliche Lebensgestaltung von Arbeitslosen zeigt sich, dass viele sich ausgesprochen inaktiv verhalten; sie haben zum Beispiel keine Hobbys und gehen kaum sozialen oder sportlichen Aktivitäten nach (vgl. Kuhnert, 2004). Sie zeigen im Vergleich zu Beschäftigten mehr selbstschädigendes Verhalten und eine mangelnde Gesundheitsfürsorge (vgl. Kuhnert, 2004). Besonders bedenklich ist dabei, dass viele Langzeitarbeitslose kaum noch daran glauben, ihr gesundheitsschädigendes Verhalten noch ändern zu können (Kuhnert & Kastner, 2002). Dabei kann Arbeitslosigkeit die Gesundheit verschlechtern (Verursachungshypothese); umgekehrt erhöhen aber auch vorhandene psychische und physische Störungssymptome die Wahrscheinlichkeit, arbeitslos zu werden beziehungsweise zu bleiben (Selektionshypothese, vgl. die Meta-Analyse von Paul & Moser, 2001). Kuhnert und Kastner (2002) empfehlen für Arbeitslose Programme, bei denen im ersten Schritt die Alltagsbewältigung optimiert wird, um so Kapazitäten freizusetzen, die dann im zweiten Schritt für Beschäftigungs- und Gesundheitsziele genutzt werden können. Eine wichtige alltagspraktische Funktion könnte nach Kuhnert (2004) neben sozialen Aktivitäten im Familien- und Freundeskreis gerade für Arbeitslose die Freiwilligenarbeit haben (vgl. Kapitel 7). Es geht also im Sinne der *Life Balance* auch hier um den Einbezug mehrerer Lebensbereiche.

Bemerkenswerterweise ist es nicht allein Arbeitslosigkeit, die gesundheitsbezogene Konsequenzen hat. Eine besonders gefährdete Gruppe bilden auch Personen, die sich in beruflichen Gratifikationskrisen befinden. Dabei handelt es sich um eine Belastungskonstellation am Arbeitsplatz, die durch hohe Verausgabung bei zugleich niedriger Belohnung gekennzeichnet ist (vgl. Kapitel 3). Eine derartige Konstellation führt zu chronischen Stresserfahrungen und erhöhtem Krankheitsrisiko (vgl. Siegrist, 1996).

2.4.1.3 Die handlungstheoretische und lebensspannenpsychologische Perspektive

In einer handlungstheoretisch sowie biographisch orientierten psychologischen Auffassung von Lebensgestaltung vollzieht sich diese, wie von Hoff (2006) aufzeigt, auf unterschiedlichen Handlungsebenen, nämlich auf

A) der Ebene des unmittelbaren Alltagshandelns, welche die Umsetzung kurzfristiger Ziele betrifft, wie sie zum Beispiel in arbeitspsychologischen handlungstheoretisch geleiteten Ansätzen beschrieben werden,
B) einer alltagsübergreifenden Ebene des Handelns, die mittelfristige Ziele und überdauernde charakteristische Strebungen einer Person betrifft,
C) der Ebene des biografisch bedeutsamen Handelns, die vor allem langfristige Ziele und Lebensaufgaben tangiert.

Sowohl innerhalb einer Ebene als auch zwischen den Ebenen können Ziele kollidieren oder sich aber unterstützen, wobei Probleme und Konflikte durchaus auch das Potenzial haben, die Identitäts- und Kompetenzentwicklung anzustoßen (vgl. Hoff, 2006).

In Hoffs empirischen Arbeiten haben sich hinsichtlich des beruflichen und privaten Lebensbereichs drei Formen der Lebensgestaltung herauskristallisiert: (1) Eine segmentierende, (2) eine integrierende und (3) eine entgrenzte Form (vgl. Tabelle 2.2). Bei der *Segmentation* werden Berufs- und Privatleben klar getrennt. Das berufliche und private Handeln verläuft routinisiert und ohne aufwendige Koordination. Ziele in den beiden Lebensbereichen werden unabhängig voneinander entworfen und verfolgt. Zielkonflikte werden von vornherein vermieden oder minimiert. Bei der *Integration* sehen Personen sich starken Erfordernissen der Koordination und Abstimmung gegen-

Tabelle 2.2 *Hauptformen der Lebensgestaltung (nach Hoff, Grote, Dettmer, Hohner & Olos, 2005)*

1. Segmentation	Klare Grenzen zwischen Berufs- und Privatleben
2. Integration	Fortlaufende Leistungen der Koordination von Berufs- und Privatleben
3. Entgrenzung	Flexible, sich auflösende Grenzen zwischen Berufs- und Privatleben; häufig mit starker Arbeitszentrierung

über, die einen Reflexionsprozess in Gang setzen, der zur Bildung übergeordneter Integrationsziele beitragen kann. Im Alltag müssen nun berufliches und privates Handeln ausbalanciert und koordiniert werden. Auch im Rahmen biografischer Weichenstellungen werden Anforderungen in beiden Lebensbereichen aufeinander bezogen. Bei der *Entgrenzung* wird das Privatleben fast vollständig vom Beruf „verschluckt" oder die Lebensbereiche verschmelzen so miteinander, dass sie im Erleben eine Einheit bilden (z.B. Sozialkontakte nur mit Kollegen). Bei dieser Form der Lebensgestaltung verschwinden „traditionelle" Konflikte und Integrationsziele werden unnötig.

Je nach Geschlecht, Profession und Lebensphase ist die Wahrscheinlichkeit für bestimmte Formen der Lebensgestaltung unterschiedlich hoch (Ewers, Hoff & Schraps, 2006; Hoff et al., 2005). In einer Studie mit Professionsangehörigen der Medizin und Psychologie im mittleren Erwachsenenalter fanden Hoff et al. (2005), dass Frauen die Lebenssphären Beruf und Familie häufiger integrieren und ausbalancieren, während Männer häufiger segmentieren und dem Beruf gegenüber dem Familienleben Priorität einräumen. Allerdings gleichen sich in den Psychologieberufen die Männer den Frauen bereits etwas an: Im Vergleich zu Medizinern geben sie zum Beispiel geringere berufliche Arbeitszeiten an und beteiligen sich stärker an der Hausarbeit.

In einem weiteren Projekt befragten Hoff und Kollegen jüngere Gründerinnen und Mitarbeiter/innen aus der IT-Branche (Durchschnittsalter zum Zeitpunkt der ersten Befragung: 33 Jahre; Ewers et al., 2006). Bei dieser Erwerbstätigengruppe kommen viele der Merkmale zusammen, die für den Strukturwandel der Arbeitswelt als charakteristisch gelten: hohe Autonomieanforderungen, Notwendigkeit zu hoher Flexibilität und Innovationsbereitschaft, starke Ausrichtung an den Markterfordernissen etc. Es fand sich bei einer Mehrheit der Befragten eine starke Entgrenzung zwischen Berufs-

und Privatleben. Während sich etwa bei Medizinerinnen und Medizinern sowie Psychologinnen und Psychologen im mittleren Lebensalter nur circa 14 Prozent als entgrenzt klassifizieren ließen (Segmentation: 44%, Integration: 42%), waren es bei den IT-Fachleuten 59 Prozent (Segmentation; 28%, Integration: 13%; vgl. Ewers et al., 2006). Das Ausmaß der wöchentlichen Arbeitszeiten nimmt bei den IT-Fachkräften von der Entgrenzung (45-90 Stunden pro Woche), über die Segmentation (40-80 Stunden pro Woche) zur Integration (35-60 Stunden pro Woche) sukzessive ab, ist aber selbst bei den Personen mit integrativem Lebensstil (ausschließlich Frauen) teilweise immer noch beträchtlich. Urlaubsansprüche werden gar nicht oder nur teilweise in Anspruch genommen. Der Anteil der Personen mit entgrenzter Lebensführung ist bei den Gründern (inkl. Freiberufler/innen) mit 80 Prozent etwa doppelt so hoch wie bei den abhängig Beschäftigten (Ewers et al., 2006).

Bemerkenswerterweise zeigen sich in den Zukunftsvorstellungen aber durchaus Antizipationen einer Veränderung der Lebensgestaltung; so wird eine extrem entgrenzte Lebensführung doch von vielen als temporäre Situation betrachtet (Schraps, 2007). Tatsächlich zeigte sich im Längsschnitt, dass bei den IT-Fachkräften über die Zeit weniger Personen mit einer entgrenzten Lebensführung zu finden waren und vor allem, dass das Muster der segmentierten Lebensführung an Bedeutung gewann (vgl. Abbildung 2.3). Anlässe für Veränderungen der Lebensgestaltung lagen sowohl im beruflichen Bereich selbst (z.B. Krisen im Unternehmen, wachsende Hierarchiebildung) als auch im außerberuflichen Bereich (z.B. gesundheitliche Probleme, Familiengründung; vgl. Schraps, 2007).

Längsschnittliche Verschiebungen in der Lebensgestaltung bei IT-Fachkräften (nach Schraps, 2007) **Abbildung 2.3**

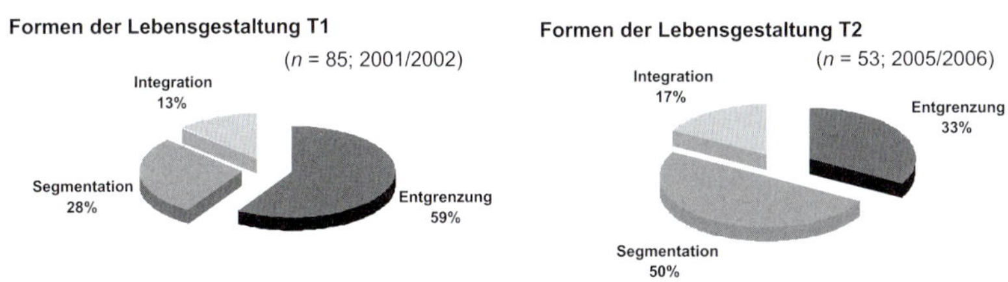

Auch in der US-amerikanischen Literatur wird der Frage nach vorhandenen Grenzen und aktiven Grenzziehungen zwischen beruflichem und außerberuflichem Bereich Aufmerksamkeit geschenkt.

Allerdings liegt der konzeptuelle Schwerpunkt dort auf den alltäglich erlebten Auswirkungen von Grenzen zwischen den Lebensbereichen bzw. -rollen und alltagsnahen Bemühungen um Grenzziehungen (z.B. Ashforth, Kreiner & Fugate, 2000; Clark, 2000).

Durchlässig sind diese Grenzen nach Ashforth et al. (2000), wenn eine Rolle erfüllt werden kann oder eine Person sich mit ihr mental beschäftigt, während sie sich an dem Ort befindet, welcher der anderen Rolle zugedacht ist. Dies kann als positiv, kann aber auch als negativ erlebt werden. Im letzteren Fall entwickeln Personen bisweilen eigene Strategien der Grenzziehung (z.B. häusliches Arbeitszimmer, in dem ausschließlich die eigenen Arbeitsmaterialien gelagert werden).

Ähnlich geht auch Campbell Clark (2000) davon aus, dass sich nicht grundsätzlich sagen lässt, ob jemand zufriedener ist, der klare Grenzen zwischen den Lebensbereichen aufweist oder jemand, bei dem dies nicht der Fall ist. Mittels ihrer *Work/Family Border Theory* versucht sie zu erklären, unter welchen Bedingungen eine Balance zwischen dem beruflichen und dem familiären Lebensbereich erreicht wird. Ihre theoretischen Vorstellungen hat sie in einer Reihe von Annahmen spezifiziert.

Zu diesen Annahmen zählt unter anderem, dass die ideale Grenzstärke von der Ähnlichkeit der Domänen abhängig sei: So sollten bei großer Ähnlichkeit der Lebensbereiche schwache Grenzen die Balance zwischen den Lebensbereichen erleichtern, während bei großer Unterschiedlichkeit starke Grenzen vorteilhaft seien. In Fällen, in denen die Grenzen asymmetrisch durchlässig sind, sei es für die Balance außerdem von Vorteil, stärker mit jenem Bereich identifiziert zu sein, der die weniger durchlässigen Grenzen hat. Weiterhin hält Clark (2000) die Frage für bedeutsam, ob jemand zu den zentralen Mitgliedern eines Bereichs gehört, also zu jenen, die Einfluss haben (z.B. aufgrund ihres Wissens und ihrer sozialen Einbindung), denn diese Personengruppe habe mehr Kontrolle über die Grenzen der entsprechenden Domäne und damit mehr Möglichkeiten zur Gestaltung ihrer individuellen Balance. Von Vorteil sei außerdem, wenn die anderen Mitglieder eines Lebensbereichs eine hohe Sensitivität hinsichtlich des anderen Bereichs aufweisen würden, sich mit der betroffenen Person stark verbunden fühlten und unterstützend verhalten würden. Einige Aspekte, zum Beispiel die soziale Unterstützung, wurden zwar im Hinblick auf das Zusammenspiel zwischen Beruf und Familie schon häufiger untersucht, doch stand dabei in der Regel die Frage der Konfliktreduktion im Vordergrund (z.B. Carlson & Perrewé, 1999; Cohen & Wills, 1985), nicht aber die Frage, wie sich eine gewünschte Balance fördern lässt.

2.4.2 Wer ist mit Fragen der Life Domain Balance konfrontiert?

Die voranstehenden Ausführungen machen bereits deutlich, dass Lebensgestaltung sich im Laufe der individuellen Biographie verändern kann. Dies führt zu der Frage, wie sich Anforderungen der *Life Domain Balancierung* im Lebenslauf darstellen, wobei wir im Folgenden den Schwerpunkt auf die Koordination von Beruf (bzw. Schule) und Privatleben legen (vgl. auch Wiese & Freund, 2008).

Kindes- und Jugendalter. Fragen der Balancierung stellen sich nicht erst im Erwachsenenalter. So steht ein Zwölfjähriger eventuell vor der Frage, wie er am Nachmittag die richtige Balance zwischen schulischer Pflichterfüllung (z.B. Hausaufgaben, Testvorbereitung) und seinen Freizeitinteressen (z.B. Freunde treffen, Computerspiele, Fernsehen, Sportverein) oder auch Freizeitpflichten (z.B. regelmäßiges Üben eines Musikinstrumentes) finden soll. Im späteren Jugendalter tritt neben der Schule und Freunden die Aufnahme sexueller Beziehungen als weiterer wichtiger Lebensbereich hinzu, der Zeit beansprucht. Überdies gilt es, sich dem Entscheidungsbereich der gewünschten beruflichen Laufbahn zuzuwenden. Für Jugendliche mögen zwar Fragen der Familiengründung und ihres Einflusses auf Umfang und Gestaltung der eigenen Erwerbstätigkeit noch in relativ weiter Ferne liegen. Allerdings ist nicht auszuschließen, dass manche Jugendliche sich in der Berufs- oder Studienfachwahl von einer scheinbar leichten Vereinbarkeit von Berufsleben und Privatleben – hier möglicherweise zunächst im Sinne der Freizeitoptionen – leiten lassen, wobei die Gefahr besteht, unrealistische Erwartungen zu haben (z.B. ein stressfreier Lehrerberuf) und/oder die Frage der tatsächlichen individuellen Eignung für den Beruf aus dem Auge zu verlieren. Weiterhin ist denkbar, dass gerade Mädchen und junge Frauen, trotz einer möglichen Eignung, von bestimmten Berufsfeldern vorschnell Abstand nehmen, da sie fürchten, damit ihre familiären Pläne nicht vereinbaren zu können. Dies könnte auf viele männerdominierte Berufsfelder (z.B. Ingenieurwissenschaften), auf Berufe mit langwierigen postgradualen Ausbildungen oder Etablierungsphasen (z.B. Facharztberuf, wissenschaftliche Laufbahn) und auf Berufe mit hohen Schichtarbeits- und/oder räumlichen Mobilitätsanforderungen (z.B. medizinische Berufe, Tätigkeiten in der Luftfahrt) zutreffen.

Kinder und Jugendliche sind weiterhin immer auch Betroffene bzw. Beobachter der von den eigenen Eltern praktizierten *Life Domain Balance*. So wird immer wieder die Frage diskutiert, ob Kinder, die etwa aufgrund der Erwerbstätigkeit beider Elternteile in außerfamiliären Institutionen betreut werden, gegenüber familiär betreuten Kindern in ihren Entwicklungspotenzialen eingeschränkt werden. Hierzu stellt Einsiedler (2005) auf der Basis aktueller Befunde fest: Der Krippenbesuch beeinträchtigt die Mutter-Kind-Bindung in der Regel nicht und eine gute Fremdbetreuungsqualität kann Entwicklungsdefizite der Kinder und Erziehungsschwächen in der Familie sogar ausgleichen. Kommen allerdings ein ungünstiges elterliches Erziehungsverhalten und eine schlechte Fremdbetreuungsqualität zusammen, erhöht sich die Gefahr einer unsicheren Bindung. Hinsichtlich des Sozialverhaltens zeigt eine US-amerikanische Längsschnittstudie des National Institute of Child Health and Human Development (NICHD) mit 1´100 Kindern, dass bis zum 3. Lebensjahr keine betreuungsabhängigen Effekte auf das Sozialverhalten zu verzeichnen sind (NICHD, 1998). Für Kinder im Alter von 4 bis 5 Jahren zeigt sich jedoch, dass eine vorausgegangene Fremdbetreuung von mehr als 30 Stunden pro Woche überzufällig häufig mit Problemen im Sozialverhalten einhergeht (NICHD, 2003). Positive Auswirkungen auf die kognitive und sprachliche Entwicklung fanden sich bei guter Betreuungsqualität unabhängig von Art und Umfang der außerfamiliären Betreuung (vgl. auch Fthenakis, 2003). In einer aktuellen Metaanalyse gehen auch Goldberg, Prause, Lucas-Thompson und Himsel (2008) der Frage nach, inwiefern Erwerbstätigkeit bzw. -umfang die Schulleistungen und Intelligenzleistungen von Kindern beeinflusst. Sie kommen zu dem Ergebnis, dass sich die Kinder von erwerbstätigen Müttern und solchen, die nicht arbeiten, im Mittel nicht unterscheiden. Vergleicht man die Ergebnisse von Kindern, deren Mütter Vollzeit arbeiten mit jenen, die Teilzeit arbeiten, ergeben sich leichte Leistungsvorteile für Kinder von teilzeitbeschäftigten Müttern. Mädchen scheinen dabei von der Erwerbstätigkeit ihrer Mütter intellektuell stärker zu profitieren als Jungen; die Mutter wirkt hier vermutlich als intellektuell ermutigendes gleichgeschlechtliches Rollenmodell. Die relativ negativsten Auswirkungen hat die mütterliche Erwerbstätigkeit für Jungen der mittleren und oberen Mittelklasse.

Junges Erwachsenenalter. Für berufliche Entscheidungen und Pläne *nach Abschluss einer Ausbildung oder eines Studiums* stellen sich Fragen des gewünschten familiären Engagements dann vermutlich in einer viel konkreteren Form. Dies dürfte insbesondere dann der Fall sein, wenn zu diesem Zeitpunkt bereits eine feste Partnerschaft eingegangen und schon eine eigene Familie gegründet wurde. Nun wird die Frage an Bedeutung gewinnen, ob eine berufliche Veränderung, etwa wenn diese eine räumliche Mobilität erfordert (z.B. Umzug in eine andere Stadt oder Auslandsaufenthalt; zur Situation pendelnder Paare vgl. Kasten 2.5) oder aber eine zeit- und gegebenenfalls kosten-

Zur Lebenssituation pendelnder Doppelkarrierepaare — ***Kasten 2.5***

Ein relativ neuer Lebensstil ist jener der pendelnden Doppelkarriere-Paare (Anderson & Spruill, 1993). Dies sind Paare, bei denen Partner ihre Karrieren an so weit entfernten Arbeitsorten verfolgen, dass sie zumindest einige Tagen in der Woche räumlich getrennt leben. Die Herausforderungen dieses Lebensstils betreffen sowohl die Alltagsbewältigung als auch biografische Entscheidungen.

Es gibt Hinweise darauf, dass die Beanspruchung durch diesen Lebensstil größer ausfällt, wenn

- Kinder vorhanden sind,
- die Pendeldistanz groß und die regelmäßige Zeit des Getrenntseins lang ist,
- Paare noch nicht lange zusammen sind und
- keiner der Partner beruflich klar etabliert ist (vgl. Gross, 1980).

Ein Vorteil des Pendler-Lebensstils ist, dass die Separation zwischen Beruf und Familie erleichtert wird und demjenigen Partner, der ohne Kinder am Arbeitsort ist, erlaubt, sich ganz auf die Erwerbstätigkeit zu konzentrieren. Dies mag zugleich aber der Grund dafür sein, dass Alltagsbelastungen des Partners/der Partnerin teilweise höher ausfallen als für die Person, die pendelt (Schneider, Limmer & Ruckdeschel, 2002). Insgesamt fand sich in einer US-amerikanischen Studie von Anderson und Spruill (1993) sowohl für Männer als auch für Frauen ein im Alltag nur mittleres subjektives Beanspruchungsniveau. Schwerwiegend können allerdings die Folgen des Pendelns aus biografischer Sicht sein: So wirkt sich die Mobilitätssituation besonders für pendelnde Frauen hemmend auf die Familiengründung aus (Schneider et al., 2002).

intensive Weiterbildung umfasst, vom unmittelbaren sozialen Umfeld mitgetragen wird. Dies gilt auch für Pläne, sich selbstständig zu machen. Insbesondere Gründer/innen berichten häufig von Konflikten zwischen Berufs- und Privatleben, da ein neues Unternehmen in der Regel eine sehr arbeitszentrierte Lebensführung erfordert, die einem gleichzeitigen familiären Engagement entgegensteht (Ewers et al., 2006; Lang-von Wins, 2004). Für Frauen – infolge sich verändernder Geschlechterrollenüberzeugungen in Zukunft möglicherweise aber auch stärker für Männer – stellt sich schließlich die Frage, wie die Zeit unmittelbar nach der Geburt eines Kindes bzw. die Jahre der Vorschul- und Schulzeit mit Blick auf die eigene Erwerbstätigkeit gestaltet werden soll.

Mittleres Erwachsenenalter. Gerade für Personen im mittleren Erwerbsalter bestehen möglicherweise Probleme der Vereinbarkeit von Beruf und der Verantwortung für pflegebedürftige ältere Angehörige und dies zu einer Zeit im Lebenslauf, zu der häufig noch eine erzieherische Verantwortung für minderjährige Kinder beziehungsweise eine finanzielle Belastung durch Ausbildungskosten der Kinder (z.B. Studium) bestehen. Mit Blick auf die Pflege älterer Angehöriger ist in besonderem Maße Eigeninitiative und Problemlösefertigkeiten gefragt, da von gesetzgeberischer oder unternehmerischer Seite diesbezüglich in der Regel weniger Angebote und Programme vorliegen als für die Vereinbarkeit von Beruf und Kindererziehung. Zugleich ist aber die Betreuung älterer pflegebedürftiger Angehöriger eine besonders hohe psychische und gegebenenfalls auch körperliche und finanzielle Belastung. Diese Problematik betrifft natürlich nicht nur Personen im mittleren Alter in ihrer Rolle als erwachsene Kinder, sondern auch ältere Menschen, die sich beispielsweise um einen kranken Ehepartner kümmern.

Übergang in den Ruhestand. Auch für die Phase des Übergangs in den Ruhestand kann das Zusammenspiel von Beruf und Privatleben in verschiedener Weise bedeutsam sein. Für Betroffene kann es in dieser Phase wichtig sein zu reflektieren, ob ein gradueller Rückzug aus dem Erwerbsleben ihrer Motivation und ihren finanziellen Möglichkeiten entspricht und vom betrieblichen und familiären Umfeld unterstützt wird. Auch kann es für einige ältere Menschen sinnvoll sein, rechtzeitig nach alternativen, zum Beispiel ehrenamtlichen, Tätigkeitsfeldern zu suchen. Je nach Umfang, können dann solche Tätigkeiten aber wiederum mit dem Familienleben interferieren. In jedem Fall scheinen Personen sich in Abhängigkeit von ihren bisherigen beruflichen Erfahrungen darin zu unterscheiden, wie differenziert ihre Ruhestandspläne ausfallen. Personen mit anforderungsreichen beruflichen Arbeitstätigkeiten scheinen hier im Vergleich zu Personen mit eher anforderungsarmen Arbeitstätigkeiten sehr viel klarere Zukunftsvorstellungen zu haben (Richter, 1992).

Mit Fragen der *Life Domain Balance* sind aber nicht nur Einzelpersonen in der Ausgestaltung ihres Alltags und ihrer individuellen Biographie konfrontiert, sondern auch der Gesetzgeber, Institutionen und Organisationen, die für ihre Bürgerinnen und Bürger, Mitglieder oder Mitarbeitenden Rahmenbedingungen schaffen möchten, die eine *Life Domain Balancierung* erleichtern. Darauf werden wir in Kapitel 10 noch näher eingehen.

2.4.2.1 Diskrepanzen zwischen Wunsch und Realität

Aus biographischer Sicht stellt sich nicht nur die Frage, wie die verschiedenen Lebensbereiche in der eigenen Lebensplanung subjektiv gewichtet und koordiniert werden, sondern auch, ob sich gewünschte Formen der Lebensgestaltung tatsächlich realisieren lassen.

Insgesamt scheint ein ausgewogenes Engagement zwischen dem beruflichen und familiären Lebensbereich ein Ideal zu sein: Viele Menschen wünschen sich eine gelungene Integration von Berufs- und Familienzielen, ohne stärkerer Abstriche in einem der beiden Lebensbereiche machen zu müssen (z.B. Hoff et al., 2005). Auch eine Studie von Salmela-Aro und Wiese (2006), in der den Studienteilnehmerinnen und -teilnehmern Beschreibungen fiktiver Personen und ihrer Lebenssituation vorgelegt wurden, spricht für das Ideal der Balance: Menschen, die ebenso viele berufliche wie familiäre Ziele angaben, wurde eine größere Lebenszufriedenheit zugeschrieben als solchen, die entweder ausschließlich von beruflichen oder familiären Plänen berichteten (vgl. Abbildung 2.4).

Eine Prioritätensetzung in einem Lebensbereich sollte aber nicht vorschnell als problematisch betrachtet werden (vgl. auch Greenhaus et al., 2003). Da individuelle Ressourcen begrenzt sind, kann es durchaus angemessen sein, diese zu fokussieren, z.B. durch zeitweise Prioritätensetzungen (Baltes & Baltes, 1990).

Abbildung 2.4 *Parallele Zielverfolgung und zugeschriebene Lebenszufriedenheit (N = 107 Erwerbstätige aus Finnland und Deutschland; nach Salmela-Aro & Wiese, 2006)*

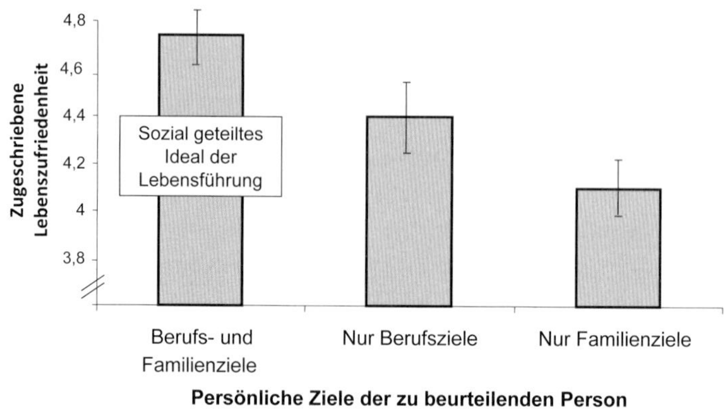

Tatsächlich wird die Realisierung einer balancierten Lebensführung nicht selten auf die Zukunft verschoben: In einer Studie von Wiese (2000) mit noch kinderlosen Frauen und Männern gab zwar rund die Hälfte an, ihnen seien ihre beruflichen Ziele gleichermaßen wichtig wie ihre familienbezogenen, doch immerhin rund einem Drittel war aktuell der berufliche Bereich wichtiger. Über 70 Prozent der Befragten wollten sich in der Zukunft gleichermaßen beiden Bereichen widmen. Ähnliches berichten auch andere Autoren: In einer qualitativen Interviewstudie mit hoch qualifizierten, bis zum Untersuchungszeitpunkt kinderlosen Akademikern, die regelmäßig mehr als 50 Stunden in der Woche arbeiteten, zeigten Roth und Zakrzewski (2006), dass diese eine stärkere Gewichtung von Partnerschaft und Familie planten. Obwohl diese Personengruppe alles in allem mit ihrer Berufssituation zufrieden war, bestand also für die Zukunft doch der Wunsch nach mehr Privatleben. Auch die weiter oben geschilderten Veränderungen in der Lebensgestaltung junger IT-Fachkräfte zeigen biographische Entwicklungen hin zu einer etwas stärkeren Berücksichtigung des Privatlebens als bisher. Der immer spätere Übergang zur Elternschaft kann dabei als sozial tolerierter Bewältigungsversuch betrachtet werden, dem Beruf zunächst Vorrang zu geben. Ob sich dann tatsächlich später eine gleichgewichtige Lebensführung realisieren lässt, ist aber nicht garantiert. So sind der Strategie der zeitlichen Verschiebung der Elternschaft auf Seiten der Frauen durch ihre Fertilität Grenzen gesetzt. Auch dürfte manche Führungskraft realisieren, dass die angestrebte bzw. schon erreichte höhere Position mit neuen Verantwortlichkeiten sowie Aufgaben einhergeht und so möglicherweise weniger denn je Zeit für das Privatleben bleibt.

Dass sich die eigenen Ideale nicht immer realisieren lassen, zeigen auch qualitative Daten aus dem bereits erwähnten Projekt in den Professionen Medizin und Psychologie von Hoff et al. (2005): Insbesondere Paarbeziehungen in der Medizin gestalten sich häufig weitaus weniger egalitär als es von den Partnern im Studium bzw. ganz am Beginn der Berufslaufbahn angestrebt worden war, was von den Betroffenen im Wesentlichen mit den vorherrschenden Organisationsstrukturen und Laufbahnerfordernissen in Verbindung gebracht wird. Sofern es gelingt, auch nach der Geburt von Kindern eine egalitäre Rollenteilung zu praktizieren (z.B. beide Elternteile sind zu gleichen Teilen erwerbstätig und teilen sich Hausarbeit und Kinderarbeit partnerschaftlich ein), scheint daran allerdings längerfristig festgehalten zu werden (z.B. Bürgisser, 2006).

Es darf jedoch nicht übersehen werden, dass keineswegs von allen Frauen und Männern eine egalitäre Rollenaufteilung bzw. eine gleichermaßen starke Beteiligung an der Hausarbeit/Erziehung und dem Erwerbsleben angestrebt wird. Wie Abele (2005) in einer Längsschnittstudie mit rund 1´300 Absolventen verschiedener Fachrichtungen der Universität Erlangen-Nürnberg zeigte, favorisieren Männer für die Familienphase das traditionelle Ernährermodell, während Frauen die Variante der „Frau Teilzeit, Mann Vollzeit" bevorzugen. Trotz dieser von vielen Frauen bereits vor der Familiengründung formulierten Pläne zu einem geringen Erwerbsumfang nach dem Übergang zur Elternschaft, erlebten später viele Frauen deutliche Diskrepanzen zwischen Wunsch und Realität: Die vorangegangenen Vorstellungen zur Kleinkind-betreuung und die spätere Betreuungssituation stimmten bei einem großen Teil der Mütter (44%) nicht überein. Viele waren entgegen ihrer ursprünglichen Planung nicht in Teilzeit erwerbstätig, sondern mit den Kindern zu Hause. Die Befunde von Hoff et al. (2005) lassen weiterhin erkennen, dass Frauen häufiger als Männer davon berichten, im beruflichen *und* im familiären Bereich Abstriche gemacht zu haben. Auch zeigen Hoff et al. (2005) für Psychologinnen und Psychologen ebenso wie für Ärztinnen und

Ärzte im mittleren Erwachsenenalter, dass diese sich im Durchschnitt wünschen, mit geringerem Stundenumfang zu arbeiten als sie dies aktuell praktizieren. Dies trifft sowohl für die Männer als auch für die Frauen zu. Allerdings liegen sowohl die reale als auch die gewünschte Wochenarbeitszeit bei den Frauen deutlich unter den von den Männern angegebenen Zeiten (vgl. Abbildung 2.5).

So verwundert es auch nicht, dass rund die Hälfte der von Oberlander (2010) befragten Ärztinnen und Ärzte – mit einer nicht mehr als zehn Jahre zurück liegenden Approbation – die Möglichkeiten der Vereinbarung von Beruf und Familienleben als eher schlecht bzw. schlecht bezeichnen und 29 Prozent angeben, sich rückblickend nicht noch einmal für ein Medizinstudium zu entscheiden.

Wie unser Lebensweg verläuft, hängt aber nicht nur von individuellen Lebensplänen und den gegebenen gesellschaftlichen und organisationalen Rahmenstrukturen ab, sondern auch vom Auftreten und vom Umgang mit Widerfahrnissen (z.B. Krankheit, Tod einer nahe stehenden Person, Arbeitslosigkeit etc.), die unter dem Begriff der *Life Events* gefasst werden. Gerade die Arbeitslosigkeitsforschung

Abbildung 2.5 *Diskrepanzen zwischen realer und gewünschter Wochenarbeitszeit (N = 936; nach Hoff et al., 2005)*

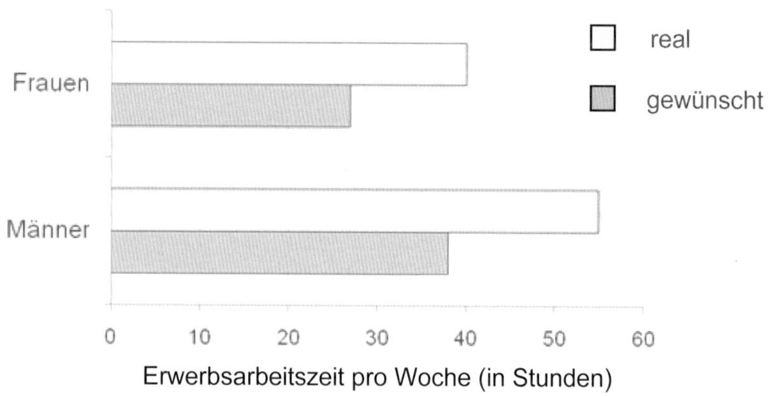

zeigt, welche dramatischen Auswirkungen sich aus dieser non-normativen Lebenssituation und der mit ihr einhergehenden Auflösung der Zeit- und Alltagsstruktur sowie Planungsunsicherheit für die alltägliche und zukunftsbezogene Lebensgestaltung ergeben (Kuhnert, 2004).

2.5 Fazit

Die wissenschaftliche Beschäftigung mit Fragen des Zusammenspiels zwischen dem beruflichen Lebensbereich und anderen Lebensbereichen ist nicht neu, doch haben sich die Akzente verschoben. Im Fokus stehen heute weniger Industriearbeiter mit ihren restriktiven Arbeitsbedingungen und den daraus resultierenden Konsequenzen für die Freizeitgestaltung, sondern vielmehr gerade auch hochqualifizierte Männer und Frauen, die in Anbetracht der Entstandardisierung von Arbeitsanforderungen in ihrem Alltag heute eher vor dem Problem einer Regulationsüberforderung als einer Regulationsunterforderung stehen.

Unser Konzept der *Life Domain Balance*, welches das Engagement von Personen in einer Vielzahl von für sie potenziell wichtigen Lebensbereichen betrifft (Erwerbsarbeit, Familie, Hobbys etc.), beschränkt sich aber nicht auf die Ebene des unmittelbaren Alltagshandelns, sondern bezieht explizit auch die Ebene des alltagsübergreifenden und langfristig biographiebedeutsamen Handelns mit ein. Aus einer Lebensspannensicht wird dabei deutlich, dass sich Anforderungen an die Koordination der beruflichen und außerberuflichen Bereiche in den verschiedenen Phasen des Lebenslaufs in zum Teil sehr unterschiedlicher Weise stellen. Nicht immer stimmen dabei die individuellen Leitbilder auf der einen Seite und Formen der alltäglichen Lebensgestaltung auf der anderen Seite überein. Dies betrifft insbesondere auch das Leitbild einer egalitären Rollenverteilung von Mann und Frau, das allerdings nicht von allen Erwerbstätigen geteilt wird.

Bisherige Forschungsergebnisse machen deutlich, dass es für die subjektive Lebensqualität wahrscheinlich nicht entscheidend ist, ob eine Person punktuell zu einem Zeitpunkt ihres Lebens ein im engeren Wortsinn *gleichgewichtiges* Engagement in verschiedenen Lebensbereichen zeigt. Vielmehr scheint es wichtig zu sein, dass es gelingt, das Verhältnis des Engagements in verschiedenen Lebensbereichen so auszugestalten, dass eine Bedürfnis- und Erwartungserfüllung in den verschiedenen Lebensbereichen ermöglicht wird, wozu durchaus auch zeitweise Prioritätensetzungen beitragen können.

Prekäre Arbeitsverhältnisse

Kapitel 3

3.0 Ein Blick zurück

Hugo Münsterberg stellte in seinem Buch über *„Psychologie und Wirtschaftsleben"* fest, daß die Arbeitsteilung „mancherlei charakteristische Schäden hervorruft, vor allem manche Einschnürung und Verkümmerung der seelischen Ganzheit" (Münsterberg, 1912, S. 115). Und im Kapitel über die zukünftige Entwicklung heißt es, die „wirtschaftliche Experimentalpsychologie" habe „vielleicht keine höhere Aufgabe als die Anpassung der Berufstätigkeit an die seelische Eigenart der Individuen, mit dem Ziel, das übervolle Maß seelischer Unbefriedigung an der Arbeit, seelischer Verkümmerung und Bedrücktheit und Entmutigung aus der Welt zu schaffen" (a.a.O., S. 181).

In den Beiträgen von Wladimir Eliasberg über „Richtungen und Entwicklungen der Arbeitswissenchaft" findet sich eine Vielzahl von Anregungen zur „Psychopathologie und Psychotherapie der abhängigen Arbeit" (1926a) und eine frühe Gliederung von Motivationsstufen (1926b). Dabei ist der – durchaus moderne – Gedanke grundlegend, dass die realen Arbeitsbedingungen mit den historisch und kulturell bedingten Motivationstufen in Einklang zu bringen sind. Sofern dies nicht gelingt, können daraus Spannungen und pathologische Fehlentwicklungen resultieren. Als ein Beispiel für derartige Fehlentwicklungen wird die Motivation der übermäßigen freiwilligen Einordnung genannt, die zugleich als eine der für das Funktionieren der modernen Wirtschaft bedeutsamsten Motivationsstufen dargestellt wird: „Unsere Wirtschaft, und zwar sowohl die der öffentlichen wie der privaten Erwerbsbetriebe ... beruht zu einem grossen Teil darauf, dass freiwillig mehr geleistet wird als durch die Dienstanweisung verlangt und durch den Lohn entgolten wird. Man kann behaupten, dass kein Brief bestellt, kein Eisenbahnzug richtig ankommen würde ohne freiwillige Mehrleistung" (Eliasberg, 1926a, S. 270).

Von Kurt Lewin (1928) schließlich wird im Zusammenhang mit der Diskussion des Sättigungsphänomens bereits ein Prozeß beschrieben, den wir heute als „Burnout" bezeichnen. Dabei geht es um „die besondere Sättigungsempfindlichkeit ich-naher Beschäftigungen": „Gewisse pädagogische oder fürsorgerische Berufe z.B. führen auffallender Weise gerade dann, wenn sie ursprünglich von den Betreffenden wegen ihrer engen Beziehung zum Menschlichen und zur eigenen Person gewählt wurden, gar nicht selten zu einer besonders frühzeitigen Erschöpfung des Berufswillens" (Lewin, 1928, S. 186).

Und bei Otto Lipmann (1932, S. 387) kann man nachlesen: „ ‚Arbeitsfreude' im eigentlichen Sinne des Wortes gibt es nur da, wo der Arbeiter eine zielgerichtete Tätigkeit zu verrichten hat, deren Ziel oder deren Ablauf er *autonom* bestimmen oder regulieren kann und deren ... Merkmale seiner Arbeitsneigung entsprechen. ... Daneben aber gibt es in der modernen Industrie zweifellos sehr zahlreiche Arbeiten, bei denen von einer Autonomie für den Arbeiter überhaupt keine Rede mehr sein kann. ... Hier noch von ‚Arbeitsfreude' zu sprechen, scheint mir unsinnig zu sein."

3.1 „Psychische und Verhaltensstörungen" in der Arbeitswelt

Der Anteil arbeitsbedingter Erkrankungen am Insgesamt der Arbeitsunfähigkeitstage wird von Experten auf 30 bis 40 Prozent geschätzt.

Die in der Diagnosegruppe „Krankheiten der Muskeln, des Skeletts und des Bindegewebes" registrierten Arbeitsunfähigkeitstage stehen europaweit nach wie vor an der Spitze der Nennungen. Allerdings ist hier eine deutliche Abnahme erkennbar, für die Bundesrepublik Deutschland von 140,3 Mio. 2001 (27,6%) über 134,5 Mio. 2002 (27,4%), 116,5 Mio. 2003 (24,9%) und 107,2 Mio. 2004 (24,4%) auf 97,8 Mio. AU-Tage 2005 (23,3%), mit einem leichten Anstieg auf 103,6 Mio. Tage 2007 (23,7%). Der darauf zurückzuführende Produktionsausfall wurde 2007 auf 9,5 Mrd. Euro geschätzt, der Ausfall an Bruttowertschöpfung auf 0,7 Prozent.

Eine weitergehende Analyse zeigt, dass die auf die Diagnosegruppe „Psychische und Verhaltensstörungen" (früher: psychiatrische Störungen)* der „International Classification of Deseases and Related Health Problems"(ICD 10/V) entfallenden Abwesenheitstage im Zeitraum zwischen 2001 und 2007 deutlich zugenommen haben (vgl. Tabelle 3.1). Im DAK-Gesundheitsreport wird ein überproportionaler Anstieg der psychischen Erkrankungen insbesondere in den

* Unter die Klasse „Psychische und Verhaltensstörungen fällt eine Vielzahl unterschiedlicher Störungen und Erkrankungen (vgl. z.B. Dilling & Freiberger, 2010).

Tabelle 3.1

AU-Tage und volkswirtschaftliche Kosten, bezogen auf die Diagnosegruppe ICD 10 / V von 2001 bis 2007 in Deutschland (nach Angaben der BAuA)

Jahr	ICD 10/V AU-Tage in Mio.	ICD 10/V in % aller AU-Tage	Produktions-ausfall in Mrd. Euro	Ausfall an Bruttowert-schöpfung in Mrd. Euro
2001	33,60	6,6	2,96	4,66
2002	34,37	7,0	3,09	4,87
2003	45,54	9,7	4,14	6,46
2004	46,30	10,5	4,20	7,40
2005	44,10	10,5	4,00	7,00
2006	42,6	10,6	3,8	6,9
2007	47,9	10,9	4,4	8,0

jüngeren Altersgruppen vermerkt: „Zwischen 1997 und 2004 wiesen die jüngeren Altersgruppen zum Teil sogar eine Verdoppelung der Erkrankungsfälle auf" (infoprint, 2005, S. 10). Als häufigste psychische Erkrankungen werden Angststörungen und Depressionen genannt. „Der deutlich erkennbare Trend ist nicht unerwartet. Die psychischen Belastungen am Arbeitsplatz nehmen relativ und absolut zu. Ihre Auswirkungen auf die Gesellschaft und die Unternehmen sind bereits heute auf dem Sprung, alle anderen wirtschaftlichen Belastungen hinsichtlich Sicherheit und Gesundheit in den Schatten zu stellen" (Thiehoff, 2004, S. 62).

Bemerkenswert sind schließlich Ergebnisse des im Jahr 2005 unter Einbezug einer für die EU 27 und vier weitere Länder für die erwerbstätige Bevölkerung repräsentativen Stichprobe durchgeführten vierten „European Work Conditions Survey" (Eurofound, 2007), die zeigen, dass Muskel-Skelett-Beschwerden – musculoskeletal disorders (MSDs) – „related to stress and work overload are increasing" (European Foundation, 2007, S. 2). Ein Ausschnitt aus den Zusammenhängen zwischen Stress und MSDs ist in Tabelle 3.2 dargestellt.

„In ganz Europa bilden Beschwerden am Muskel-Skelett-System die bei Weitem am häufigsten genannten arbeitsbedingten Erkrankungen, und die Zahl der Belege dafür, dass zwischen Stress und Muskel- und Skelett-Erkrankungen ein enger Zusammenhang besteht, nimmt zu" (Riso, 2007, S. 4).

Tabelle 3.2 *Rücken- und Muskelschmerzen in Abhängigkeit von berichtetem Stress für 2005 – Angaben in % (European Foundation, 2007, S. 59)*

Angaben zu Stress	Rückenschmerzen	Muskelschmerzen
Kein Stress	11,2	9,1
Stress	71,1	68,4
Total	25,6	23,8

Diese Ergebnisse werfen allerdings auch die Frage auf, ob es sich bei der deutlichen Abnahme der muskuloskelettalen Erkrankungen und der massiven Zunahme der AU-Fälle in der Kategorie „Psychische und Verhaltensstörungen" in relativ kurzer Zeit zumindest teilweise um ein Artefakt besonderer Art handelt: So ist einerseits vorstellbar, dass die Bereitschaft und Fähigkeit, eine psychische Störung als solche zu diagnostizieren, sich bei Ärztinnen und Ärzten verändert hat. Dementsprechend heißt es auch in einem DAK-Report aufgrund einer Expertenbefragung: „Die Mehrheit der Fachleute kommt zu dem Schluss, dass es tatsächlich mehr Fälle gibt. Für wichtig halten sie aber auch, dass psychische Erkrankungen von den Hausärzten häufiger entdeckt bzw. richtig diagnostiziert werden" (o.V., S. 10). Andererseits könnte sich auch bei Patientinnen und Patienten die Bereitschaft verändert haben, wegen psychischer Probleme eine zuständige Instanz aufzusuchen und eine solche Diagnose zu akzeptieren (Lademann, Mertesacker und Gebhardt, 2006).

Besondere Bedeutung kommt in diesem Zusammenhang den Burnoutelementen „Emotionale Erschöpfung" und „Klientenaversion" zu. Sie finden sich gehäuft bei Personen mit dem „Arbeitsgegenstand Mensch" (Hacker, 2010), d.h. mit personenbezogenen Tätigkeiten wie z.B. medizinischen Berufen (Brucks, 1998, Ulich 2003), Lehrkräften (Krause, Schüpbach, Ulich & Wülser 2008), Flug- (Hochschild 1979) und Zugbegleitpersonal (Rieder, Poppitz & Dunkel, 2004) oder „Call Center Agents" (Szymendersli, 2004; Weber & Rieder, 2004).

In seiner knappen Übersicht über „Die aktuelle Lage" kam Levi (2002) zu Schlussfolgerungen, die deutlich machen, dass die Verbesserung

Arbeitsbedingter Stress und depressive Verstimmungen (aus: Levi, 2002, S. 11) **Kasten 3.1**

„Anhaltender Stress am Arbeitsplatz ist ein wesentlicher Faktor für das Auftreten von depressiven Verstimmungen. Diese Störungen stehen bei der weltweiten Krankheitsbelastung (global disease burden) an vierter Stelle. Bis 2020 rechnet man damit, dass sie nach den ischämischen Herzerkrankungen vor allen anderen Krankheiten auf dem zweiten Platz stehen werden (Weltgesundheitsorganisation, 2001).“

der psychischen Gesundheit zu einem der vordringlichen Ziele der Wirtschafts- und Gesellschaftspolitik werden muss (siehe Kasten 3.1).

Damit gewinnt auch die von Nefiodow (2000) vorgelegte Zukunftsprojektion an Bedeutung. Seine Auseinandersetzung mit den Kondratieffzyklen (Kondratieff, 1926) führt nämlich zu dem Ergebnis, dass der gemeinsame Nenner des sechsten Kondratieff-Zyklus durch „Gesundheit im ganzheitlichen Sinn“ zu kennzeichnen ist (Abbildung 3.1). Nach Nefiodow (2000, S. 136), der sich an den von der Weltgesundheitsorganisation formulierten Gesundheitskriterien orientiert, fehlt es für die Weiterentwicklung von Wirtschaft und Gesellschaft „[...] vor allem an psychosozialer Gesundheit. Die größte Wachstumsbarriere am Ende des fünften Kondratieff sind die hohen Kosten der sozialen Entropie [...]“.

Basisinnovationen und ihre wichtigsten Anwendungsfelder (aus: Nefiodow, 2000, S. 132) **Abbildung 3.1**

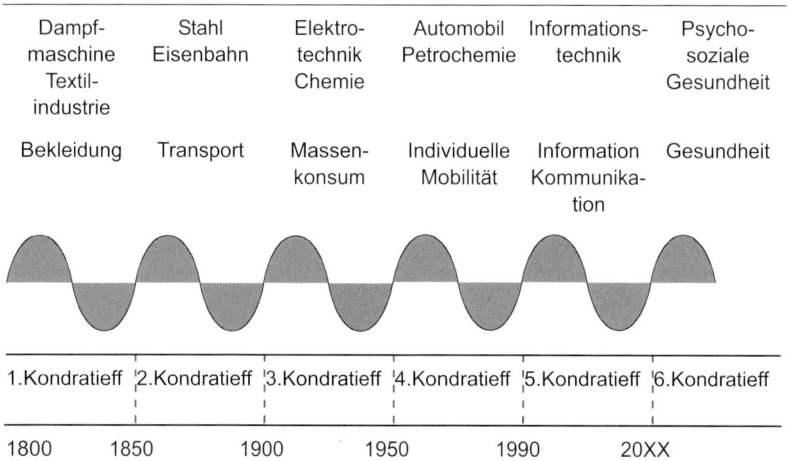

dafür erhaltener „Belohnung“ (Gratifikation) entstehen (Siegrist, 1996). Als potentiell stressauslösend und krankheitsrelevant wird eine Kombination starker, lang anhaltender Verausgabung mit im Vergleich dazu bescheidenen „Belohnungen“ angesehen. Die darin zum Ausdruck kommende mangelnde Reziprozität zwischen persönlichem Einsatz und erhaltenem Gegenwert kann als Gratifikationskrise erlebt werden und damit zu entsprechenden Risikofaktoren führen. Dabei kommt den verschiedenen Merkmalen der „Belohnung“ offensichtlich unterschiedliche Bedeutung zu. In Abbildung 3.2 sind die wichtigsten Komponenten des Modells schematisch zusammengefasst.

Abbildung 3.2 *Das Modell beruflicher Gratifikationskrisen (Siegrist, 1996a, 1996b, 2002)*

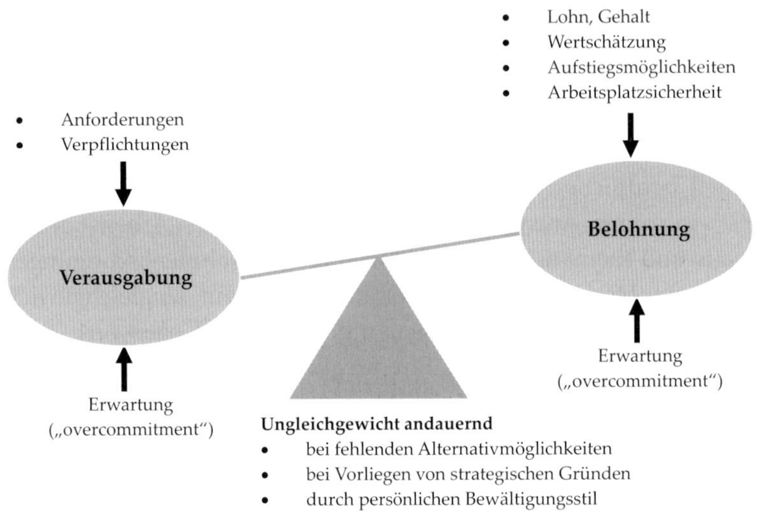

Empirisch zeigten sich Zusammenhänge zwischen Gratifikationskrisen und erhöhten Risiken für psychische Störungen, Depressionen, Burnout und Alkoholabhängigkeit. Insbesondere wurde aber auch gefunden, dass Gratifikationskrisen mit einem erhöhten Risiko für Bluthochdruck und koronare Herzkrankheiten verbunden sind (Bosma, Peter, Siegrist & Marmot, 1998; zusammenfassend: Siegrist et al., 1990, 2004). Die bisher vorliegenden Forschungsergebnisse belegen die grundlegende Bedeutung dieses Modells, insbesondere auch hin-

Zusammenhänge zwischen beruflichen Gratifikationskrisen und kardiovaskulären Risiken einschließlich koronarer Herzkrankheit (KHK) (modifiziert nach Siegrist 2002 – aus Siegrist et al., 2004, S. 93)

Tabelle 3.4

Erstautor (Jahr der Veröffentlichung)	abhängige Variablen	unabhängige Variablen	odds ratio (Anmerkungen)
Siegrist (1990)	akuter Herzinfarkt, plötzlicher Herztod, subklinische KHK [koronare Herzkrankheit]	ERI und OC	zwischen 3.5 und 4.5
Lynch (1997)	Progression der Atherosklerose der Karotis	ERI*	signifikanter Haupteffekt (p = .04)
Bosma (1998)	neu aufgetretene KHK	ERI und OC*	2.2
Joksimovic et al. (1999)	Restenosierung von Herzkranzgefäßen nach PTCA	OC	2.8
Kuper (2002)	Angina pectoris, KHK (tödlich), Herzinfarkt (nicht-tödlich)	ERI* OC*	1.3 1.3
Kivimäki (2002)	Sterblichkeit an Erkrankungen des Herz-Kreislauf-Systems	ERI*	2.4

Anmerkungen: ERI = effort-reward-imbalance (dsch.: Verausgabungs-Belohnungs-Ungleichgewicht); OC = Overcommitment (dtsch.: berufliche Verausgabungsbereitschaft)
** =Annäherungs- (Proxy-)Maße an Originalskalen des Modells*

sichtlich möglicher Langzeitwirkungen; dabei kommt den prospektiven Längsschnittstudien besondere Erklärungskraft zu (Tabelle 3.4).

Die bisher vorliegenden Forschungsergebnisse lassen eine weite Verbreitung von Gratifikationskrisen vermuten: „ ... between 10% and 40% of the workforce suffer from some degree of effort-reward imbalance at work, and at least a third of them are characterized by sustained intense strain reactions following exposure to effort-reward imbalance. In general, these strain reactions are more frequent among lower socio-economic groups ...“ (Siegrist, 2001, S. 57).

Eine neuere Querschnittuntersuchung unter Einbezug von in Gesundheitsberufen Beschäftigten führte zu dem Ergebnis, dass von den drei oben genannten Transmittersystemen der Wertschätzung die größte Bedeutung zugeschrieben wurde, während die finanzielle Belohnung an letzter Stelle rangierte (Bakker et al., 2000).

In einer Untersuchung in der IT-Branche wurden Auswirkungen mangelnder Partizipationsmöglichkeiten, belastenden Sozialklimas und verschiedener Merkmale des Vorgesetztenverhaltens auf Burnoutindikatoren nachgewiesen (vgl. Kasten 3.3).

Kasten 3.3

Führungsbezogene Risikofaktoren in der IT-Branche (aus: Klemens, Wieland & Krajewski, 2004)

„Als hoher Risikofaktor für Burnout auf Seiten der Organisation zeigt sich das Fehlen von Partizipationsmöglichkeiten in der Arbeit. Beschäftigte, die an ihren Arbeitsplätzen nur geringe Möglichkeiten besitzen sich zu beteiligen und ihre Ideen einzubringen, haben demnach ein 3.5fach erhöhtes Risiko des ‚Ausbrennens' als Beschäftigte mit grossen Partizipationsmöglichkeiten. Ein belastendes Sozialklima bzw. ein belastendes Vorgesetztenverhalten vergrössert das Risiko um den Faktor 1.8 bzw.1.5. Ähnlich verhält es sich mit den beiden nächsten Merkmalen: Eine geringe soziale Unterstützung durch den Vorgesetzten bedeutet ein 2.3fach, ein wenig ausgeprägter mitarbeiterorientierter Führungsstil ein 2.5fach erhöhtes Burnout-Risiko."

Die bisher vorliegenden Forschungsergebnisse zu den – aus fehlender Anerkennung bei hoher Anstrengungsbereitschaft entstehenden – Gratifikationskrisen belegen die grundlegende Bedeutung dieses Modells. Sie zeigen darüber hinaus auch, dass derartige Wirkungen weniger kurzfristig als vielmehr mittel- oder sogar langfristig in Erscheinung treten.

Insgesamt lässt sich aus den bisher vorgelegten Untersuchungen zum Konzept der „Gratifikationskrise" unabweisbar ableiten, dass das Verhalten des Managements und der Führungskräfte eines Unternehmens für die Entwicklung der Gesundheit der Beschäftigten von erheblicher Bedeutung sein kann (Ulich & Wülser, 2010). Über das Alltagsverhalten hinaus betrifft dies nicht zuletzt auch die – oft ohne sorgfältige Analyse der langfristigen Wirkungen zustande kommenden – Entscheidungen über die Einführung „neuer" Managementkonzepte und die Erzeugung prekärer Arbeitsverhältnisse.

3.1.3 Prekäre Beschäftigungsverhältnisse

In seiner Auseinandersetzung über prekäre Arbeit, unsichere Beschäftigungsverhältnisse und ihre sozialen Folgen stellt Dörre (2006) fest, „dass Marktrisiken mehr und mehr an die Belegschaften weitergegeben werden“ (a.a.O., S. 183) und die „Planbarkeit der Zukunft ... für die Ausgeschlossenen und prekär Beschäftigten nicht oder nur noch eingeschränkt gegeben“ ist (a.a.O., S. 187). Damit kommt der Frage nach den Ausprägungen und Wirkungen prekärer Beschäftigungsverhältnisse hervorragende Bedeutung zu.

In ihrem Beitrag über „Sozialisationsprozesse bei der Arbeit“ nennt Bergmann (2010, S. 313) als „wichtigstes Kriterium für eine erfolgreiche Sozialisation in der Erwerbsarbeit ... das Erhalten und Entwickeln der Beschäftigungsfähigkeit über die Spanne des erwerbsfähigen Alters ...“ Dass dies innerhalb einer relativ kurzen Zeitspanne zunehmend schwieriger geworden ist, haben Blickle und Schneider (2010) in ihrer Gegenüberstellung des alten und des neuen Psychologischen Kontrakts nachvollziehbar skizziert. Für den alten Pychologischen Kontrakt vor den 1990er Jahren galt demzufolge, dass die Beschäftigten in der Regel „auf eine langfristige, stabile, kalkulierbare und sichere Tätigkeit in ihrer Organisation setzen konnten“ (a.a.O., S. 436), die bei entsprechendem Engagement auch Entwicklungsmöglichkeiten und entsprechende Sicherungen beinhaltete. Diese Situation änderte sich seither für zahlreiche Menschen grundlegend und führte zu einer Art neuem psychologischen Kontrakt (vgl. Kasten 3.4).

Neuer Psychologischer Kontrakt (aus: Blickle & Schneider 2010, S. 436) — ***Kasten 3.4***

„Heute ist die Anstellung in einer Organisation häufig zeitlich befristet und die Weiterbeschäftigung unsicher (Dostal, 2001). Die Art der Tätigkeiten variiert. Die Berufsbiografie gleicht oft einem Flickenteppich (Lang-von-Wins, Mohr & Rosenstiel, 2004). Viele Personen haben schon sehr unterschiedliche Tätigkeiten ausgeführt, um ihren Lebensunterhalt zu verdienen. Unterbrechungen durch Zeiten der Arbeitslosigkeit sind nicht ungewöhnlich. Die Bezahlung hängt weniger von Alter, Geschlecht, Familienstand und der Dauer der Betriebszugehörigkeit ab, sondern mehr davon, über welches im Moment erfolgskritiche Wissen die Beschäftigten verfügen. Die Weiterqualifizierung fällt zunehmend mehr in die Eigenverantwortung der Beschäftigten. Die Lebensrisiken müssen verstärkt eigenständig abgesichert werden (Voß, 1998).“

Die von dieser Entwicklung Betroffenen werden auch als „Arbeitskraftunternehmer"bezeichnet (Voß, 2001; Pongratz & Voß, 2003).

Zu den innerhalb der Arbeitsmärkte zu beobachtenden Entwicklungen gehören die Segmentierung in „kognitiv anspruchsvolle high-tech-Bereiche und einen durch prekäre Beschäftigungsverhältnisse gekennzeichneten low-tech- und Niedriglohnsektor" ebenso wie die Zunahme „kontingenter Belegschaftsanteile ... mit erhöhten Risiken von Kompetenzverlusten und Senkung der Arbeitssicherheitsmotivation" (Richter, 2002, S. 27).

Prekarität entsteht aber auch durch innerbetriebliche Segmentierung in Kern- und Randbelegschaften, in „good jobs" und „bad jobs", oder durch eine Segmentierung in „Jüngere" und „Ältere". Dies gilt nicht zuletzt auch für den Dienstleistungsbereich (vgl. Kasten 3.5)

Kasten 3.5

Prekäre Arbeitsverhältnisse im Dienstleistungsbereich (aus: Reick und Kastner 2001)

„Ein Grossteil der im Dienstleistungsbereich neu entstandenen Arbeitsplätze ist unqualifiziert und schlecht entlohnt. Es konnte gezeigt werden, dass sich in allen OECD-Ländern im Zuge der Zunahme von Dienstleistungen auch der Anteil der sog. *bad jobs* erhöhte. Diese umfassen Formen der Unterbeschäftigung, unterwertiger wie auch geringfügiger Beschäftigung sowie prekäre Arbeitsverhältnisse (Schmiede, 1996). Der Trend geht dahin, dass sich einerseits eine minoritäre Gruppe entfremdeter Hightech-Arbeitspersonen herausbildet, die Hightech-Stress (Rifkin, 1995) und Überarbeit (Schorr, 1992) zu bewältigen haben und andererseits die Zahl derer wächst, für deren Arbeitswelt zunehmende Anspruchslosigkeit, fragmentierte Arbeitsaufgaben, steigende Produktions- und Arbeitsgeschwindigkeit, subtile Formen des Zwangs und der Einschüchterung sowie höhere Belastungen charakteristisch sind (Schmiede, 1996)" (Reick & Kastner 2001, S. 19).

Prekäre Beschäftigungsverhältnisse wie Leih- und Zeitarbeit, Saisonarbeit oder Arbeit auf Abruf werden häufig mit zunehmenden Anforderungen an die Flexibilität der Unternehmen begründet. Tatsächlich „führen ständig wechselnde Einsätze und das Fehlen von Erfolgserlebnissen bei Zeitarbeitnehmern, die vor Abschluss einer Aufgabe oder eines Projektes oft die Firma verlassen, zu negativer Beanspruchung" (Wieland, Grüne, Schmitz & Roth, 2001, S. 101). Deshalb lösen sie bei zahlreichen Menschen Angst und

Unsicherheit sowie ein zunehmendes Risiko für das Auftreten psychosomatischer Beschwerden aus. Wenn selbsternannte Zukunftsforscher dazu noch von einer abnehmenden Bedeutung der „unmittelbaren geografischen Nachbarschaft und der familiären Netzwerke" sowie von einer „schrittweisen Auflösung von althergebrachten gemeinschaftlichen Strukturen" reden oder behaupten „Es gibt keine Sicherheit mehr, nur noch verschiedene Grade von Unsicherheit", dann stellen sie damit zugleich für Gesundheit und Lebensqualität entscheidende soziale Unterstützungssysteme in Frage, nehmen die Gefahr sozialer Isolierung, weitergehender Vereinsamung und Entgrenzung in Kauf.

3.2 Planbarkeit als zentrales Element der Lebensgestaltung

Die Ergebnisse der von Jürgens und Reinecke (1998) – unter dem bemerkenswerten Titel „Zwischen Volks- und Kinderwagen" – berichteten Untersuchungen zur 28-Stunden-Woche bei VW zeigen, dass insbesondere die positiven Auswirkungen auf den familiären Bereich entscheidend von der Planbarkeit der erwerbsbezogenen Arbeit abhängen (vgl. dazu auch Jürgens, 2000, 2001). Mit der (Wieder-) Einführung verlängerter Arbeitszeiten und der mangelnden Kalkulierbarkeit von Mehrarbeit durch deren kurzfristige Ankündigung wurde denn auch eine „Re-Traditionalisierung" der familialen Beziehungen beobachtet.

Mangelnde Planbarkeit und *eingeschränkte Möglichkeiten der Selbstregulation* sind auch Kennzeichen mancher neuer Formen der Flexibilisierung betrieblicher Arbeitszeiten. „Die Beschäftigten haben wenig Einfluss auf ihre Arbeitszeitpläne, ihre Arbeitseinsätze sind häufig kurzfristig, entrhythmisiert und wenig planbar. Dies führt zu einer Zerstückelung des familialen Alltags. Familienleben muss quasi auf Knopfdruck und verdichtet stattfinden, wenn gerade Zeit dafür ist" (Jurszyk, 2008, S. 3). Dass damit nachteilige Auswirkungen auf die Möglichkeiten der Gestaltung der nicht erwerbsbezogenen Lebenstätigkeiten verbunden sein können, wird auch aus dem Bericht der deutschen Expertenkommission für die Zukunft der betrieblichen Gesundheitspolitik erkennbar (vgl den Auszug in

Kasten 3.6). Die Zunahme prekärer Arbeitsformen wie Leiharbeit, Arbeit auf Abruf oder die Segmentierung der Belegschaften in Stamm- und Randbelegschaften stellen damit eine echte Bedrohung für die „Life Domain Balance" bzw. die Vereinbarkeit von Berufs- und Familienleben dar.

Kasten 3.6 *Mögliche Folgen einer Arbeitszeitflexibilisierung für die Planbarkeit von Aktivitäten außerhalb der Erwerbstätigkeit (aus: Frieling et a. 2004, S. 7)*

„Aufgrund der verstärkten Kundenorientierung bemühen sich die Unternehmen um schnelle und termingerechte Auftragsausführung und Einhaltung der erforderlichen Qualität. Für die Mitarbeiter bedeutet das, je nach Auftragsvolumen tätig zu werden. Damit bei grossem Arbeitsvolumen keine Überstunden erzeugt werden, erhalten die Mitarbeiter ein Arbeitszeitkonto von 200 und mehr Stunden. Bei geringem Auftragsvolumen werden Mehrarbeitszeiten ab- und bei Bedarf negative Zeitguthaben aufgebaut. Besonders in der Automobil- und Zulieferindustrie mit Schwankungen nach und vor Serienanläufen werden diese Zeitkonten weitgehend ausgeschöpft. Überstundenzuschläge für die Unternehmen entfallen. Die Mitarbeiter müssen flexibel sein und immer dann zur Arbeit erscheinen, wenn Aufträge abzuarbeiten sind. Beispielsweise erhält bei einem Unternehmen der Zulieferindustrie ein grosser Teil der weiblichen Beschäftigten der Teilemontage 20-Stunden-Verträge. Je nach Arbeitsanfall haben sie eine Null- oder eine 40-Stunden-Arbeitswoche. Durch dieses Zeitmanagement wird der Dispositionsspielraum der Beschäftigten im Bereich der 'Nicht-Lohnarbeit' stark eingeschränkt, und in Abhängigkeit von den jeweiligen Familienverhältnissen können sich erhebliche Planungsprobleme ergeben (work life balance)."

Die Ergebnisse des 2005 durchgeführten vierten European Working Conditions Survey bestätigen, „that workers who report frequent changes, given at short notice, to their working schedule are less satisfied with their work-life balance" (Riso, 2007, p. 6). Janßen und Nachreiner (2005, S. 305ff.) fassen die Ergebnisse ihrer eigenen Untersuchungen (Janßen & Nachreiner, 2004) über mögliche gesundheitliche Folgen von Arbeitszeitflexibilisierungen ohne Einflussnahme der Beschäftigten wie folgt zusammen: „Sind flexible Arbeitszeitmodelle geprägt durch ... hochvariable, nicht selbst bestimmte und unverlässliche Arbeitszeiten, kumulieren sich die berichteten Beeinträchtigungen sowohl im psychosozialen wie im gesundheitlichen Bereich. Besonders im Bereich der Schlafstörungen und der gastrointestinalen Beschwerden konnten hier deutliche negative Effekte gefunden werden; Beschwerdebilder, wie sie aus der Schichtarbeitsforschung hinlänglich bekannt sind."

Im Bericht der Eidgenössischen Koordinationskommission für Familienfragen (EKFF 2004, S. 132) wird denn auch unmissverständlich formuliert: **„Die Planbarkeit der Arbeitszeiten ist bei ‚flexiblen' Arbeitsverhältnissen eine unabdingbare Voraussetzung für die Gestaltung verlässlicher Beziehungen und für eine gerechte Aufgabenteilung zwischen den erwachsenen Familienmitgliedern"** (im Bericht durch Fettdruck hervorgehoben). Dazu gehört auch, dass Dauer und Lage der Arbeitszeiten von den Beschäftigten bestimmt oder mitbestimmt werden können und nicht – wie z.B. im Fall der kapazitätsorientierten variablen Arbeitszeiten (KAPOVAZ) – durch Arbeitgeber einseitig festgelegt werden (vgl. dazu auch Baillod, 1984, 1997; Baillod & Stamatiadis, 1997; Büssing, 1995; Holenweger & Conrad, 1998; Jurczyk, 2004). Noch 1983 mussten Bispinck und Schneider (1983, S. 82) allerdings feststellen, dass dies nur „in den wenigsten Fällen" tatsächlich geschieht. Und kaum je berücksichtigt wird offenbar, dass Wechsel zwischen sehr unterschiedlich strukturierten Tätigkeitsbereichen – wie z.B. Fabrikarbeit und Umgang mit kleinen Kindern – „ihrer eigenen Zeit" bedürfen (Resch, 2001, S. 34) und deshalb auch einzuplanen sind.

Wieland und Krajewski (2002, S. 22f.) haben auf die mit der zeitlichen Flexibilisierung einhergehende „Gefahr einer vollständig erwerbsgerichteten Durchgestaltung des Lebensalltags" und einer Dechronisierung der Lebensrhythmen hingewiesen mit der Folge einer „Erosion der alltäglichen Lebensführung". Neuere Untersuchungen zeigen auch, dass eine hohe Flexibilität der Arbeitszeiten ohne Möglichkeit der Einflussnahme auf deren Lage bei den Beschäftigten „zu ähnlichen Formen der Beeinträchtigung der Gesundheit und des sozialen Zusammenlebens" führen können „wie bei Schichtarbeitern" (Janßen & Nachreiner, 2005, S. 305).

Schließlich wird in dem von Rürup und Gruescu (2005) vorgelegten Gutachten über „Familienorientierte Arbeitszeitmuster" ausdrücklich zwischen familienorientierten und unternehmensorientierten Flexibilisierungsmodellen unterschieden.

3.3 Zwiespältige Managementpraktiken

Als Ursachen für Beeinträchtigungen der psychischen Gesundheit am Arbeitsplatz werden immer wieder auch spezifische Merkmale der Aufgabengestaltung genannt, wie Über- und Unterforderung, vor allem aber fehlender oder eingeschränkter Handlungsspielraum, unzureichende Vollständigkeit der Aufgaben, mangelnde Vielfalt der Anforderungen, geringe Autonomie, fehlende Möglichkeiten der unterstützenden Kooperation (Hacker et al., 2004; Ulich & Wülser, 2010).

Als Beispiele für zwiespältige Managementpraktiken werden hier Verzerrungen der Leistungsbedingungen durch widersprüchliche Aufträge ohne individuelle Lösungsmöglichkeiten und die Einführung von Anwesenheits- statt Abwesenheitsquoten angeführt.

3.3.1 Widersprüchliche Arbeitsanforderungen

Die von Moldaschl (2001, 2005) skizzierten *widersprüchlichen Arbeitsanforderungen* beschreiben psychische Belastungen, die u.a. als Folge von „Diskrepanzen zwischen Zielen, Regeln und Ressourcen" entstehen (Moldaschl 2005, S. 255). Dabei handelt es sich um Diskrepanzen:

„1. Zwischen Regeln und Ressourcen (z.B. ohne ausreichende Qualifizierung eine neue Anlage bedienen);
2. Zwischen Zielen und Regeln (z.B. als Pflegekraft mangels Ärztepräsenz Spritzen geben müssen, ohne rechtlich autorisiert zu sein);
3. Zwischen Regeln und Ressourcen (z.B. im Rahmen eines Null-Fehler-Konzepts jedes Teil prüfen müssen, ohne dafür Zeit zu haben);
4. Zwischen expliziten Zielen und informellen Erwartungen (z.B. Kunden mit Freundlichkeit binden und sie dennoch über den Tisch ziehen);
5. und schliesslich zwischen Regeln" (Moldaschl, 2005, S. 256).

Dass in solchen Fällen weder die Voraussetzungen für eine adäqate Leistungserbringung gegeben sind noch die Leistung selbst adäquat gemessen und entlohnt werden kann, liegt auf der Hand.

Darüber hinaus gibt es eine Reihe von Fehlbeanspruchungen provozierenden und die Leistungserbringung hemmenden Faktoren, die aus Elementen der Unternehmens- bzw. Personalpolitik resultieren.

In diesem Zusammenhang ist es interessant zu beobachten, dass eine zunehmende Anzahl von Unternehmen dazu übergegangen ist, „Vertrauensarbeitszeit“ einzuführen, mit diesem Euphemismus aber allzu oft nicht intendierte Wirkungen erzielen.

3.3.2 Vertrauensarbeitszeit

Mit dem Konzept der so genannten Vertrauensarbeitszeit sollen die Zeiterfassung abgeschafft und die Leistungen der Beschäftigten nicht mehr an ihrer Anwesenheit, sondern allein an der Auftragserfüllung gemessen werden. Abhängig Beschäftigte sollen so zu „unternehmerischen Mitarbeitern“ werden. In einer Reihe neuerer Beiträge (z.B. Glißmann, 2000; Pickshaus, 2000; Glißmann & Peters, 2001; Pickshaus, Schmitthenner & Urban, 2001) wird dazu angemerkt, dass die mit der Maxime „Tut, was Ihr wollt, aber seid profitabel“ (Peters, 2001, S. 36) deklarierte neue Autonomie in der Realität möglicherweise ganz andere Effekte erzeugt als die ursprünglich mit den Konzepten individueller und kollektiver Selbstregulation (Ulich, 2011) intendierten Wirkungen. Selbstregulation ist hier vielmehr verknüpft mit einer „Selbst-Oekonomisierung der Individuen und der Teams“ (Glißmann, 2000, S. 11). So stellt sich Mitarbeitenden in diesem Zeitregime womöglich die Frage, „ob sie ihre Profitabilität nicht steigern können, wenn sie auf die eine Kollegin und den anderen Kollegen verzichten und dieselbe Arbeit mit weniger Menschen erledigen“ (Peters, 2001, S. 36).

Dass der schließlich erzielte Erfolg nicht selten mit ausgedehnter Mehrarbeit erkauft wurde, wird in den Beschreibungen deutlich erkennbar. Sowohl bei Schmidt (2000) als auch bei Glißmann (2001) finden sich denn auch individuelle Berichte von Beschäftigten, in denen mögliche Folgen derartiger Entgrenzung für die Gesundheit und zum Teil erhebliche Auswirkungen auf familiäre Zeitstrukturen beispielhaft beschrieben werden. Dass derartige Arbeitszeitsysteme schließlich zum Entstehen von „Work-Family Conflicts“ beitragen können ist offensichtlich. Amstad, Jacobshagen und Semmer (2009) konnten zeigen, dass dies umso eher der Fall ist, je klarer Erwerbsarbeit und Familienleben gleich gewichtet werden.

Wo Konzepte wie die Vertrauensarbeitszeit realisiert werden, ist im Interesse der Gesundheit und der Lebensqualität der Beschäftigten deshalb strikte zu fordern, dass es sich dabei um geregelte Autonomie handelt, d.h. um Formen individuell oder kollektiv regulierter Zeitautonomie mit entsprechenden Planungsmöglichkeiten für alle Beteiligten und Betroffenen, die weder zur Selbstausbeutung verführen noch die nicht erwerbsbezogenen Lebenstätigkeiten – z.B. durch überlange Arbeitszeiten – systematisch benachteiligen (vgl. dazu auch Böhm, Herrmann & Trinczek, 2002; Spitzley, 2007).

Am Beispiel der Gleitzeitregelung für Führungskräfte bei BMW lässt sich die Bedeutung geregelter Autonomie noch einmal verdeutlichen (vgl. Schüren, 1996). Wie im Fall der Vertrauensarbeitszeit wird hier nur noch der Arbeitsauftrag deklariert. Wann dieser abzuarbeiten ist und wie viel Zeit dafür benötigt wird, wird durch die Arbeitnehmenden bestimmt, die auch zeitliche Lage und Dauer des Urlaubs selbst festlegen. „Man kann darin die endgültige Verwirklichung des Ziels der 'Zeitsouveränität' sehen; man kann darin aber auch einen Freibrief zur Selbstausbeutung entdecken. Vermutlich sind beide Bewertungen richtig" (Schüren, 1996, S. 381). Nach den von Frieling und Sonntag (1999, S. 394) mitgeteilten Erfahrungen sind die Arbeitszeiten der in diese Regelung eingebundenen Führungskräfte „erheblich länger als die der tariflichen Mitarbeiter inklusive Überstunden".

Derartige Entwicklungen können verstärkt werden, wenn Unternehmen nicht nur „Abwesenheitsquoten" durch „Anwesenheitsquoten" ersetzen, sondern diese auch als Maß für die Gesundheit der bei ihnen Beschäftigten ausgeben.

3.3.3 Präsentismus

Tatsächlich fokussieren heute verschiedene Unternehmen nicht mehr auf die Abwesenheit (Absentismus) bzw. den „Krankenstand" sondern auf die Anwesenheit (Präsentismus) und bezeichnen diese als „Gesundheitsstand". Die Berücksichtigung der Gesundheitsquote bedeutet aber nur dann einen Fortschritt, wenn damit tatsächlich ein Umdenken in dem Sinne stattfindet, dass Gesundheitspotentiale der Mitarbeitenden ebenso wie der Arbeitsbedingungen erkannt und gestärkt und die Arbeitsbedingungen ernsthaft analysiert und bei Bedarf verändert werden. Die Tatsache, dass registrierte Anwesenheit kein hinreichender Beweis für zufrieden stellende Gesundheit ist, wird durch vielfältige Alltagserfahrung belegt. Schließlich belegen neuere Untersuchungen „ein hohes Ausmaß an Präsentismus in deutschen Unternehmen" (Zok, 2008, S. 141). So sind nach der Bevölkerungsbefragung des Gesundheitsmonitors der Bertelsmann Stiftung (2007) „71% der Deutschen ... in den vergangenen zwölf Monaten mindestens einmal zur Arbeit gegangen, obwohl sie sich krank gefühlt haben. 46% sind trotz Krankheitssymptomen sogar zweimal oder öfters zur Arbeit gegangen. 30% gingen gegen den Rat ihres Arztes mindestens einmal der Arbeit nach" (Voermans & Ahlers, 2009). Die Darstellung von Voermans und Ahlers legt Leistungen reduzierende Wirkungen des Präsentismus eindeutig nahe (Abbildung 3.3).

Im Rahmen der Whitehall II Studie konnten Kivimäki et al. (2005) die Bedeutung des Präsentismus in besonderer Weise belegen: Die männlichen Beamten ohne Herzinfarkt in der Vorgeschichte, die während des sich über drei Jahre erstreckenden Untersuchungszeitraumes keine Fehlzeiten aufwiesen, hatten ein doppelt so hohes Risiko, einen Infarkt zu erleiden, wie die Beamten, die während dieser Zeit moderate Fehlzeitenquoten aufgewiesen hatten. Kivimäki et al. (2005, 101f.) weisen allerdings auch auf Begrenzungen der Aussagekraft ihrer Untersuchung hin. Insofern kommt den Ergebnissen neuerer Untersuchungen aus Schweden (Bergström et al., 2009) und Dänemark (Hansen & Andersen, 2009) besondere Bedeutung zu (Kasten 3.7).

Folgen des Präsentismus (aus: Voermans & Ahlers, 2009) ***Abbildung 3.3***

- Produktivität ⇩
- Innovationsfähigkeit ⇩
- Konzentrationsfähigkeit ⇩
- Fehleranfälligkeit ⇧
- Unfallgefahr ⇧
- Leistungsfähigkeit ⇩
- Finanzielle Verluste im Unternehmen ⇧

Kasten 3.7

Sick at work—a risk factor for long-term sickness absence at a later date? (Hansen & Andersen, 2009, p 397)

„**Background**: Little is known about the long-term consequences of sickness presence (ie, going to work despite ill-health), although one study suggests an association with coronary heart disease. This study examined the effect of sickness presence on future long-term sickness absence.

Methods: Information from a random sample of 11 838 members of the Danish core workforce was collected from questionnaires, containing questions about work, family and attitudes towards sickness absence. Information on prospective sickness absence spells of at least 2 weeks was derived from an official register during a follow-up period of 1.5 years.

Results: Sickness presence is associated with long-term sickness absence of at least 2 weeks' duration as well as with spells lasting at least 2 months. Participants who had gone to work ill more than six times in the year prior to baseline had a 74% higher risk of becoming sick-listed for more than 2 months, even when controlling for a wide range of potential confounders as well as baseline health status and previous long-term sickness absence. The association was consistent for most subgroups of employees reporting various symptoms, but either disappeared or became insignificant when analysing subgroups of employees with specific chronic diseases.

Conclusions: Going to work ill repeatedly is associated with long-term sickness absence at a later date. For this reason, researchers and policy-makers should consider this phenomenon more carefully when planning future studies of sickness absence or when laying out new policies."

Kasten 3.8

Mögliche Gründe für Präsentismus (aus: Ulich, 2011)

- Einen Arbeitsauftrag bzw. eine Arbeitsaufgabe zu Ende führen wollen
- Die Arbeitskolleginnen bzw. Arbeitskollegen nicht im Stich lassen wollen
- Auf die Zielgruppen der Tätigkeit bezogene Verantwortung wahrnehmen wollen
- Vorgesetzte nicht enttäuschen wollen
- Erlebter Wertschätzung gerecht werden wollen
- Eine Einschränkung der Leistungsfähigkeit vor sich selbst nicht zugeben bzw. sich selbst volle Leistungsfähigkeit beweisen wollen
- Nicht als 'psychisch krank' gelten wollen
- Einer anderweitigen, z.B. familiären, Belastung entfliehen wollen
- Auf mit der Arbeit verbundene Kommunikationsmöglichkeiten nicht verzichten wollen
- Den Arbeitsplatz nicht verlieren wollen.

Bei der Beantwortung der Frage nach möglichen Ursachen für derartige Entwicklungen ist einerseits zu prüfen, inwieweit die trotz Beeinträchtigungen der Gesundheit „Präsenten" sich durch bestimmte Verhaltensintentionen oder Persönlichkeitsmerkmale auszeichnen (vgl. Kasten 3.8).

Andererseits ist jedoch zu prüfen, inwieweit identifizierbare gesellschaftliche Entwicklungen und betriebliche Vorgehensweisen wie etwa die Einführung der Anwesenheits- bzw. Gesundheitsquote den Präsentismus veranlassen oder zumindest unterstützen. Unabhängig davon belegen die bisher vorliegenden Daten, dass Präsentismus zu einer Einschränkung der Leistungsfähigkeit der davon Betroffenen führen kann.

3.4 Fazit

An der Kopenhagen-Konferenz der Weltgesundheitsorganistion (1991) wurde als WHO-Ziel 25 zur Gesundheit der arbeitenden Bevölkerung formuliert: „Bis zum Jahr 2000 sollte sich in allen Mitgliedstaaten durch Schaffung gesünderer Arbeitsbedingungen, Einschränkung der arbeitsbedingten Krankheiten und Verletzungen sowie durch die Förderung des Wohlbefindens der arbeitenden Bevölkerung der Gesundheitszustand der Arbeitnehmer verbessert haben." Dieses Ziel ist offensichtlich nicht so wie postuliert erreicht worden. Zwar ist eine deutliche Reduzierung der Ausfallzeiten und -kosten aufgrund arbeitsbedingten Unfallgeschehens zu verzeichnen; hier haben sich positive Konsequenzen von Arbeitsschutzmaßnahmen ebenso bemerkbar gemacht wie der Wegfall unfallträchtiger Einrichtungen als Folge technologischer Entwicklungen. Nicht so verbessert wie erhofft hat sich offenbar aber das Bild hinsichtlich der arbeitsbedingten Erkrankungen. Hier wird insbesondere eine deutliche Zunahme der unter der ICD 10 Kategorie „Psychische und Verhaltensstörungen" subsumierten Erkrankungsformen registriert. Zu den Ursachen für diese Entwicklung werden einerseits gesellschaftliche Veränderungen mit der Folge zunehmender Unsicherheit gezählt, andererseits Managementpraktiken wie hochflexible Arbeitszeiten, die die Möglichkeiten einer Lebensplanung in den verschiedenen „Life Domains" zusätzlich erschweren.

Persönlichkeitsförderliche Arbeitsgestaltung

Kapitel 4

4.0 Ein Blick zurück

Vor nahezu einem Jahrhundert hat Hugo Münsterberg in seinem Buch über „Psychologie und Wirtschaftsleben" (1912) angemerkt, die wirtschaftliche Experimentalpsychologie habe vielleicht keine höhere Aufgabe, als die „Anpassung der Berufstätigkeit an die seelische Eigenart der Individuen, mit dem Ziel, das übervolle Maß seelischer Unbefriedigung an der Arbeit, seelischer Verkümmerung und Bedrücktheit und Entmutigung aus der Welt zu schaffen" (a.a.O., S. 181).

Einige Jahre später hat Kurt Lewin, einer der bedeutendsten Psychologen des 20.Jahrhunderts, die für ihn damals erkennbaren *„zwei Gesichter der Arbeit"* beschrieben (Kasten 4.1).

Die zwei Gesichter der Arbeit (aus: Lewin, 1920, S. 11f.) **Kasten 4.1**

„Beruf sowohl wie Arbeit treten dem Einzelnen mit zwei verschiedenen Gesichtern entgegen. Arbeit ist einmal Mühe, Last, Kraftaufwand. Wer nicht durch Renten oder Herrschaft oder Liebe versorgt ist, muß notgedrungen arbeiten, um seinen Lebensunterhalt zu verdienen. Arbeit ist unentbehrliche Voraussetzung zum Leben, aber sie ist selbst noch nicht wirkliches Leben. Sie ist nichts als ein Mittel, ein Ding ohne eigenen Lebenswert, das Gewicht hat nur, weil es die Möglichkeit zum Leben schafft, und zu bejahen ist nur, sofern es solche schafft. ... Darum Arbeit so kurz und so bequem wie möglich! ...

Demgegenüber das andere Gesicht der Arbeit:

Die Arbeit ist dem Menschen unentbehrlich in ganz anderem Sinne. Nicht weil die Notdurft des Lebens sie erzwingt, sondern weil das Leben ohne Arbeit hohl und halb ist. Auch vom Zwange der Notdurft befreit, sucht jeder Mensch, der nicht krank oder alt ist, eine Arbeit, irgendein Wirkungsfeld. Dieses Bedürfnis nach Arbeit ... beruht nicht auf bloßer Gewohnheit zu arbeiten, sondern gründet sich auf den 'Lebenswert' der Arbeit. Es ist die gleiche überindividuelle Qualität der Arbeit, die den Arbeitenden veranlasst, saubere, solide, 'gute' Arbeit zu leisten, auch wenn weniger gute Arbeit keinen sachlichen oder persönlichen Nachteil brächte. ... Der Fortschritt der Arbeitsweise gehe also nicht auf möglichste Verkürzung der Arbeitszeit, sondern auf Steigerung des Lebenswertes der Arbeit, mache sie reicher und menschenwürdiger."

Da es nicht „oder doch nur in einem unendlichen Prozesse" möglich sei, alle unerfreuliche Arbeit „in Arbeit mit eigenem Lebenswert" zu verwandeln, könne man entweder eine gleichmäßige Verteilung der verbleibenden unangenehmen Arbeit fordern, oder „für weniger angenehme Arbeiten durch Gewährung von größerer Freizeit oder auf andere Weise einen Gegenwert zu schaffen versuchen u.a.m." (Lewin 1920, S. 15).

Rupp (1928, 1929) stellte eine Beziehung zwischen anspruchsvollen Aufgaben und dem Bedürfnis nach persönlicher Entfaltung her. Krause (1933) untersuchte in einer Lochkartenabteilung die Wirkungen von für die Beschäftigten nicht kalkulierbar eingestreuten, im Vergleich zu systematisch eingeschobenen, d.h. kalkulierbaren „Ausgleichsarbeiten". Abgesehen von den berichteten Leistungssteigerungen und Belastungswirkungen „erhalten die Locherinnen durch die Erledigung anderer mit dem Lochkartenverfahren verbundene Arbeiten ... über den Arbeitsgang und Einzelfragen einen wertvollen Überblick, der sich sowohl zum Vorteil der Arbeitserledigung als auch zum eigenen Vorteil der Angestellten auswirkt. Diese werden dadurch auch für andere Arbeiten geschult und können, besonders bei Überalterung, in andere Abteilungen übernommen werden" (Krause 1933, S. 104).

Im Lehrbuch der Arbeitswissenschaft von Lipmann (1932) wird – im Unterschied zu Münsterberg (1912), der der Psychologie noch eine „wertfreie" Aufgabenerfüllung zugeschrieben hatte – aus der Arbeitswissenschaft ein normatives Konzept abgeleitet: „Aus arbeitswissenschaftlichen Erwägungen heraus werden wir zu der Forderung geführt, dass dem Arbeiter die Gestaltung seiner Arbeit, die Wahl der Arbeitsmittel und Arbeitsmethoden *in möglichst hohem Grade* überlassen bleiben soll, und dass dieses Prinzip nur aufgrund streng begründeter wirtschaftlicher Erwägungen durchbrochen werden soll. .... ‚Arbeitsfreude' im eigentlichen Sinne des Wortes gibt es nur da, wo der Arbeiter eine zielgerichtete Tätigkeit zu verrichten hat, deren Ziel oder deren Ablauf er *autonom* bestimmen oder regulieren kann und deren ... Merkmale seiner Arbeitsneigung entsprechen" (Lipmann, 1932, S. 387). Bei Lipmann finden sich also deutliche Hinweise auf die motivierende Kraft von Autonomie und Selbstregulation. Bemerkenswert an den Äußerungen von Lipmann und Krause ist nicht zuletzt der Hinweis auf die Bedeutung von Maßnahmen der Arbeits- bzw. Aufgabengestaltung für den Erhalt der Leistungsfähigkeit mit zunehmendem Lebensalter.

4.1 Vom Primat der Aufgabe

In diesem Zusammenhang spielt die Arbeitsaufgabe eine zentrale Rolle. Sie stellt einerseits das Bindeglied zwischen Mensch und Technik dar und verbindet andererseits den Menschen mit den organisationalen Strukturen. Merkmale motivations-, persönlichkeits- und gesundheitsförderlicher Aufgabengestaltung sind in Tabelle 4.1 zusammengefasst.

Unter den Merkmalen der Aufgabe kommt der Ganzheitlichkeit bzw. Vollständigkeit insofern zentrale Bedeutung zu, als die Möglichkeit der Erfüllung oder Nichterfüllung einer Reihe der anderen Merkmale durch den Grad der Aufgabenvollständigkeit bedingt ist. Die weitgehende Akzeptanz des in Tabelle 4.1 wiedergegebenen Satzes persönlichkeits- und gesundheitsförderlicher Aufgabenmerkmale lässt sich im Übrigen daran ablesen, dass er sich nahezu vollständig in der Europäischen Norm EN 614-2 wieder findet (Kasten 4.2).

Überlegungen über die angemessene Nutzung menschlicher Qualifikation und Erfahrung wurden seit den 1980er Jahren vermehrt angestellt. So hat die Kommission der Europäischen Gemeinschaft (CEC, 1989), einer Unterscheidung von Brödner (1985) zwischen „anthropozentrischen" und „technozentrischen" Entwicklungspfaden folgend, auf die Notwendigkeit der Entwicklung „anthropozentrischer" Produktions- und Dienstleistungssysteme hingewiesen. An anderer Stelle werden diese Gestaltungskonzepte als technikorientiert bzw. arbeitsorientiert bezeichnet (Ulich, 1989, 2011). Technikorientierte Konzepte zielen in erster Linie darauf ab, Technik und deren Einsatz zu gestalten: Das heißt, die Strukturierung von Arbeitsaufgaben und der Einsatz menschlicher Qualifikationen sind dem Primat der Technik nachgeordnet. Arbeitsorientierte Konzepte zielen demgegenüber darauf ab, Arbeitssysteme zu gestalten, das heißt, die Entwicklung und den Einsatz von Technik, die Gestaltung von Arbeitsaufgaben und Arbeitsorganisation sowie die Möglichkeiten der Nutzung menschlicher Qualifikation gemeinsam zu optimieren. Konsequenzen der Realisierung dieser Konzepte sind – in Anlehnung an Corbett (1987), Clegg und Corbett (1987) und Ulich (1989) – in Tabelle 4.2 einander gegenübergestellt.

Tabelle 4.1 *Merkmale motivations-, persönlichkeits- und gesundheitsförderlicher Aufgabengestaltung (aus: Ulich, 2010, 2011)*

Gestaltungsmerkmal	Angenommene Wirkung	Realisierung durch ...
Ganzheitlichkeit	• Mitarbeiter erkennen Bedeutung und Stellenwert ihrer Tätigkeit. • Mitarbeiter erhalten Rückmeldung über den eigenen Arbeitsfortschritt aus der Tätigkeit selbst.	... Aufgaben mit planenden, ausführenden und kontrollierenden Elementen und der Möglichkeit, Ergebnisse der eigenen Tätigkeit auf Übereinstimmung mit gestellten Anforderungen zu prüfen.
Anforderungsvielfalt	• Unterschiedliche Fähigkeiten, Kenntnisse und Fertigkeiten können eingesetzt werden. • Einseitige Beanspruchungen können vermieden werden.	... Aufgaben mit unterschiedlichen Anforderungen an Körperfunktionen und Sinnesorganen.
Möglichkeiten der sozialen Interaktion	• Schwierigkeiten können gemeinsam bewältigt werden. • Gegenseitige Unterstützung hilft Belastungen besser ertragen.	... Aufgaben, deren Bewältigung Kooperation nahe legt oder voraussetzt.
Autonomie	• Stärkt Selbstwertgefühl und Bereitschaft zur Übernahme von Verantwortung. • Vermittelt die Erfahrung, nicht einfluss- und bedeutungslos zu sein.	... Aufgaben mit Dispositions- und Entscheidungsmöglichkeiten.
Lern- und Entwicklungsmöglichkeiten	• Allgemeine geistige Flexibilität bleibt erhalten. • Berufliche Qualifikationen werden erhalten und weiter entwickelt.	... problemhaltige Aufgaben, zu deren Bewältigung vorhandene Qualifikationen eingesetzt und erweitert bzw. neue Qualifikationen angeeignet werden müssen.
Zeitelastizität und stressfreie Regulierbarkeit	• Wirkt unangemessener Arbeitsverdichtung entgegen. • Schafft Freiräume für stressfreies Nachdenken und selbst gewählte Interaktionen.	... Schaffen von Zeitpuffern bei der Festlegung von Vorgabezeiten.

Gestaltungsmerkmal	Angenommene Wirkung	Realisierung durch ...
Sinnhaftigkeit	• Vermittelt das Gefühl, an der Erstellung gesellschaftlich nützlicher Produkte beteiligt zu sein. • Gibt Sicherheit der Übereinstimmung individueller und gesellschaftlicher Interessen	... Produkte, deren gesellschaftlicher Nutzen nicht in Frage gestellt wird. ... Produkte und Produktionsprozesse, deren ökologische Unbedenklichkeit überprüft und sichergestellt werden kann.

Merkmale gut gestalteter Arbeitsaufgaben nach DIN EN 614-2 (aus: Deutsches Institut für Normung, 2008, S. 6 f.) — *Kasten 4.2*

„Im Gestaltungsprozess muss der Konstrukteur

a) die Erfahrung, Fähigkeiten und Fertigkeiten der bestehenden oder zu erwartenden Operatorenpopulation berücksichtigen. ...
b) sicherstellen, dass die durchzuführenden Arbeitsaufgaben als vollständige und sinnvolle Arbeitseinheiten mit deutlich identifizierbarem Anfang und Ende erkennbar sind und nicht einzelne Fragmente solcher Aufgaben darstellen. ...
c) sicherstellen, dass durchgeführte Arbeitsaufgaben als bedeutsamer Beitrag zum Gesamtergebnis des Arbeitssystems erkennbar sind. ...
d) die Anwendung einer angemessenen Vielfalt von Fertigkeiten, Fähigkeiten und Tätigkeiten ermöglichen. ...
e) für ein angemessenes Maß an Freiheit und Selbständigkeit des Operators sorgen. ...
f) für ausreichende, für den Operator sinnvolle Rückmeldungen in Bezug auf die Aufgabendurchführung sorgen. ...
g) ermöglichen, vorhandene Fertigkeiten und Fähigkeiten auszuüben und weiterzuentwickeln, sowie neue zu erwerben. ...
h) Über- und Unterforderung des Operators vermeiden, die zu unnötiger oder übermäßiger Beanspruchung, Ermüdung oder zu Fehlern führen kann. ...
i) repetitive Aufgaben vermeiden, die zu einseitiger Arbeitsbelastung und somit zu körperlichen Beeinträchtigungen sowie zu Monotonie- und Sättigungsempfindungen, Langeweile oder Unzufriedenheit führen können. ...
j) vermeiden, dass der Operator alleine, ohne Gelegenheit zu sozialen und funktionalen Kontakten arbeitet. ...

Diese Merkmale gut gestalteter Arbeitsaufgaben der Operatoren dürfen bei der Gestaltung von Maschinen nicht verletzt werden.“

Tabelle 4.2 *Vergleich unterschiedlicher Konzepte für die Gestaltung rechnergestützter Arbeitstätigkeiten (aus: Ulich, 2011)*

	Technikorientierte Gestaltungskonzepte – Technikgestaltung –	**Arbeitsorientierte Gestaltungskonzepte – Arbeitsgestaltung –**
Mensch-Maschine-Funktionsteilung	Operateure übernehmen nicht automatisierte Resttätigkeiten.	Operateure übernehmen ganzheitliche Aufgaben von der Arbeitsplanung bis zur Qualitätskontrolle.
Allokation der Kontrolle im Mensch-Maschine-System	Zentrale Kontrolle. Aufgabenausführung durch Rechnervorgaben inhaltlich und zeitlich festgelegt. Keine Handlungs- und Gestaltungsspielräume für Operateure.	Lokale Kontrolle. Aufgabenausführung nach Vorgaben der Operateure innerhalb definierter Handlungs- und Gestaltungsspielräume.
Allokation der Steuerung	Zentralisierte Steuerung durch vorgelagerte Bereiche.	Dezentralisierte Steuerung im Fertigungsbereich.
Informationszugang	Uneingeschränkter Zugang zu Informationen über Systemzustände nur auf der Steuerungsebene.	Informationen über Systemzustände vor Ort jederzeit abrufbar.
Zuordnung von Regulation und Verantwortung	Regulation der Arbeit durch Spezialisten, z.B. Programmierer, Einrichter.	Regulation der Arbeit durch Operateure mit Verantwortung für Programmier-, Einricht-, Feinplanungs-, Überwachungs- und Kontrolltätigkeiten.

Der Vergleich der in Tabelle 4.2 skizzierten Konzepte lässt deutlich erkennen, dass hier grundsätzlich verschiedene Auffassungen von der Allokation der Kontrolle und der daraus abgeleiteten Rolle des Menschen im Arbeitssystem vorliegen. Czaja (1987, S. 1599) hat die Unterschiede auf eine einfache Formel gebracht: „The difference lies in whether people are regarded as extensions of the machine or the machine is designed as an extension of people."

Im hier vorliegenden Zusammenhang interessieren vor allem mögliche Auswirkungen länger ausgeübter Arbeitstätigkeiten und der damit verbundenen Anforderungen und Belastungen auf Lebensbereiche außerhalb der Erwerbsarbeit. Dabei geht es um die Überprüfung der von Resch (2007, S. 119) so formulierten Aussage:

„Persönlichkeitsförderliche Arbeitsbedingungen können die Möglichkeiten erhöhen, eine Balance zwischen verschiedenen Lebensbereichen zu finden ... ."

Schon in einer früheren Arbeit hatte Meissner (1971) gefunden, dass Arbeiter mit weniger ausgeprägten Arbeitszwängen und weniger eingeschränkten Möglichkeiten sozialer Kommunikation am Arbeitsplatz auch außerhalb ihrer Erwerbstätigkeit zu erweiterter „Soziabilität" tendierten, während Arbeiter mit technologisch stark gebundenen Tätigkeiten und eingeschränkten Möglichkeiten sozialer Kontaktnahme am Arbeitsplatz auch außerhalb ihrer Erwerbstätigkeit zu eingeschränkter Soziabilität tendierten (vgl. Kapitel 2). Nach Meissner sprachen diese Ergebnisse für eine *„carry over"-Hypothese*; damit ist gemeint, dass – positive oder negative – Wirkungen von Strukturen bzw. deren Veränderungen von einem Lebensbereich in einen anderen Lebensbereich übertragen werden. Meissner beschrieb diesen Zusammenhang bildhaft mit „the long arm of the job". Wie schon in Kapitel 2 erwähnt, hatte Walton (1972) bei Arbeitern des Topeka-Werkes von General Foods als Folge der Einführung von teilautonomen Arbeitsgruppen, Arbeitsplatzwechsel und anderen arbeitsorganisatorischen Maßnahmen eine bemerkenswerte Entwicklung von Aktivitäten in kommunalen Angelegenheiten (civic affairs) konstatiert.

Später fanden Lüders, Resch und Weyerich (1992, S. 96), „dass Personen mit hohen Regulationserfordernissen in der Erwerbsarbeit in einem grösseren Umfang Freizeitaktivitäten mit langfristiger Zielstellung ausführen als Personen mit niedrigeren Regulationserfordernissen".

In diesem Zusammenhang ist die, vorhandene Untersuchungsergebnisse zusammenfassende Feststellung von Voydanoff (2007, p. 76) bedeutsam: „ ... job autonomy is consistently related to aspects of family life, such as marital quality, quality of parent-child interaction, children's cognitive functioning, and fewer behavior problems among children (Greenhaus & Parasuraman, 1999; Perry-Jenkins et al., 2000). Job autonomy and decision latitude also influence parenting behavior and children's well-being through their negative association with psychological mechanisms such as negative mood at work and job exhaustion (Kinnunen & Pulkkinen, 2001; Stewart & Barling, 1996)."

4.2 Teilautonome Arbeitsgruppen

4.2.1 Der Fall Motorenmontage in der Autoindustrie

Das als Modell für die westdeutsche Autoindustrie konzipierte Projekt „Gruppenarbeit in der Motorenmontage" im Volkswagenwerk Salzgitter erstreckte sich über einen Zeitraum von drei Jahren (1975–1977). Gegenstand des Projekts war ein Vergleich verschiedener Arbeitsstrukturen, unter denen eine neu entwickelte Form der Gruppenarbeit im Mittelpunkt des Interesses stand (Granel, 1980; Ulich, 1980).

Auf Basis freiwilliger Meldungen wurden Gruppen von je sieben Werkern gebildet, denen als ganzheitliche Aufgabe die komplette Montage von Motoren, deren Prüfung im Einlaufstand sowie die Materialbereitstellung übertragen wurde. Um optimale Voraussetzungen für die gruppeninterne Verteilung und Rotation von Arbeitsrollen und -aufgaben zu ermöglichen, mussten alle beteiligten Werker lernen, die Komplettmontage und die Prüfung im Einlaufstand selbstständig durchzuführen. Dies bedeutete einen zeitlichen Aufgabenumfang von mehr als achtzig Minuten im Vergleich zu getakteten Bearbeitungszeiten von ein bis zwei Minuten in der konventionellen Fliessbandmontage. Für die interne Koordination und die Vertretung nach außen wurden Gruppensprecher gewählt.

Alle beteiligten Werker waren nach knapp drei Monaten in der Lage, die Qualitätsanforderungen zu bewältigen und – bei positiv zu bewertender Veränderung der Belastungsstruktur (!) – einwandfreie Arbeit zu leisten. Dabei wurde eine vorher weit verbreitete resignative Form der Zufriedenheit als Folge einer Steigerung des Anspruchsniveaus weitgehend abgelöst durch eine eher progressive (Un-)Zufriedenheit oder eine konstruktive Unzufriedenheit. Die Analyse der Montagestrategien (Triebe, 1977, 1980) zeigte, dass bei der Komplettmontage Freiheitsgrade bestanden, die zunehmend erkannt und genutzt wurden und unterschiedliche Vorgehensweisen ohne erkennbare Unterschiede in der Effizienz ermöglichten (Kasten 4.3).

Insgesamt hat das Projekt „gezeigt, dass eine sehr weitreichende Ausweitung der Arbeitsinhalte möglich ist, und dass die Höherqualifizierung von Arbeitskräften weit über die bisher diskutierten Möglichkeiten hinaus verwirklicht werden kann" (Pöhler, 1979, S. 30).

Montagestrategien in der Komplettmontage (aus: Triebe, 1977) **Kasten 4.3**

Die Analyse von insgesamt 191 vollständigen Montageprotokollen ergab u.a., „... dass zu Beginn der Beobachtungen die Strategien vor allem durch ein schrittweises Komplettieren des Motors gekennzeichnet waren, wobei jedes Teil nach dem Auflegen meist sofort auch geheftet, gegengezogen und auf Drehmoment angezogen ('nachgeknickt') wurde, bevor der Arbeiter sich dem nächsten Teil zuwandte. Das Vorgehen wirkte dadurch oft umständlich, der Überblick über den gesamten Montagevorgang und seine wechselseitigen Abhängigkeiten fehlte weitgehend. In späteren Phasen wurde dann unter anderem die möglichst ökonomische Werkzeugverwendung ein wichtiges, die Strategien charakterisierendes Merkmal: verschiedenste Teile wurden zum Beispiel alle zunächst aufgelegt und geheftet, weil es daraufhin möglich war, sämtliche zugehörigen Schrauben unter Verwendung ein und desselben Schrauber-Einsatzes gegenzuziehen. Werkzeug wurde überdies nach Gebrauch nicht mehr, wie früher häufig, einfach weggelegt, sondern gezielt für seine spätere Verwendung schon an einen bestimmten Platz gelegt.

Im weiteren zeitlichen Verlauf wurden vorausplanende Vorgehensweisen noch ausgeprägter sichtbar. Hierzu gehörte etwa der vermehrte Übergang zum Vormontieren und Bereitlegen einer Vielzahl von Teilen vor Beginn der eigentlichen Montage. Zum Teil planten einzelne Arbeiter auf diese Art sogar ihre ganze Schicht voraus, indem sie bei Arbeitsbeginn von bestimmten Teilen einen bis Schichtende reichenden Vorrat fertig vormontierten, bevor sie überhaupt mit der Montage des ersten Motors begannen" (Triebe, 1977, S. 225).

Zu den inhaltlich bedeutsamen Ergebnissen gehörten die belegbaren positiven Wirkungen höher qualifizierter Arbeit auf Leistungs- und Beanspruchungskennwerte, aber auch auf Interessenerweiterungen innerhalb und außerhalb der Arbeitstätigkeit. Unter dem *Belastungsaspekt* zeigten die Ergebnisse der Begleitforschung einerseits eine Verminderung unerwünschter Belastungswirkungen, vor allem durch den Abbau qualitativer Unterforderung. Korrespondierend dazu deuteten sich Vermehrungen kognitiver Beanspruchungen an, die sich auf erhöhte Anforderungen an die Informationsverarbeitung zurückführen lassen. Erkennbar wurden auch Vermehrungen „sozialer Beanspruchungen" als Folge der mit der kollektiven Selbstregulation verbundenen, vergleichsweise hohen, Anforderungen an soziale Kompetenzen. Damit erscheint auch plausibel, dass die Gruppenmontage weniger eine Verminderung der Gesamtbeanspruchung zur Folge hatte als eine Verlagerung von eher unerwünschten zu eher erwünschten Belastungswirkungen. Bei den in das Projekt einbezogenen Mitarbeitern fanden sich darüber hinaus auch deutliche Hinweise auf eine Verbesserung des Gesundheitszustandes.

Konkrete Schilderungen von *Interessenerweiterungen* konnten als Unterstützung der früher von Meissner (1971) formulierten „Carry-over"-Hypothese gewertet werden. So fand Bruggemann (1980) deutliche Einflüsse der veränderten Arbeitserfahrungen nicht nur auf die Entwicklung arbeitsbezogener Sachinteressen, sondern auch auf gesellschaftsbezogene und politische Interessen. Schließlich ergaben sich auch Hinweise auf Veränderungen emotionaler Art. Letztere betrafen einerseits Aspekte des Selbstvertrauens, andererseits Aspekte der erlebten Kompetenz. Symptomatisch hierfür ist die Äußerung eines der an dem Projekt beteiligten Mitarbeiter: „Ich bin ganz schön stolz, wenn ich bedenke, dass ich früher hier jahrelang als Bandaffe tätig war."

Erweiterung der Interessen sowie Zunahme von Selbstvertrauen und Kompetenzerleben gehören zu den häufig berichteten Effekten persönlichkeitsförderlicher Arbeitsgestaltung.* Dies lässt sich auch an anderen Beispielen aufzeigen.

4.2.2 Der Fall Rechnungskontrolle

Das Fallbeispiel betrifft die Abteilung zentrale Rechnungskontrolle (RW-Z) bei BAT in Deutschland (Hort, 1978; Ulich, 2005). Eine Analyse vor Beginn der Restrukturierung zeigte für zwei Drittel der Arbeitsplätze typische Merkmale tayloristischer Arbeitsgestaltung: hohe Arbeitsteilung mit kurzen Arbeitszyklen, hoher Wiederholungsgrad, inhaltliche Gleichförmigkeit, Fremdkontrolle. Die Arbeit in der Abteilung galt insgesamt als sehr unbeliebt. Aufgrund der Ist-Zustandsanalyse (vgl. Ulich, 2005) wurde mit den Mitarbeiterinnen und Mitarbeitern gemeinsam ein Konzept entwickelt, das eine Anreicherung aller Arbeitstätigkeiten durch anspruchsvollere Teiltätigkeiten ebenso vorsah wie eine Erweiterung und breitere Verteilung der Kompetenzen sowie die Einführung teilautonomer

* Da im Übrigen erkennbar wurde, dass traditionelle betriebswirtschaftliche Kosten-Nutzen-Analysen einen Vergleich derart unterschiedlicher Arbeitsstrukturen nicht ohne weiteres ermöglichen, wurde im Anschluss an dieses Projekt die Frage nach den Möglichkeiten erweiterter Wirtschaftlichkeitsrechnungen zum Gegenstand verschiedener Forschungsprojekte.

Arbeitsgruppen. Eine ökonomische Analyse ergab die üblichen positiven Effekte wie Verbesserungen von Produktivität und Qualität, Verkürzung der Bearbeitungszeiten etc. (vgl. Hort, 1978, S. 11). Die Analyse der Auswirkungen der objektiven Veränderungen auf Erleben und Verhalten der beteiligten Mitarbeiterinnen und Mitarbeiter (vgl. Ulich, 2005) erbrachte vor allem einen Abbau des Gefühls qualitativer Unterforderung, die zu den bedeutsamen Merkmalen dequalifizierender Arbeitsgestaltung gehört. Auswirkungen der skizzierten Veränderungen auf die Persönlichkeitsentwicklung lassen sich aus typischen Bemerkungen anlässlich einer der Evaluation dienenden Abteilungsversammlung schließen (Kasten 4.4).

Beispiele für Auswirkungen persönlichkeitsförderlicher Arbeitsgestaltung (aus: Ulich, 2005)

Kasten 4.4

„Frau E: ‚Am Anfang war ich sehr skeptisch; was können wir Älteren noch dazu lernen ... Die menschliche Seite hat sich sehr positiv entwickelt ... Ich habe gelernt zuzuhören ... Die Auswirkungen des Versuches auf meinen privaten Bereich sind sehr positiv: ich bin ein ganz anderer Mensch geworden.‘

Frau F: ‚Ich habe mich sehr darüber gewundert, dass ältere Kollegen sich sehr wohl noch im positiven Sinne ändern können ... Ich gehe jetzt nach Büroschluss unbelastet nach Hause ... Ich bin freier geworden.‘

Herr G: ‚Ich kann jetzt Kritik sehr viel besser ertragen ... Mein Horizont hat sich sehr erweitert.‘

Herr H: ‚Die Kollegialität hat sehr zugenommen ... Ich bin selbstbewusster geworden.‘

Frau I: ‚Das Projekt hat mir sehr geholfen.‘ “

4.2.3 Der Fall Baugruppenproduktion

Dieses Fallbeispiel betrifft die Einführung von Gruppenarbeit in der Baugruppenproduktion von Alcatel STR in der Schweiz. Das Beispiel verdient insofern besondere Beachtung, als die Mehrzahl der Beschäftigten aus angelernten ausländischen Arbeiterinnen bestand, von denen die meisten über eine eher schlechte aktive Beherrschung der deutschen Sprache verfügten. Im Zuge der Entwicklung persönlichkeitsförderlicher Arbeitsstrukturen wurde das in Kasten 4.5 wiedergegebene Modell realisiert.

Kasten 4.5 *Teilautonome Gruppen in der Baugruppenmontage (aus: Frei, 1993)*

„Gruppen von 5-6 Frauen erledigen *die gesamte Montage der Leiterplatten*, einschliesslich der Disposition der Arbeitsverteilung sowie der nichtelektronischen Prüfung dieser Platten selbständig. Damit wurde die Funktionsteilung auf *eine einzige Schnittstelle* reduziert. Das heisst, dass lediglich die elektronischen Tests in eine eigene Gruppe ausgegliedert wurden. Zwischen den Montagegruppen herrschte ausschliesslich eine Mengenteilung, keine Funktionsteilung. Eine Integration auch der elektronischen Tests in die Montagegruppen hätte zuviel technische Ausrüstung gebraucht.

Ausserdem wurde eine vorher bestehende hierarchische Stufe abgeschafft, indem die Gruppen selber *keine eigenen Vorgesetzten* haben, sondern führungsmässig direkt dem Meister direkt unterstellt sind. Die ehemaligen Vorarbeiter sollten die Rolle von *Instruktoren* und 'trouble shootern' übernehmen, aber keine Führungsfunktion mehr haben" (Frei 1993, S. 327f.).

Frei (1993) sowie Frei et al. (1993) berichten ausführlich über die in diesem Fall erforderlich gewesenen aufwändigen Qualifizierungsmaßnahmen sowie über die während und als Folge der Restrukturierung aufgetretenen Probleme und die jeweilige Lösung. Abgesehen von den eindeutig belegbaren betriebswirtschaftlichen Effekten – hier vor allem: massive Verkürzungen der Durchlaufzeiten – interessieren im vorliegenden Zusammenhang vor allem die Auswirkungen auf die Persönlichkeitsentwicklung der beteiligten Frauen. Dazu finden sich in den Berichten folgende Aussagen: „Wir hatten nach einiger Zeit der funktionierenden Gruppenarbeit beobachtet, dass einige Frauen sichtbar selbstbewusster waren als früher. Man sah förmlich, dass sie 'aufrechter' gingen. Wir sprachen sie darauf an. Da erzählten sie uns, dass das stimme, aber auch negative Folgen für sie habe. Zum Beispiel würden sie sich zu Hause von ihren Männern nicht mehr alles sagen lassen und deswegen mit ihnen auch schon mal Streit bekommen. Manchmal würden sie von i h r e r Arbeit erzählen, und das hätten die Männer nicht immer gerne. Jetzt sei eben ihre Arbeit auch wichtig geworden" (Frei 1993, S. 335).

Die vorliegenden Untersuchungen weisen im übrigen darauf hin, dass derartige Restrukturierungen nicht ohne weiteres zu einer Erhöhung der Arbeitszufriedenheit führen. Vielmehr ist – wie im Fall der Motorenmontage skizziert – damit zu rechnen, dass die neuen Erfahrungen andere Formen der Zufriedenheit entstehen lassen.

4.2.2 Formen der Arbeitszufriedenheit

Ergebnisse wissenschaftlicher Untersuchungen zeigen ebenso wie die Alltagserfahrung, dass Arbeitszufriedenheit auf sehr unterschiedliche Weise entstehen kann und dass die Aussage, jemand sei mit seiner Arbeit zufrieden, ganz verschiedene Bedeutung haben kann.

Wir müssen daher annehmen, dass die globalen Zufriedenheitskonzepte nur wenig trennscharf sind und der Realität kaum gerecht werden. Moldaschl (2010, S. 83) hat in diesem Zusammenhang erst kürzlich den „blühenden Unsinn der Arbeitszufriedenheitsmessung" kritisiert. Ein Modell, das der Forderung nach einer Differenzierung Rechnung trägt, wurde von Bruggemann (1974, Bruggemann, Groskurth & Ulich, 1975) entwickelt. Das Modell von Bruggemann unterscheidet sechs verschiedene Formen von Arbeitszufriedenheit bzw. Arbeitsunzufriedenheit. Welche dieser Formen in Erscheinung tritt, ist zunächst abhängig von einem individuellen Vergleich zwischen den eigenen Bedürfnissen und Erwartungen einerseits (= SOLL) und den Möglichkeiten ihrer Realisierung in der gegebenen Arbeitssituation andererseits (= IST) (vgl. Abbildung 4.1).

Je nach Ergebnis des Soll-Ist-Vergleichs und der darauf folgenden Reaktion des Anspruchsniveaus resultieren unterschiedliche Formen von Zufriedenheit. Fällt beispielsweise der Soll-Ist-Vergleich positiv aus und das Anspruchsniveau bleibt unverändert, so ergibt sich daraus eine Form der Arbeitszufriedenheit, die als „stabilisiert" bezeichnet wurde, weil sie mit der Tendenz der Situationserhaltung verbunden ist. Folgt dem positiven Ergebnis des Soll-Ist-Vergleiches indes eine Erhöhung des Anspruchsniveaus, so resultiert daraus eine „progressive Arbeitszufriedenheit", die durch Zielerweiterung gekennzeichnet ist (Bruggemann, 1974). Da Zielerweiterung auch bedeutet, dass bestimmte Wünsche oder Bedürfnisse in der gegenwärtigen Situation nicht erfüllt werden, erscheint es allerdings sinnvoller, diesen Status – einem früheren Vorschlag von Bruggemann entsprechend – als „progressive Arbeits(un-)zufriedenheit" zu bezeichnen.

Fällt der Soll-Ist-Vergleich negativ aus, so kann daraus eine Senkung des Anspruchsniveaus im Sinne einer Sollwert-Reduktion resultieren, als deren Ergebnis eine „resignative Arbeitszufriedenheit" entstehen kann. Bleibt trotz negativen Ergebnisses des Soll-Ist-Vergleichs das Anspruchsniveau aufrechterhalten, so besteht einerseits

Abbildung 4.1 *Formen der Arbeitszufriedenheit (vereinfachte Darstellung nach dem Modell von Bruggemann, 1974)*

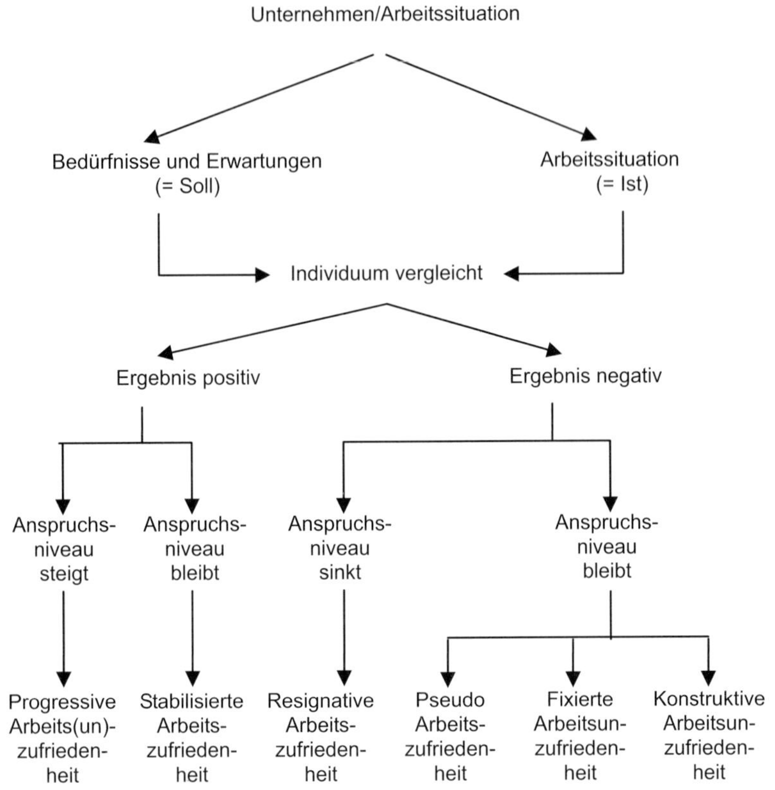

die Möglichkeit einer Verfälschung der Situationswahrnehmung, d.h. es werden subjektiv mehr Freiheitsgrade wahrgenommen als objektiv in der Arbeitstätigkeit vorhanden sind. Die daraus folgende Form der Zufriedenheit wurde als „Pseudoarbeitszufriedenheit" bezeichnet. Andererseits besteht aber auch die Möglichkeit, in der adäquat wahrgenommenen Situation zu verharren, was zur „fixierten Arbeitsunzufriedenheit" führt. Als dritte Möglichkeit kann die Aufrechterhaltung des Anspruchsniveaus nach negativem Ergebnis des Soll-Ist-Vergleichs schließlich aktive Bemühungen zur Überwindung der unbefriedigenden Situation auslösen. Der damit verbundene Zufriedenheitsstatus wurde von Bruggemann als „konstruktive Arbeitsunzufriedenheit" bezeichnet.

Damit wird deutlich, dass Arbeitszufriedenheit ohne qualitative Differenzierung, d.h. ohne Angabe der anzustrebenden Form, kein hinreichend geeignetes Kriterium zur Bewertung von Arbeitstätigkeiten darstellt. Bei der Erfassung und Interpretation derartiger Zusammenhänge könnte im übrigen das von Jiménez (2002, 2006) vorgeschlagene Konzept der Differenzierung nach unterschiedlichen Facetten der Arbeitszufriedenheit durchaus hilfreich sein.

Aus den Ergebnissen vorliegender Untersuchungen lässt sich mit hinreichender Sicherheit feststellen, dass ein Teil der Zufriedenheitsäußerungen von Beschäftigten mit hochgradiger Arbeitsteilung auf die aus einer Reduzierung des Anspruchsniveaus resultierende „resignative Arbeitszufriedenheit" entfällt. Gerade die resignative Form der Arbeitszufriedenheit macht aber deutlich, dass Arbeitszufriedenheit nicht mit Arbeitsfreude verwechselt werden darf. Nach Friedmann (1952, S. 359) stellt sich „Arbeitsfreude nur dort ein, wo der Arbeiter einen tatsächlichen Einfluss auf die Mittel und Ziele seiner beruflichen Tätigkeit besitzt".

Dass die erfolgreiche Implementierung derartiger Arbeitsstrukturen häufig auch gesundheitliche Effekte zur Folge hat, zeigen Ergebnisse entsprechender Untersuchungen.

4.2.5 Gesundheitliche Effekte

Die gesundheitliche Relevanz der Aufgabengestaltung lässt sich am Beispiel der Muskel- und Skeletterkrankungen exemplarisch aufzeigen. Diese Erkrankungsformen stehen in allen europäischen Industriestaaten an erster Stelle der Ursachen für krankheitsbedingte Fehltage. Gründe dafür sind einerseits in Bewegungsmangel und lang andauernder einseitiger körperlicher Belastung zu suchen, wie sie in zahlreichen Fällen, etwa bei Bildschirmarbeit, vorzufinden sind. Andererseits spielen in diesem Zusammenhang offensichtlich auch Merkmale wie Aufgabenvollständigkeit und Autonomie eine bedeutsame Rolle. So konnte Lundberg (1996) zeigen, dass Muskel- und Skeletterkrankungen in Gruppenarbeitsstrukturen mit entsprechender Autonomie weniger häufig auftreten als in arbeitsteiligen Arbeitsstrukturen, in denen die gleichen Produkte bzw. Dienstleistungen zu erstellen sind. Auch hier zeigte sich, dass physiologische Belastungsreaktionen und Selbsteinstufungen der erlebten Ermüdung in den arbeitsteiligen Strukturen während des Schichtverlaufs zunahmen und ihren Gipfel am Ende der Schicht erreichten, während in der flexiblen Gruppenarbeitsstruktur „a moderate and more stable level throughout the shift" gefunden wurde (Lundberg, 1996). Melin, Lundberg, Söderlund und Granqvist (1999) fanden in einer Untersuchung von Beschäftigten, die in unterschiedlichen Produktionsstrukturen das gleiche Produkt montierten, bei der Arbeit in teilautonomen Gruppen im Vergleich zur partialisierten Arbeit von Beginn bis Ende der Schicht die günstigeren physiologischen Kennwerte und nach der Schicht die bessere Erholungsfähigkeit.

Auch in den Untersuchungen von Richter und Uhlig (1998) wurden Zusammenhänge zwischen der Aufgabengestaltung und dem Erleben von Stress gefunden: „Bei unvollständigen Aufgabenstrukturen ist das Erleben von Stress signifikant erhöht. Insbesondere für ältere Beschäftigte konnte gezeigt werden, dass eine Erweiterung des Arbeitsinhalts auf der Dimension der sequenziell-zyklischen Vollständigkeit das Stresserleben entscheidend zu vermindern vermag" (a.a.O., S. 413).

Selbstverständlich gilt, dass die hier skizzierten Effekte nicht bei allen an derartigen Restrukturierungen Beteiligten in gleicher Weise oder überhaupt auftreten. Immer wieder ist auch zu beobachten, dass sich einzelne Personen – aus durchaus verschiedenen Gründen – gegen solche Veränderungen wehren.

4.2.6 Die Berücksichtigung interindividueller Unterschiede

In Zusammenhang mit der Arbeits- und Aufgabengestaltung sind deshalb auch interindividuelle Unterschiede zu berücksichtigen. So zeigen verschiedene Erfahrungen, dass die in Tabelle 4.1 skizzierten Effekte motivations-, persönlichkeits- und gesundheitsförderlicher Aufgabengestaltung nicht bei allen Beschäftigten in gleicher Weise auftreten. Die Realisierung des Prinzips der differentiellen Arbeitsgestaltung soll es ermöglichen, interindividuelle Unterschiede systematisch zu berücksichtigen. Differentielle Arbeitsgestaltung meint das Angebot unterschiedlicher Arbeitsstrukturen für die Erzeugung identischer Produkte oder Dienstleistungen, zwischen denen die Beschäftigten wählen können (Ulich, 1978, 2011). Damit kann eine

Annäherung an die optimale Entwicklung der Persönlichkeit in der Auseinandersetzung mit ihren Arbeitsaufgaben unter Berücksichtigung von Persönlichkeitsmerkmalen erreicht werden.

In den Untersuchungen von Zülch & Starringer (1984, S. 213) erwies sich die differentielle Arbeitsgestaltung unter den geprüften Alternativen „als die beste Lösung ... , weil sie sowohl die monetären als auch die nicht monetären Zielkriterien am besten erfüllt". Außer einer „Senkung der Durchlaufzeiten und der Werkstattbestände auf jeweils die Hälfte des vorhergehenden Wertes" (a.a.O., S. 215) konnten auch Verbesserungen der Motivation und Verminderungen einseitiger Beanspruchungen belegt werden. Dementsprechend haben Bamberg und Metz (1998) die Bedeutung der differentiellen Arbeitsgestaltung auch für die betriebliche Gesundheitsförderung hervorgehoben.

Häufig wird vermutet, dass es insbesondere ältere Menschen sind, die sich gegen derartige Veränderungen wehren und die aufgrund herabgesetzter Leistungsfähigkeit dafür auch nicht mehr in Betracht kommen. Deshalb fordern Kruse und Packebusch (2006, S. 445) auch zu Recht eine stärkere Ausrichtung der Konzepte für die alternsgerechte Arbeitsgestaltung „an den Prinzipien der differentiellen und dynamischen Arbeitsgestaltung".

4.3 Arbeitsbedingtes Voraltern und alternsgerechte Arbeitsgestaltung

Seit einigen Jahren ist zu beobachten, dass die Bereitschaft, „ältere" Menschen weiter zu beschäftigen, zu fördern oder gar neu einzustellen in zahlreichen Unternehmen deutlich abgenommen hat. In diesem Zusammenhang ist inzwischen von einer eigentlichen Altersdiskriminierung die Rede (Naegele, 2004), die konkret zum Beispiel an folgenden Verhaltensweisen erkennbar wird:

- Bei Personaleinstellungen werden jüngere Menschen systematisch bevorzugt, ältere haben immer weniger Chancen.
- Das bei älteren Menschen vorhandene Erfahrungswissen wird nur gering geschätzt; damit bleiben wichtige Ressourcen ungenutzt.

- Älteren Menschen werden immer weniger anspruchsvolle Aufgaben übertragen; tatsächlich nimmt aber der Einfluss anspruchsvoller Arbeitstätigkeiten auf die geistige Leistungsfähigkeit mit dem Alter noch zu.
- Ältere Menschen haben weniger betriebliche Aufstiegschancen als jüngere; dies signalisiert zugleich einen Mangel an Wertschätzung.
- Ältere Menschen werden weniger als jüngere an Fort- und Weiterbildungsmaßnahmen beteiligt; damit besteht die Gefahr, dass sie Lernen verlernen (Kruse & Packebusch, 2006, S. 447).

Damit werden ältere Menschen zu einer Problemgruppe gemacht, der man sich im einen oder anderen Fall durch vorzeitige Pensionierung oder wo möglich auch durch Frühinvalidisierung zu entledigen versucht.

Diesem Verhalten liegen offenbar häufig mangelnde Kenntnisse über die Folgen von Arbeitsgestaltung für Alternsprozesse zugrunde. Zunächst ist festzuhalten, dass Ältere und Jüngere sich in der Gesamtleistung nicht notwendigerweise voneinander unterscheiden. Allerdings nehmen die individuellen Unterschiede in der körperlichen und geistigen Leistungsfähigkeit mit zunehmendem Alter zu. Die mit dem Alter größer werdende Streuung der Leistungsmöglichkeiten ist einerseits auf Unterschiede in der Gesundheit zurückzuführen, andererseits auf Unterschiede in der Ausbildung und Erfahrung. So wird durch verschiedene Untersuchungsergebnisse belegt, dass der positive Einfluss anspruchsvoller Arbeitstätigkeiten auf die geistige Leistungsfähigkeit mit zunehmendem Alter noch zunimmt (vgl. Ilmarinen & Tempel, 2002; Schooler, Mulatu & Oates, 1999; Semmer & Richter, 2004; Warr, 1995). Damit wird gleichzeitig bestätigt, dass persönlichkeits- und gesundheitsförderliche Arbeitsgestaltung schon in jungen Jahren gleichzusetzen ist mit alternsgerechter Arbeitsgestaltung.

Merkmale nicht alternsgerechter Arbeitsgestaltung finden sich vor allem in Betrieben mit weitgehend arbeitsteiligen Strukturen, daraus resultierenden einseitigen Belastungen und ohne Möglichkeit, sich durch lernhaltige Arbeitstätigkeiten weiter zu entwickeln. Bezüglich der Ungleichheit der Chance, länger erwerbstätig zu sein, spielt „der Zuschnitt von Tätigkeiten, die sich als qualifikatorische und gesundheitliche Sackgassen erweisen“, eine hervorragende Rolle (Behrens,

2004, S. 261). Das heißt, dass solche Tätigkeiten ebenso wie schädliche Einflüsse aus der Arbeitsumgebung Alterungsprozesse beschleunigen und zu einem arbeitsbedingten Vor-Altern beitragen können.

Naegele (2004, S. 208) macht – unter Verweis auf Frerichs (1998) – darauf aufmerksam, dass sowohl das Krankheits- als auch das Qualifikationsrisiko ungleich verteilt sind: „Sie sind weit verbreitet in Branchen und Betrieben mit tayloristischen Produktionsregimes aufgrund des hier hohen Anteils an typischen Verschleißarbeitsplätzen und der geringen Bedeutung des Erfahrungswissens." Und auch nach Behrens (2004, S. 261) gilt: „Die Ungleichheit der Chance, länger erwerbstätig zu sein, scheint fast ausschließlich reproduziert zu werden durch

- den Zuschnitt von Tätigkeiten, die sich als qualifikatorische und gesundheitliche Sackgassen erweisen, und
- die Zuweisung von Personen zu diesen Tätigkeiten nach schulischen Abschlüssen, Ausbildung und Region.

Es reicht offensichtlich nicht aus, lediglich auf den zweiten Einfluss einzuwirken und den Zugang zu fortbestehenden Sackgassen gleichmässiger zu gestalten, also die Chancengleichheit zu erhöhen. Dadurch verringert sich noch nicht die Zahl der Sackgassen. Nur der veränderte Zuschnitt von Tätigkeiten, also eine horizontale Laufbahnen ermöglichende Arbeitsgestaltung, verallgemeinert die Chance zu länger andauernder Erwerbstätigkeit."

Bemerkenswert sind im vorliegenden Zusammenhang auch die Befunde über mögliche Auswirkungen von länger ausgeübten Arbeitstätigkeiten auf Ruhestandspläne (z.B. Abraham & Hoefelmayr-Fischer, 1982; Richter, 1993). Sie zeigen, dass anforderungsarme Arbeitstätigkeiten häufig mit wenig differenzierten Zukunftsvorstellungen verbunden sind, lernhaltige Arbeitstätigkeiten hingegen mit klareren Vorstellungen über die Gestaltung dieses Lebensabschnitts. „Die am wenigsten differenzierten Zukunftskonzepte im höheren Lebensalter fanden wir bei Beschäftigten mit restriktiven, anforderungsarmen Arbeitsaufgaben" (Richter, 1993, S. 40).

Hacker (1996, 2004) hat die Notwendigkeit der Unterscheidung zwischen dem kalendarischen und dem „menschgemachten" Altern betont und in diesem Zusammenhang insbesondere auf das „arbeitsinduzierte Vor-Altern" aufmerksam gemacht. Unter Hinweis auf die Befunde der Leipziger Alternsforschung (Ries & Sauer, 1991) stellt Hacker (2004, S. 164) fest: „Die Lebens- und die Arbeitsbedingungen können das Altern beschleunigen (man kann voraltern) oder im Idealfall auch verzögern. Deshalb muss das *kalendarische* Alter vom *biologischen* Alter unterschieden werden. Arbeitsinduziertes Voraltern kann einerseits z.B. als Folge von neurotoxischen Einflüssen am Arbeitsplatz entstehen, andererseits offensichtlich aber auch durch Arbeitsaufgaben, die keine Lernmöglichkeiten enthalten... Derzeit scheinen in der Mehrzahl von Arbeitsprozessen voralternde Arbeitsbedingungen noch zu überwiegen" (a.a.O., S. 164). Im Umkehrschluss gilt: „Lernen in Tätigkeiten mit Lernpotenzialen kann nicht nur das Hinzulernen neuer Kenntnisse, Fertigkeiten, Fähigkeiten oder Einstellungen ermöglichen, sondern auch das Erhalten dieser Leistungsvoraussetzungen gegen ihren alterskorrelierten Verlust" (Hacker, 2004, S. 169). Damit stimmt auch die Feststellung von Semmer und Richter (2004, S. 112) überein, derzufolge „Erwerb, Gebrauch und Entwicklung von Kompetenzen … die beste Grundlage für eine gute Leistung im Alter sind …"

Dass Aufgabentypen ohne Leistungsverschlechterungen, vor allem aber solche mit Leistungsverbesserungen Lernpotenziale enthalten müssen, ist offensichtlich. Hacker (2004, S. 169) weist darauf hin, dass die Merkmale von Aufgaben mit Lernpotenzialen weitgehend identisch sind mit denen vollständiger Aufgaben. Zu Recht hatte er vorher darauf hingewiesen, dass Menschen, die „in der zweiten Hälfte der Lebensspanne qualifiziert werden müssen", durch arbeitsbedingte Alterungsprozesse „nicht auch noch vorgealtert sein" sollten. „Das würde ihr Lernen weiter komplizieren" (Hacker, 2003, S. 19).

Offensichtlich wird die Tatsache, dass Arbeitsbedingungen keineswegs selten so gestaltet sind, dass sie Alternsprozesse beschleunigen, noch viel zu wenig – und auch nicht gerne – zur Kenntnis genommen. Denn das heißt, dass Unternehmen selbst – nicht wissentlich und noch weniger absichtlich – durch die Art, wie sie die Arbeitsbedingungen für die bei ihnen Beschäftigten gestalten, möglicherweise zu vorzeitigem Altersabbau beitragen. In der Praxis kann dies dazu führen, dass durch entsprechende Arbeitsgestaltung vermeidbare vorzeitige Alterungsprozesse stattfinden und die davon betroffenen Menschen wegen der dadurch geminderten Leistungsfähigkeit auch noch entlassen, in den vorzeitigen Ruhestand geschickt oder invalidisiert werden. Dass Unternehmen damit auf Dauer ihrem eigenen Interesse schaden, liegt auf der Hand. So wurde neuerdings z.B. über einen positiven Zusammenhang zwischen der Lernhaltigkeit von Arbeitsaufgaben und der Innovationstätigkeit von Beschäftigten berichtet (Bergmann, Eisfeldt, Prescher & Sehringer, 2006, S. 25). Und im Rahmen des vom Bundesministerium für Bildung und Forschung in Deutschland gemeinsam mit dem Europäischen Sozialfonds geförderten Projekts „Lernförderlichkeitsindex" konnte nachgewiesen werden, „dass Unternehmen mit lernförderlichen Arbeitsplätzen auch die erfolgreicheren sind" (Bernard, 2004).

Von besonderem Interesse sind in diesem Zusammenhang die offenbar noch immer vergleichsweise wenigen Beispiele von Unternehmen, die nach Konzepten industrieller Demokratie strukturiert sind. Außer einer entsprechenden Gestaltung von Arbeitstätigkeiten und Arbeitsstrukturen sowie den Möglichkeiten der Mitwirkung am Arbeitsplatz und im Unternehmen zeichnen sie sich nicht zuletzt dadurch aus, dass sowohl die Verteilungsgerechtigkeit als auch die prozedurale Gerechtigkeit sorgfältige Beachtung fnden.

4.4 Organisationale Demokratie: Das Beispiel Mondragon

Eines der – in den deutschsprachigen Arbeits- und Sozialwissenschaften nach wie vor wenig bekannten oder doch kaum erwähnten – Beispiele für die Realisierung von Konzepten industrieller Demokratie ist die spanische Mondragon Corporacion Cooperativa (MCC) (vgl. z.B. Campbell, Keen, Norman & Oakshott, 1977; Guiterrez-Johnson & Whyte, 1977; Whyte & Whyte, 1990). Mondragon ist eine der wirtschaftlich erfolgreichsten spanischen Unternehmensgruppen, die – mit inzwischen mehr als 100'000 Beschäftigten sowie mit einer eigenen Universität und einer eigenen Bank – in den Bereichen Industrie, Handel und Finanzen tätig ist und aus mehr als 250 Unternehmen besteht, die allerdings – nicht zuletzt wegen der in einigen Ländern geltenden Gesetzgebung – keineswegs alle genossenschaftlich organisiert sind.

Whyte und Whyte (1991, S. 114) wiesen darauf hin, dass bei der Erarbeitung der Konzepte für die Entwicklung von Mondragon von Thorsrud (Emery & Thorsrud 1976, 1982) eingebrachte skandinavische Erfahrungen mit „Neuen Arbeitsformen" eine bedeutsame

Rolle spielten. Zu den „Neuen Arbeitsformen" gehört in den Kooperativen – wie in zahlreichen skandinavischen Beispielen oder in sehr beschränktem Umfang im VW-Experiment – auch die Arbeit in teilautonomen Gruppen, die ihre Sprecher bzw. Sprecherin selbst wählen (Ginto, 2007, S. 323). Die Gruppen sind für Aufgabenteilung und Arbeitsabläufe ebenso wie für das Ergebnis und die Qualität ihrer Arbeit selbst verantwortlich. Wo möglich unterhalten sie „sogar direkte Kontakte zu den Kundinnen und Kunden und können auf deren individuelle Wünsche eingehen" (Ginto, a.a.O.).

Die folgenden zehn, im Managementmodell verankerten „Basic Principles" gelten für die Arbeit in allen Kooperativen:

(1) Open Admission
(2) Democratic Organisation
(3) Sovereignty of Labour
(4) Instrumental and Subordinate Nature of Capital
(5) Participatory Management
(6) Payment Solidarity
(7) Intercooperation
(8) Social Transformation
(9) Universality
(10) Education

Damit übereinstimmend nannten Whyte und Whyte (1991, S. 273f.) als „Basic Values": (1) Equality, (2) Solidarity, (3) Dignity of Labor, (4) Participation; und als „Objectives": (1) Job creation, (2) Employment security, 3) Human and social development, (4) Autonomy and self-governance, (5) Economic progress.

Für Mondragon Corporacion Cooperativa bedeutet Partizipation die Teilnahme an der Unternehmensleitung, Teilhabe am Unternehmenseigentum und Teilhabe am Gewinn (Ginto, 2007, S. 321). Dies heißt konkret z.B.: Die General Assembly, bestehend aus allen Genossenschaftsmitgliedern, wählt die Mitglieder des Governing Council sowie die Account Auditors und entscheidet über den Geschäftsplan. Dabei gilt das Prinzip: „one person – one vote". Es besteht vollkommene Lohntransparenz: Alle Löhne werden einmal pro Jahr publiziert. Die Spanne zwischen dem niedrigsten und dem höchsten Einkommen lag ursprünglich bei 1:3; sie wurde in den letzten Jahren erweitert auf 1:6, für den Präsidenten und die Vizepräsidenten auf 1:8. Auf die Frage nach den wirtschaftlichen Bedingungen der Beschäftigten im Vergleich zu in anderen Unternehmen Beschäftigten findet sich in den „Frequently asked questions" (MCC, 2009) der Hinweis, dass der Arbeitsplatz sicherer und das Einkommen insofern höher sei, als zu dem monatlichen Lohn noch ein Anteil an der jährlichen Gewinnverteilung hinzukomme. Auch die Rentensituation sei günstiger, weil die staatliche Rente durch eine Rente aus dem Fonds der genossenschaftlichen Vorsorgeeinrichtung Lagun Aro ergänzt werde. Das Einkommen der Führungskräfte schließlich liegt „im Allgemeinen aufgrund ihrer Verpflichtung zur Lohnsolidarität unter dem der leitenden Angestellten externer Unternehmen" (a.a.O.).

In Spanien selbst ist mit dem so genannten Valencia Experiment ein anderes, weitgehend an Mondragon orientiertes Modell entstanden, über das MacLeod (1997) berichtet hat. „… the Valencian experiment consists of a community bank, a string of cooperative retail stores, an insurance company, employee-owned factories and a professional school" (p. 10). „Although much smaller than Mondragon, the Valencia experiment is similar in many ways, mainly because the organizers regarded Mondragon as their model" (p. 99).

Zu den hierfür entwickelten Grundsätzen gehören dem entsprechend u.a.:

„1. ***Capitalization.*** This means that no profits are taken out. All surpluses are reinvested for expansion and development which translates into new jobs for the community.
2. ***Salary Equity.*** Salary differences are limited in a "3 to 1" ratio.
6. ***Co-Responsibility.*** This encourages worker participation in all aspects of the enterprise.
7. ***Representation.*** All members have the right to vote.
8. ***Management Openness.*** The books as well as the door must be open.
9. ***Economic Cooperation.*** Must exist between Cooperative Enterprises for development and creation of new enterprises.
10. ***Formation.*** Employee education and development …"

In anderen Grundsätzen wird ausgeführt, dass alle Mitgliedsunternehmen die qualifiziertesten Manager zu wählen und sowohl eine Kurzfrist- als auch eine Langfrist-Planung vorzulegen haben.

„Beyond the importance of expressions of community solidarity and community concern, Valencia is important because it is an another empirical example of a community-motivated commercial enterprise which is successful in business terms" (MacLeod 1997, p. 111f.).

Zusammenfassend lässt sich feststellen und anhand zahlreicher Belege begründen: Mondragon ist ein hervorragendes Beispiel für ein zugleich demokratisch verfasstes wie wirtschaftlich erfolgreiches Unternehmen, das bisher offenbar nur wenige Nachahmer gefunden hat. Von FORTUNE wurde Mondragon als eine der „10 Great Companies to Work for in Europe" gewählt (Moskowitz & Levering, 2003).

Zur Frage nach den „Wirkmechanismen" hat Schmid (2009) eine Untersuchung über Zusammenhänge zwischen organisationaler Demokratie und Commitment vorgelegt, in deren Rahmen sie Fragebogenerhebungen, Interviews und Betriebsbegehungen in 22 „demokratie- bzw. mitarbeiterinnenorientierten Klein- und Mittelbetrieben in Österreich, Deutschland und Italien (Südtirol)" durchgeführt hat (a.a.O., S. 87). Die Ergebnisse der methodisch sorgfältig durchgeführten Untersuchungen stützen die von der Autorin formulierten Hypothesen wie „Die Beteiligung von Unternehmensmitgliedern an betrieblichen Entscheidungsprozessen führt zu einer positiven psychologischen Bindung der Mitglieder an das Unternehmen" (S. 138) und „wirkt sich positiv auf die wahrgenommene Fairness betrieblicher Prozeduren (prozedurale Gerechtigkeit) aus" (S. 143). Mit Hilfe von Pfadanalysen kann die Autorin schließlich „einen wirkkräftigen Weg von der Organisationalen Demokratie über die prozedurale Gerechtigkeit und soziomoralische Atmosphäre zum affektiven Commitment" (S. 166) aufzeigen (vgl. dazu auch Weber et al., 2009).

4.5 Fazit

Nach Rubinstein (1958, S. 704) ist Arbeit „das wichtigste Mittel zur Formung der Persönlichkeit. Im Prozess der Arbeit wird nicht nur ein bestimmtes Produkt der Arbeitstätigkeit des Subjekts erzeugt, sondern dieses selbst wird in der Arbeit geformt". Zu den Produkten eines Unternehmens im weitesten Sinne zählen also offenbar nicht nur industrielle Güter oder Dienstleistungen, sondern auch menschliche Qualifikationen, Einstellungen und Verhaltensweisen. „The product of work is people" (Herbst, 1975).

Die Etablierung persönlichkeitsförderlicher Arbeitsstrukturen, wie sie hier aufgezeigt wurden, bedeutet in vielen Fällen zugleich eine Veränderung der Unternehmenskultur. Unternehmenskulturen bestimmen weitgehend, wie Unternehmen von ihren Mitarbeiterinnen und Mitarbeitern wahrgenommen werden. Das Festhalten an traditionellen Kulturen gehört vermutlich zu den Gründen für die nach wie vor eher geringe Verbreitung ökonomisch sinnvoller persönlichkeits- und gesundheitsförderlicher Arbeitsstrukturen. „Unfortunately, a common belief in management is that during financial crisis there is a need to take more control – and hence to decrease the decision latitude of employees – and at the same time increase psychological demands in order to increase the company's ability to compete" (Theorell, 2003, S. 168).

Die vorliegenden Befunde zeigen, dass die Realisierung von Konzepten persönlichkeitsförderlicher Arbeitsgestaltung nicht nur zur Förderung der Gesundheit und zur Unterstützung wichtiger „Life Domains", sondern auch zur Erreichung der Unternehmensziele positiv beitragen können. Über mögliche Auswirkungen inadäquater Aufgabengestaltung auf die Motivation der Beschäftigten sowie die Produktivität und Qualität der geleisteten Arbeit ist schließlich oft genug berichtet worden.

Lebensfreundliche Arbeitszeiten

Kapitel 5

5.0 Ein Blick zurück

Auf dem Höhepunkt der Weltwirtschaftskrise beschrieb der britische Ökonom John Maynard Keynes eine „neue Krankheit", die er als technologische Arbeitslosigkeit bezeichnete. „Das bedeutet Arbeitslosigkeit, weil unsere Entdeckung von Mitteln zur Einsparung von Arbeit schneller voranschreitet als unsere Fähigkeit, neue Verwendung für die Arbeit zu finden" (Keynes 1930; 1956, S. 267). Bereits zu dieser Zeit forderten Gewerkschaften in den USA konkret die Umverteilung von Arbeit: Dauerhafte Massenarbeitslosigkeit sollte dadurch vermieden werden, dass die Produktivitätszuwächse zu deutlichen Arbeitszeitverkürzungen benutzt werden (Kasten 5.1).

Frühe Erfahrungen mit der 30-Stunden-Woche (aus: Rifkin, 1996) **Kasten 5.1**

„Viele Unternehmer schlossen sich dem Appell an, da sie keine andere Möglichkeit sahen, um die Kaufkraft der Konsumenten wieder zu erhöhen. Einige grosse Unternehmen, darunter Kellog's, Sears Roebuck, Standard Oil und Hudson Motors, führten von sich aus die 30-Stunden-Woche ein, um ihre Beschäftigten halten zu können (Hunnicut 1988, 148).

Am weitesten wagte sich Kellog's vor. W.K. Kellog, der Firmenbesitzer rechnete vor, dass „wir mit vier Sechs-Stunden-Schichten (...) anstelle von drei Acht-Stunden-Schichten dreihundert Familienvätern mehr Arbeit und Löhne geben können" (zit.n. Hunnicut o.J.,9). Um das Lohnniveau und so die Kaufkraft der Beschäftigten zu erhalten, wurde das Mindesteinkommen der männlichen Arbeiter auf vier Dollar am Tag angehoben, die Stundenlöhne wurden um 12.5% erhöht (ebd.).

In den Erfahrungsberichten, die Kellog's in den folgenden Jahren veröffentlichte, hiess es, dass die verkürzten Schichten die Arbeitsfreude und die Leistungsfähigkeit der Beschäftigten erhöht hätten. In einer Studie von 1935 wurde aufgezählt, dass durch den Sechs-Stunden-Tag innerhalb von fünf Jahren die Gemeinkosten um 25% und die Stückkosten um 10% gesenkt werden konnten. Die Zahl der Arbeitsunfälle war um 40% zurückgegangen,, und gegenüber 1929 arbeiteten 39% mehr Beschäftigte bei Kellog's (zit.n.ebd., 22)" (Rifkin 1996, S. 36f.).

Rund drei Jahrzehnte später hat Jürgen Habermas (1958) hervorgehoben, dass mit zunehmenden Verkürzungen der Arbeitszeit die Möglichkeit einer Emanzipation der Freizeit von der Arbeit entstehe. Und Eric Trist (1973) hat angemerkt, dass immer mehr

Menschen im Übergang zur postindustriellen Gesellschaft den Wunsch haben, ihre Lebenszeit nach eigenen Prioritäten für Arbeit, Lernen oder Freizeit zu nutzen.

5.1 Der Stellenwert von Arbeitszeitregelungen

In seinem Beitrag zur Bewertung flexibler Arbeitszeitsysteme hat Baillod (1997, S. 35f.) darauf aufmerksam gemacht, dass der Arbeitszeit für die Beschäftigten eine doppelte Bedeutung zukommt. Einerseits stelle sie eine *Arbeitsbedingung* dar, die sowohl das Ausmaß der Arbeitsbelastungen als auch das Potential zur Entwicklung von Kompetenzen durch die Arbeit beeinflusse. Andererseits habe sie eine *Grenzfunktion* zwischen der Berufsarbeit und anderen Tätigkeiten und beeinflusse damit sowohl die Belastungen als auch die Potentiale von Tätigkeiten in verschiedenen Lebensbereichen.

In einer Vielzahl von Publikationen über „Work Life Balance" wird „familienfreundlichen" Arbeitszeitregelungen ein besonders hoher Stellenwert eingeräumt; in vielen Fällen werden sogar ausschließlich solche Überlegungen angestellt. Zwar werden auch bei dem in Kapitel 11 ausführlicher beschriebenen Audit Beruf und Familie® Arbeitszeitkonzepte an erster Stelle genannt; gerade hier wird aber zusätzlich eine Vielzahl qualitativ anders gearteter Maßnahmen aufgeführt (vgl. Tabelle 5.1).

Auch bei der vom schweizerischen Volkswirtschaftsdepartement gemeinsam mit einigen Großunternehmen erarbeiteten „Checkliste familienfreundliche Maßnahmen" spielen neben finanziellen Zulagen und Unterstützung bei der Kinderbetreuung Zeitmodelle eine zentrale Rolle. Unter der Vielzahl der von „Beruf und Familie" aufgeführten Arbeitszeitmaßnahmen finden sich zwar solche wie „Familienbedingte Teilzeitarbeit" oder „Lebensphasenorientierte Arbeitszeit"; Maßnahmen weitergehender Reduzierungen der Normalarbeitszeit finden aber keine Erwähnung. Tatsächlich lassen sich gerade aus derartigen Maßnahmen aber weiter reichende Schlüsse ziehen. Für deren Beurteilung als Beitrag zur Optimierung der Life Domain Balance spielt die Planbarkeit eine entscheidende Rolle (vgl. dazu ausführlicher Kapitel 3).

Tabelle 5.1

Familienpolitische Maßnahmen nach Angaben von Beruf und Familie gGmbH (2003)

Arbeitszeit	→ Maßnahmen zur Arbeitszeit
Arbeitsabläufe und Arbeitsinhalte Arbeitsort Informations- und Kommunikationspolitik Führung Personalpolitik Entgeltbestandteile und geldwerte Leistungen Flankierender Service für Familien Unternehmens- und personalpolitisches Datenmodell	1. Abgestufte Teilzeit nach Erziehungsfreistellung 2. Altersteilzeit 3. Arbeitszeiterfassungssystem 4. Elternurlaub 5. Familienbedingte Teilzeitarbeit 6. Familienpause 7. Freistellung zur Betreuung von Angehörigen 8. Gleitzeit 9. Jahresarbeitszeit 10. Job sharing 11. Kinderbonuszeit 12. Lebensphasenorientierte Arbeitszeit 13. Pause 14. Sabbatical 15. Schichtarbeit 16. Sonderurlaub 17. Tätigkeit während der Erziehungsfreistellung 18. Urlaubsregelung 19. Zeitkonto 20. Zusatzurlaub

Die besondere Bedeutung der Planbarkeit lässt sich am Beispiel der Einführung der Vier-Tage-Woche mit 28.8 Wochenarbeitsstunden bei VW exemplarisch zeigen.

5.2 Arbeitszeitverkürzung

Zur Erinnerung: Anstatt aufgrund der vorhandenen Absatzprobleme 30'000 Beschäftigte zu entlassen, einigten sich die Sozialpartner in fünf Verhandlungsrunden innerhalb von zwei Wochen darauf, die wöchentliche Arbeitszeit in den deutschen Werken der VW AG von

36 auf 28.8 Stunden zu reduzieren und damit gleichzeitig die Vier-Tage-Woche einzuführen. Vermutungen, die dadurch von Erwerbsarbeit freie Zeit werde vor allem für Schwarzarbeit genutzt, haben sich nicht bestätigt. Vielmehr zeigten sozialwissenschaftliche Untersuchungen, dass nicht wenige junge Familienväter die neu gewonnene Zeit durchaus im Sinne einer neuen „Life Domain Balance" nutzten (vgl. Kasten 5.2).

Kasten 5.2

Veränderungen als Folge der 28.8-Stunden-Woche (aus Jürgens, 2001, S. 57f.)

„Bei einer verlässlichen, planbaren Vier-Tage-Woche wird nach längerer Erfahrungsdauer die bei allen zunächst anzutreffende Skepsis durch eine breite Akzeptanz abgelöst: Das Familienklima und das Verhältnis zu den Kindern verbessern sich, die Schichtarbeit wird besser verkraftbar, die Arbeitsteilung zwischen den Geschlechtern gleichgewichtiger. Zwar hätte keiner der Männer vor der Einführung des Modells eine Arbeitszeitverkürzung für sich in Erwägung gezogen, doch führen der kollektive Charakter, die andauernde Erfahrung mit einer verlässlich verkürzten Arbeitszeit und die Beschäftigungsgarantie zur breiten Akzeptanz eines – aus männlicher Sicht – eher weiblichen Arbeitszeitmodells von unter 30 Wochenstunden. Auch bei jungen Industriearbeitern lässt sich dabei ein Interesse an einer aktiven Vaterrolle feststellen, das zwar in der Regel nicht offensiv vertreten, jedoch durch eine verlässliche Vier-Tage-Woche gefördert wird ... Die Arbeitszeitflexibilisierung und die Verlängerung der Arbeitszeit ab ca. Mitte 1996 lösen demgegenüber eher entgegen gesetzte Effekte aus."

Eine Reihe von Berichten bestätigt die überwiegend positiven Erfahrungen mit der systematisch verkürzten Arbeitszeit in den deutschen VW-Werken. In der – nicht repräsentativen und rein qualitativen – Studie von Jürgens und Reinecke (1998) konnte gezeigt werden, dass eine über längere Zeit erlebbare, kalkulierbare Verkürzung der Arbeitszeit „die Vereinbarkeit von Familien- und Erwerbsleben deutlich erleichtert hat" (a.a.O., S. 215). Eine von Promberger und Trinczek (1995) im Jahr nach deren Einführung in drei Werken durchgeführte Erhebung zeigte, dass rund 53 Prozent der Beschäftigten diese Form der Arbeitszeit – trotz einer Minderung des Jahreseinkommens um rund 15 Prozent – beibehalten wollten.

5.3 Überlange Arbeitszeiten

Dass überlange und nicht planbare Arbeitszeiten die Balance zwischen beruflicher Tätigkeit und Privatleben gefährden können, wird durch zahlreiche Berichte belegt. Das gilt für bestimmte Berufsgruppen wie z.B. Ärztinnen und Ärzte in besonderer Weise und kann durchaus dramatischen Konsequenzen haben.

So haben Trojan, Füllekrug und Nickel (2008, S. 188) darauf hingewiesen, dass Schwierigkeiten der Life Domain Balance dazu führen, dass viele hoch qualifizierte Ärzte auf Kinder verzichten, nach alternativen Berufsfeldern suchen oder ins Ausland abwandern. Offensichtlich besteht hier also eine für die weitere Entwicklung des Gesundheitswesens sehr bedeutsame Thematik (vgl. dazu auch Oberlander, 2010).

Nicht nur in unseren eigenen Untersuchungen (z.B. Peter & Ulich, 2003) ist uns hin und wieder ein Chefarzt begegnet, der die für seine eigene Sozialisation gültigen Normen auf die Situation der ihm unterstellten Ärztinnen und Ärzte übertrug. Auch in der neueren Literatur finden sich dafür anschauliche Beispiele, so etwa die bei Füllekrug (2008, S. 40) wieder gegebene Äußerung eines Klinikdirektors: „Nur wenn meine Ärzte 120h in der Woche da sind, kann ich aus ihnen gute Ärzte machen." Noch grundsätzlicher erscheint die Äußerung eines Chefarztes, die von Resch und Hagge (2004, S. 51) zitiert wird: „Dieser Punkt ... ist normalerweise irrelevant, da man es von Ärzten erwarten kann, dass sie sich schon bei der Entscheidung, diesen Beruf zu wählen, genug Gedanken zu diesem Thema gemacht haben. Es gibt bestimmte Berufe und Positionen, die sich nicht mit einem erfüllten Familienleben vereinbaren lassen. Zudem ist dies ein sehr persönliches und individuelles Thema, das auch nur so zu lösen ist. Solange der Arbeitsmarkt noch genug Ärzte bietet, ist dies kein Punkt für ein Gesundheitsförderungs-Projekt."

Deshalb ist es wichtig zu wissen, dass innerhalb des Krankenhaussystems auch andere Positionen vertreten werden. So zitieren Resch & Hagge (S. 52) einen Chefarzt, der eine deutlich entgegen gesetzte Position vertritt: „Sehr wichtig, woher bezieht denn der Arzt sein Ego? Wenn er es aus dem weißen Kittel bezieht, wird es schwierig. Er sollte es aus der Familie beziehen, das ist wichtig. Es muss Modelle der Vereinbarkeit geben."

Dass damit insbesondere Arbeitszeitmodelle angesprochen sind, liegt auf der Hand. Insofern erscheint der Vorschlag einer je nach Lage unterschiedlichen Bewertung von Arbeitszeiten durchaus überlegenswert (Kasten 5.3).

Kasten 5.3

Vorschlag zur Bewertung von Arbeitszeiten nach ihrer Lage (aus: Füllekrug, 2008, S.48)

„Zur Lösung solcher Fragen würde die Faktorisierung ungünstiger Arbeitszeiten eine Lösung sein, die in Schweden bereits praktiziert wird. Danach beträgt der Freizeitausgleich für Nachtarbeitszeiten und Wochenenden das 2.0-fache, für die Zeit von 21.00 Uhr bis 24.00 Uhr z.B. das 1.5-fache. Da die meisten Ärzte in Schweden den Freizeitausgleich der (mit hohen Steuern belegten) finanziellen Vergütung vorziehen, liegt die durchschnittliche ärztliche Arbeitszeit an schwedischen Krankenhäusern deutlich unter 40h/Woche, d.h. wer viel zu ungünstigen Zeiten arbeiten muss, muss insgesamt weniger arbeiten."

Dass überlange Arbeitszeiten nicht nur die Life Domain Balance direkt beeinträchtigen, sondern darüber hinaus Wirkungen haben können, die zu massiven Beeinträchtigungen der Leistungsfähigkeit und des Wohlbefindens führen können, ist offensichtlich. Zu den von Füllekrug (2008) genannten möglichen *Folgen überlanger Arbeitszeiten* gehören Leistungseinschränkungen (Aufmerksamkeitsniveau, Psychomotorik), Eigengefährdung (vermehrte Nadelstichverletzungen, Unfälle nach verlängerten Diensten, Substanzabhängigkeiten) und Patientengefährdung (Klientenaversion). Ähnlich benennen Trojan, Füllekrug & Nickel (2008, S. 188) mögliche negative Folgen überlanger Arbeitszeiten „für die Eigengefährdung der Ärzte, für die Patientengefährdung (z.B. bei Anästhesien, Operationen und Notfalleinsätzen) sowie für eine allgemein verminderte Qualität und gestörte Prozesse am Krankenhaus ... ." Sie weisen aber auch auf Interventionsstudien hin, aus deren Ergebnissen hervorgeht, „dass medizinische Fehler durch verringerte Arbeitszeiten deutlich verringert werden können (Lockley et al., 2004; Landrigan, 2004)".

Das Problem überlanger Arbeitszeiten findet sich aber auch in anderen Berufsgruppen und Branchen (vgl. Metz-Göckel, 2004). So bestimmen sich die Arbeitszeiten in der in vielen Bereichen praktizierten Projektarbeit vor allem an den vereinbarten Ergebnissen, was schnell zu erhöhten Arbeitszeiten und Arbeitszeiten außerhalb der üblichen Zeitfenster führen kann (vgl. z.B. Gerlmaier, 2004). Dies gilt nicht zuletzt für manche IT-Fachleute (Baillod & Roos, 2006). Auch für Unternehmensgründerinnen und -gründer sind sehr lange Arbeitszeiten charakteristisch (Hoff; Lang-von Wins, 2004). Eine weitere Personengruppe, die hier genannt werden kann, ist die der sogenannten „Multijobber", die parallel mehrere berufliche Tätigkeiten ausüben, weil ein Einkommen für den Lebensunterhalt nicht mehr ausreicht. Auch aus dem landwirtschaftlichen Bereich sind solche Beschäftigungssituationen schon seit längerem bekannt, da kleinere Höfe das Familieneinkommen häufig nicht sichern (z.B. Hauf & Müller, 1974; vgl. auch International Labour Office, 2004).

Hämmig, Gutzwiller und Bauer (2009), die aus dem schweizerischen Haushaltspanel 2004 stammende Daten für 4´371 Berufstätige im Alter von 20 bis 64 im Hinblick auf „Work-life Conflicts" (WLC) ausgewertet haben, fassen ihre Ergebnisse u.a. wie folgt zusammen: „Working overtime regularly, having variable work schedules and being in a management position are most strongly associated with WLC in men, whereas in women the level of employment is the strongest explanatory variable by far, followed by variable work schedules and high job status (managerial position). In both men and women, WLC is associated with several physical and mental health problems." Von daher wird auch der auf den Ergebnissen ihrer Studien in der Boston Consulting Group resultierende Titel der von Perlow und Porter (2010) vorgelegten Publikation „Weniger arbeiten – mehr leisten" ohne weiteres nachvollziehbar.

5.4 Teilzeitarbeit

In Zusammenhang mit der Verkürzung der Arbeitszeit bei VW war von nicht zu unterschätzender Bedeutung offenbar die Tatsache, dass es sich bei der 28.8-Stunden-Woche nicht um eine wie auch immer geartete Form von Teilzeitbeschäftigung handelte. Teilzeitarbeit hat nicht nur in vielen Unternehmen, sondern auch bei zahlreichen – vor allem männlichen – Beschäftigten offenbar einen negativen Beigeschmack. „Ein VW-Mitarbeiter mit einer 28.8-Stunden-Woche steht demgegenüber als 'Vollzeitkraft' im Sinne des Tarifvertrages unangefochten da" (Teriet, 1995, S. 222).

Allerdings nimmt der Anteil der in Teilzeit beschäftigten Männer in den letzten Jahren deutlich zu. So heißt es etwa im „Bericht der deutschen Bundesregierung zu den Wirkungen des Gesetzes über Teilzeitarbeit und befristete Arbeitsverträge" (2005): „Teilzeitarbeit ist weiterhin eine Domäne weiblicher Arbeitskräfte. Frauen stellten im Jahre 2004 mit 85,5% den Großteil der Teilzeitbeschäftigten. Ca. 42% der abhängig beschäftigten Frauen arbeiteten im Jahr 2004 in Teilzeit. Das sind 4% mehr als im Jahr 2000. Dabei übten ca. 58% der Frauen die Teilzeittätigkeit aus persönlichen oder familiären Gründen aus. Die Teilzeitquote ist allerdings auch bei den Männern kontinuierlich angestiegen; von 4,8% im Jahr 2000 auf 6,2% im Jahr 2004." Ähnliche Entwicklungen werden auch aus der Schweiz berichtet (z.B. Schär Moser, 2002), die zudem mögliche Gründe für den Wunsch nach Teilzeit bei Männern auflistet (Kasten 5.4).

Kasten 5.4

Mögliche Gründe für einen Teilzeitwunsch bei Männern (aus: Schär Moser, 2002, S. 139)

- Erhöhung der Lebensqualität
- Entfaltung der Persönlichkeit durch Teilnahme an verschiedenen Lebensbereichen
- *Übernahme von Haus- und Familienarbeit (z.B. partnerschaftliche Rollenteilung,
  aktive Vaterschaft usw.)
- *Berufliche und/oder ausserberufliche Fortbildung
- Gesellschaftliches Engagement (z.B. Politik, Vereine usw.)
- Zeit für Hobbys
- Gesundheit (z.B. gleitender Ausstieg aus dem Erwerbsleben)

Neuere Auswertungen der Daten aus dem DGB-Index Gute Arbeit 2007 zeigen, „dass die Chance auf ein ausgewogenes Verhältnis von Arbeits-, Familien- und privaten Zeiten mit reduzierten Arbeitszeiten steigt und mit zunehmender Arbeitszeitlänge drastisch sinkt – unabhängig vom Geschlecht und der familiären Situation" (Fuchs, 2009, S. 245). So wird die Frage nach einem ausgewogenen Verhältnis zwischen „Beruf"' und „privatem Leben" von den Beschäftigten mit bis zu 20 Wochenstunden zu 90% positiv beantwortet, bei 21-34

Wochenstunden von 76%, bei 35-40 Wochenstunden zu 66%, bei 41-45 Wochenstunden zu 55% und bei mehr als 45 Wochenstunden zu 30% (Lenhardt, Kuhn & Reusch, 2010, S. 486).

Von besonderem Interesse sind in diesem Zusammenhang die von Knauth (2009) berichteten Erfahrungen mit Teilzeit als Bestandteil eines Modells der Wahlarbeitszeit in einem Schichtarbeitssystem: „In der Pilotphase wählten zunächst nur 19% der Schichtarbeiter Teilzeit. In den Folgejahren stieg erstens der Anteil auf 25% und zweitens wählten auch mehr junge Schichtarbeiter Teilzeit, um Beruf und Privatleben besser vereinbaren zu können" (a.a.O., S. 124).

Von Interesse sind in diesem Zusammenhang schließlich auch die Ergebnisse einer früheren Untersuchung von Baillod (1993), der 295 Führungskräfte einer schweizerischen Großbank hinsichtlich ihrer Einstellung zur Teilzeitarbeit und ihren Erfahrungen mit in Teilzeit beschäftigten Mitarbeiterinnen und Mitarbeitern befragte. Aufgrund ihrer persönlichen Erfahrungen „erachten fast alle Vorgesetzten Teilzeit als eine sinnvolle Arbeitszeitform, deren Weiterentwicklung sowohl quantitativ als auch qualitativ vorangetrieben werden sollte" (a.a.O., S. 559).

Teilzeitbeschäftigung für Vorgesetzte wird mehrheitlich allerdings mit Skepsis betrachtet. Tatsächlich zeigt die – allerdings an einer sehr kleinen Stichprobe in einer schweizerischen und einer deutschen Verwaltung durchgeführte – Studie von Melchers und Zölch (2001) durchaus positive Ergebnisse in Bezug auf funktionierende Stellvertretungsregelungen und die Umverteilung von Aufgaben. Straumann, Hirt und Müller (1996) kommen aufgrund ihrer Untersuchung in der Schweiz zu dem Ergebnis, Teilzeitarbeit für „qualifizierte Berufe" werde prinzipiell zwar von allen Befragten positiv gewürdigt, „eine entsprechende Praxis konkret aber zurückgestellt, abgelehnt, mit klar negativen Sanktionen versehen und Sachzwängen untergeordnet" (a.a.O., S. 85). Sie konstatieren ein unüberbrücktes Spannungsfeld zwischen der „Personalpolitik als Grundsatz" und der „Personalpolitik als gelebte Ordnung" ebenso wie eine entsprechende Diskrepanz zwischen diesbezüglichen Bedürfnissen der Beschäftigten und der unternehmerischen Praxis. Dabei wird häufig übersehen bzw. nicht zur Kenntnis genommen, dass der wirtschaftliche Nutzen von Teilzeitarbeit die durch deren Einführung allenfalls entstehenden Kosten u.U. beträchtlich übersteigt. Lackowski (1984) hat dies am Beispiel von Unilever schon früh belegen können. Damit übereinstimmend beurteilten rund drei Viertel der Personalverantwortlichen von 400 Schweizer Unternehmen, die sich 1996 an einer repräsentativen Erhebung beteiligten, das Kosten-Nutzen-Verhältnis von Teilzeitarbeit als gut oder sehr gut (Davatz, 1997). Zu den Ursachen für die in den vorliegenden Untersuchungen gefundene höhere Produktivität von Teilzeit- im Vergleich zu Vollzeitbeschäftigten gehören neben geringeren Fehlzeiten, höherer Motivation, besserer Kapazitätsausnutzung und höherer Flexibilität auch physiologische Sachverhalte. Eine durch Teilzeit verkürzte tägliche Arbeitszeit kann insbesondere dann zu einer Verbesserung des Leistungsgrades führen, wenn es sich um Arbeitsaufgaben mit geringer Abwechslung und/oder hohen Konzentrationsanforderungen handelt.

Aus berufsbiographischer Sicht kann eine dauerhafte Teilzeitbeschäftigung allerdings auch nachteilig sein (vgl. Warren, 2004). Die nach wie vor in vielen Betrieben verbreitete „Face-time"-Kultur (Lizotte, 2001) gefährdet Ansehen und Aufstiegschancen von Teilzeitbeschäftigten. Vollzeitnahe Teilzeitformen (z.B. 75%-Stellen) führen hier aus beruflicher Sicht vermutlich zu geringeren Problemen als vollzeitferne Teilzeitmodelle. Allerdings können Minimalpensen gerade auch für Frauen die Möglichkeit eines schnellen Einstiegs nach der Geburt eines Kindes beinhalten (vgl. Kapitel 10).

Die vom Schweizerischen Arbeitgeberverband sowie den Institutionen Pro Familia Schweiz und Pro Juventute betriebene „Plattform für Familie und Beruf" (www.familienplattform.ch)* enthält eine entsprechende Aufforderung an die Unternehmen: „Die Arbeitgeber sollen mit flexiblen Arbeitszeitmodellen, mit Job-sharing, Teilzeitarbeit, grosszügigen Pausen- und Absenzregelungen, speziellen Weiterbildungs- und Karriere-Möglichkeiten für Männer und Frauen familienverträgliche Optionen eröffnen." In der Schweiz findet sich zudem auf der vom Staatssekretariat für Wirtschaft (SECO) und dem Bundesamt für Sozialversicherungen (BSV) im Jahr 2009 herausgegebenen Informationsplattform „Vereinbarkeit Beruf und Familie: Massnahmen der Kantone und Gemeinden" ein Überblick über die in den einzelnen

---

* Hier sind auch die für familienfreundliche Maßnahmen mit dem Titel „Unternehmen des Monats" ausgezeichneten Unternehmen mit ihren diesbezüglichen Aktivitäten aufgeführt (vgl. Kapitel 11).

Kantonen und Gemeinden möglichen Maßnahmen und deren rechtliche Rahmenbedingungen (www.berufundfamilie.admin.ch). Dieser Überblick schließt mögliche Formen der Teilzeit ebenso ein wie das im folgenden Abschnitt zu behandelnde Job sharing.

5.5 Job sharing

Die oben erwähnte Skepsis von Führungskräften gegenüber Teilzeitarbeit für Vorgesetzte gilt gegenüber an einem Job sharing Modell Beteiligten dann nicht, wenn es sich dabei um eine zeitliche Teilung der Aufgaben handelt, die beteiligten Personen also die gleiche Arbeit verrichten. In der im Auftrag des Schweizerischen Gewerkschaftsbundes 1996 durchgeführten repräsentativen Befragung der Personalverantwortlichen von 400 schweizerischen Unternehmen gaben 29 Prozent an, dass es in ihrem Unternehmen eine entsprechende Stellenaufteilung gebe (Davatz, 1997). Bei Bürgisser (1996) finden sich Beispiele für Paare mit identischen Berufen und Job Sharing, darunter Lehrerin/Lehrer, Ärztin/Arzt, Journalistin/Journalist, Pfarrerin/Pfarrer, Typographin/Typograph, Sozialarbeiterin/Sozialarbeiter.

Von besonderem Interesse sind in diesem Zusammenhang die Job Sharing-Modelle für Führungskräfte, die von Kuark und Locher (1999; Kuark, 2002) als *Top sharing* bezeichnet wurden. Portmann und Stofer (2001) haben eine Reihe von Beispielen aus der Schweiz aufgelistet (Tabelle 5.2), aus denen hervorgeht, dass „unter den richtigen Umständen jede Führungsfunktion geteilt werden kann" (a.a.O., S. 363). Als Vorteil des Job sharings im Vergleich mit einer „normalen" Teilzeitstelle nennen die Autorinnen den „regen Austausch zwischen den JobsharerInnen, was wiederum hilft, die emotionale Belastung zu kontrollieren" (a.a.O., S. 362).

An erster Stelle der Begründungen für die Beteiligung am Jobsharing steht die Familie, gefolgt von der Beteiligung an anderen beruflichen Tätigkeiten, die als qualifizierend und bereichernd erlebt werden.

Bei Baillod (2001) findet sich eine Gegenüberstellung von Vor- und Nachteilen von Jobsharing für Arbeitnehmerinnen und Arbeitnehmer und für Unternehmen (vgl. Tabelle 5.3).

Tabelle 5.2 *Verteilung von 31 Topsharings nach Branchen, Institutionen und wahrgenommenen Funktionen (aus: Portmann & Stofer 2001, S. 363)*

Branche		Anzahl Fälle	Funktionen
Gesundheitswesen	Spital	4	Stationsleitung
	Alters- und Pflegeheim	4	Heimleitung, Hauswirtschaftliche Betriebsleitung
Verwaltung	Kantonale Verwaltung und Stadtverwaltung	12	Amtsvorstand, Generalsekretariat, Rektorat, Richteramt, Museumsleitung
	Bundesverwaltung	1	Archivleitung
	Universität	1	Professur
Privatwirtschaft	Bank	2	Projektleitung, Personalchefin
	Architekturbüro	2	Unternehmensleitung, Abteilungsleitung
	Unternehmensberatung	1	Unternehmensleitung
	Versicherung	1	Personalchefin
	Öffentlicher Verkehr	1	Zentralbereichsleitung
	Verlag	1	Ressortleitung
	Stiftung	1	Bereichsleitung

Zu den von Baillod (2001) genannten Voraussetzungen für die erfolgreiche Realisierung von Job Sharing gehört die Teilbarkeit der Arbeitsaufgabe, eine entsprechende Motivation sowie hohe soziale und persönliche Kompetenzen der am Job Sharing Beteiligten und eine positive Grundstimmung zwischen den jeweiligen Job Sharing-Partnerinnen bzw. -Partnern. Als organisatorische Voraussetzungen werden genannt (a.a.O., S. 303f.):

- „Unterstützung durch das Management, geeignete Unternehmenskultur, Organisationsstruktur, Führungsstil usw. ...
- Hohe fachliche und soziale Kompetenzen der direkten Vorgesetzten ...
- Positive Einstellungen der Mitarbeiter/Innen zu Job Sharing ...
- Einsatz neuer Informationstechnologien ...
- Regelung organisatorischer Bedingungen ...“

Vor- und Nachteile von Job sharing für Arbeitnehmerinnen und Arbeitnehmer und für Unternehmen (zusammengestellt aus: Baillod 2001, S. 294ff.)

Tabelle 5.3

	Mögliche Vorteile	**Mögliche Nachteile**
Arbeitnehmerinnen und Arbeitnehmer	Möglichkeit der Kombination von Erwerbs- und Familienarbeit	Geringere persönliche Profilierungsmöglichkeiten und Aufstiegschancen
	Möglichkeit der Kombination von Erwerbsarbeit und ausserberuflichen Tätigkeiten	Abhängigkeit vom Partner bzw. von der Partnerin und erhöhtes Konfliktpotential
	Möglichkeit eines gleitenden Ausstiegs aus dem Erwerbsleben bzw. eines gleitenden Einstiegs in das Erwerbsleben	(Informelle) Vertretungspflicht
	Verbesserte Möglichkeit von qualifizierter Teilzeitarbeit	Geringeres Einkommen
	Möglichkeit der Wahl von Aufgabenbestandteilen nach eigenen Fähigkeiten und Bedürfnissen	Intensivierung der Arbeit
	Möglichkeit der Rückkehr auf eine Vollzeitstelle nach Ablauf der Job Sharing-Periode	Einhaltung der Arbeitszeit
	Möglichkeit der Förderung der sozialen Kompetenzen	
	Möglichkeit der Wahl des eigenen Arbeitspartners bzw. der Arbeitspartnerin	
Unternehmen	Bewahrung von betrieblichem Know how	Höhere Kosten für Personalrekrutierung, Einarbeitung, Arbeitsplatz und Sozialleistungen
	Verringerung von Fluktuationskosten	Erhöhte Führungsanforderungen
	Erweiterung des Erfahrungsschatzes, der Kompetenzen und der Ideen	Erfordernis der Umgestaltung von Arbeitsabläufen
	Verbesserte Stellvertretungsmöglichkeit bei Krankheit, Ferien usw.	Probleme bei Weiterbildungsveranstaltungen, Kongressen, Zusammenkünften usw.
	Erhöhte Motivation und Verbundenheit mit dem Unternehmen, weniger Fehlzeiten, weniger Überstunden, bessere Leistung	Probleme bei internen Kommunikationskationsschwierigkeiten
	Möglichkeit der Aufteilung von Führungspositionen	
	Möglichkeit der Einarbeitung eines Nachfolgers bzw. einer Nachfolgerin	
	Erhöhte Flexibilität der Arbeitszeit	
	Zusätzliches Reservepotential bei Spitzenbelastungen	
	Erhöhte Attraktivität auf dem Arbeitsmarkt	

Dass darüber hinaus gesellschaftliche Voraussetzungen wie eine positive Einstellung der Öffentlichkeit zu Arbeitszeitflexibilisierung und Teilzeitarbeit sowie zur Förderung der Chancengleichheit ebenso gegeben sein müssen wie eine entsprechende Unterstützung durch die Sozialpartner, wird von Baillod ebenfalls betont (a.a.O., S. 302f.). Als eine besondere Chance der Einführung von Teilzeitarbeit und/ oder Job Sharing für Führungskräfte sieht Baillod eine mögliche Abkehr von dem die gegenwärtige Arbeitskultur weitgehend bestimmenden „Präsenzdenken“: „Obwohl überall Leistung und Effizienz propagiert werden, ist es eine unbestreitbare Tatsache, dass der Status und die Wertschätzung einer Person (und damit beispielsweise auch die Chance, befördert zu werden) in der Praxis sehr stark über ihre Präsenz definiert wird“ (Baillod 2001, S. 323).

Unter dem Aspekt der Life Domain Balance lässt sich feststellen, dass Modelle des Job Sharing in besonderer Weise geeignet zu sein scheinen, eine Lebensführung nach eigenen Wertmaßstäben zu ermöglichen, ohne dass betriebliche Belange davon nachteilig berührt werden. Dies gilt allerdings nur dann, wenn eine Vertretungspflicht nicht festgeschrieben wird, weil dies im Extremfall zu einer Art Bereitschaftsdienst führen würde, der das Konzept der freien Verfügbarkeit über die Zeit wieder in Frage stellen würde.

5.6 Schichtarbeit

Im Zusammenhang mit Fragen der Schichtarbeit ist zunächst darauf hinzuweisen, dass schon vor Jahrzehnten gezeigt worden ist, dass auch mit verschiedenen Formen der *Schicht- und Nachtarbeit* für einen signifikanten Anteil Beschäftigter zum Teil erhebliche Beeinträchtigungen des Familienlebens und weiterer Bereiche des Privatlebens wie etwa die Teilnahme an regelmäßig stattfindenden gesellschaftlichen Anlässen verbunden sind (z.B. Ulich, 1957, 1964; Ulich & Baitsch, 1979; Knauth & Rutenfranz, 1987; Rutenfranz & Knauth, 1989; Knauth, 1997). Zu wenig Beachtung finden bis heute etwa auch die frühen Hinweise von Haider (1962) auf eine mit der Dauer der Nachtarbeit zunehmende Interferenz mit dem Familienleben sowie von Neuloh (1964) auf mögliche *„desozialisierende“ Auswirkungen* von Wechselschicht und Nachtarbeit im Sinne einer „Verarmung der Rollenstruktur" und einer „Verkürzung der sozialen Perspektiven". Was damit gemeint ist, wird aus einem Bericht von Nachreiner (1984) deutlich (vgl. Kasten 5.5).

Psychosoziale Auswirkungen von Schichtarbeit (aus: Nachreiner, 1984) ***Kasten 5.5***

„Fragt man nach den Auswirkungen der Schichtarbeit auf die Partnerschaftsbeziehungen, so lässt sich feststellen, dass bei Schichtarbeitern ein deutlich höheres Risiko für das Auseinanderbrechen von (Ehe)Partnerschaften besteht.... Aber auch auf die Schulkarriere der Kinder lässt sich noch ein Einfluss der Schichtarbeit des Vaters nachweisen ... Dabei ergab sich, dass auf allen Qualifikationsstufen der Väter die Kinder von Schichtarbeitern geringere Chancen hatten, eine weiterführende Schule zu besuchen als Kinder von Tagarbeitern ... Schichtarbeit könnte so zu einem negativen sozialen Erbe werden: Schichtarbeiterkinder erreichen eine geringere Qualifikation, was ihr Risiko erhöht, selbst wieder in Schichtarbeit zu landen.

Betrachtet man das weitere soziale Umfeld, so kann man feststellen, dass Schichtarbeiter häufig Schwierigkeiten haben, ihren Bekanntenkreis auszudehnen oder nur zu erhalten, dass sie häufiger Schichtarbeiter in ihrem Bekanntenkreis haben als Tagarbeiter und dass sie sich in ihrem Bekannten- und Freundeskreis häufig isoliert beziehungsweise als Aussenseiter vorkommen. Es fällt ferner auf, dass Schichtarbeiter sich in geringerem Umfang in politischen Interessenvertretungen (Parteien, politischen und betrieblichen Selbstverwaltungsorganen) beteiligen und, falls überhaupt, dann eher passiv. ... Diese Ergebnisse deuten darauf hin, dass Schichtarbeiter durch die abnorme Lage ihrer Arbeitszeit in nicht unerheblichem Umfang von der Teilnahme am gesellschaftlichen Leben und vom Sozialisationsprozess – als Agenten wie als Rezipienten – ausgeschlossen sind" (Nachreiner, 1984, S. 353f.).

Die von Beermann (2010) formulierten Empfehlungen fassen den seit vielen Jahren bekannten Stand der Forschung zusammen (Kasten 5.6). Auch wenn nicht jeweils explizit erwähnt, werden Zusammenhänge mit der Optimierung der Life Domain Balance ohne weiteres erkennbar.

Kasten 5.6 *Empfehlungen zur Gestaltung der Schichtarbeit (aus: Beermann, 2010, S. 79f.)*

„1. Die Anzahl aufeinander folgender Nachtschichten sollte möglichst klein sein. Möglichst nicht mehr als drei Schichten in Folge ...
2. Nach einer Nachtschichtphase sollte die Ruhezeit möglichst lang sein. Sie sollte nicht weniger als 24 Stunden betragen ...
3. Zusammenhängende Freizeit am Wochenende ist besser als einzelne freie Tage ...
4. Arbeitnehmer in Schichtarbeit sollten möglichst mehr freie Tage haben als Beschäftigte in Tagarbeit ...
5. Ungünstige Schichtfolgen sollten vermieden werden. Ein Schichtsystem sollte vorwärts rotieren: Früh-, Spät-, Nachtschicht ...
6. Die Frühschicht sollte nicht zu früh beginnen ...
7. Die Nachtschicht sollte möglichst früh enden ...
8. Individuelle Vorlieben sollten bei der Gestaltung des Arbeitszeitsystems berücksichtigt werden ...
9. Die Konzentration von langen Arbeitszeiten auf einen Tag oder auch bezogen auf eine Arbeitswoche sollte möglichst vermieden werden ...
10. Schichtpläne sollten transparent und vorhersehbar sein ...“

5.7 Übergang in den Ruhestand

In Kapitel 2 wurde auf Untersuchungsbefunde hingewiesen, aus denen hervorgeht, dass die Planung und Realisierung von Ruhestandsaktivitäten durch die mit der beruflichen Tätigkeit gegebenen Anforderungen an Planung und eigenständige Zielsetzung mit bestimmt wird.

Damit verbunden kann man die Frage nach Konzepten stellen, die älteren Menschen auch unter dem Zeitaspekt einen für alle Beteiligten sinnvollen Übergang von der „Life Domain“ Erwerbsarbeit in die daran anschließende „Life Domain“ Ruhestand ermöglichen. Eine solche Möglichkeit besteht zum Beispiel im Angebot von Teilzeitarbeit in den letzten Jahren der Erwerbstätigkeit (vgl. dazu auch Bruch, Kunze & Böhm, 2010). Eine Befragung von „Personalverantwortlichen“ in 804 Schweizer Unternehmen (Höpflinger et al., 2006) ergab, dass 79% der Befragten eine solche Maßnahme für wichtig und 80% auch für realisierbar halten; in 52% der Unternehmen wird sie bereits realisiert. „Formen der Teilzeitarbeit kurz vor dem Pensionsalter erlauben eine stärkere Flexibilisierung des Übergangs in die nachberufliche Lebensphase ... .“ (a.a.O., S. 90).

Derartige Formen einer Teilzeitbeschäftigung können sinnvoll mit Mentoringkonzepten verknüpft werden, indem aus einem Unternehmen „hinauswachsende" ältere Beschäftigte „hineinwachsenden" Jüngeren ihre Erfahrungen systematisch weitergeben. Davon würden schließlich alle – die Mentoren, die Mentees und nicht zuletzt die Unternehmen – erheblich profitieren (vgl. dazu Kapitel 9).

5.8 Fazit

Unternehmen stehen immer häufiger vor der Herausforderung, Produktionszeiten wechselnden Marktanforderungen anzupassen und Arbeitszeiten zu flexibilisieren. Für die Frage, ob dadurch „Lebensfreundliche Arbeitszeiten" verhindert, erschwert oder ermöglicht werden, spielt die „Zeitsouveränität" eine entscheidende Rolle. Dabei geht es darum, ob die Arbeitszeiten ausschließlich durch das Unternehmen bestimmt werden oder ob die Beschäftigten selbst die Lage der Arbeitszeiten bestimmen bzw. an deren Verteilung in Aushandlungsprozessen mitwirken können. Sofern dies möglich ist, können Verkürzungen der Arbeitszeit, Teilzeitarbeit, Job sharing und „vernünftige" Schichtarbeitsregelungen tatsächlich einen bedeutsamen Beitrag zur Verbesserung der Life Domain Balance und damit zur Lebensqualität leisten. Zu den Voraussetzungen dafür gehört u.a. die Einbettung der Zeitsouveränität in Regeln, die eine mögliche Selbstausbeutung verhindern. Dass für den Umgang mit Lebensbereichen außerhalb der Erwerbsarbeit deren Planbarkeit eine zentrale Rolle spielt, lässt sich an konkreten Beispielen überzeugend belegen. Dies gilt auch für den Übergang in den Ruhestand.

Familiennahe Arbeitsorte: Telearbeit

Kapitel 6

6.0 Ein Blick zurück

Vor rund zweieinhalb Jahrzehnten entdeckte der Kinderpsychiater Bruno Bettelheim in der Etablierung von rechnerunterstützter Heimarbeit positive Perspektiven für die Entwicklung bestimmter Aspekte von Kinder-Eltern-Beziehungen: „Es steht zu hoffen, dass die gesellschaftliche Entwicklung und die Technologie der Zukunft es den Eltern ermöglichen, mehr zu Hause zu sein. Wenn das einträfe, würde ihre Arbeit, die die meisten Kinder nur vom Hörensagen kennen, viel realer werden. Noch wichtiger wäre, dass die Eltern dann, was ihren Beruf anbelangt, für ihre Kinder etwas genauso Reales würden, wie sie es für sie heute nur zu Hause oder in ihrer Freizeit sind. Damit würde das Leben von Eltern und Kindern in seiner Gesamtheit für beide Seiten erheblich an Wirklichkeit gewinnen" (Bettelheim, 1987, S. 243). Kurz zuvor hatten Untersuchungen von Olson und Primps (1984) allerdings gezeigt, dass die von Bettelheim artikulierte Hoffnung nur Realität werden kann, wenn die vorherrschenden Muster familialer Rollenteilung durchlässiger werden: „The male professionals they studied, who entered the arrangement by choice, had better relations with their children, less stress, and more leisure. For the women, in contrast, who had replaceable skills, the relation to stress was negative" (Bailyn, 1989, p. 462). Die mit diesem Hinweis deutlich werdende Notwendigkeit, Voraussetzungen und Folgen von Teleheimarbeit geschlechtsspezifisch zu analysieren, wird auch durch die Untersuchungen von Goldmann und Richter (1991) bestätigt.

6.1 Telearbeit und deren verschiedene Ausprägungen

In verschiedenen Ländern bzw. Regionen gibt es Probleme, die u.a. daraus resultieren, dass gut qualifizierte – und technisch interessierte – jüngere Menschen in ihrer näheren Umgebung keine ihrer Qualifikation und ihrem Interesse entsprechende Arbeit finden. Diese Situation führt dazu, dass sie entweder eine ihren Möglichkeiten nicht entsprechende Stelle annehmen oder eine Arbeit außerhalb der Region suchen müssen. Gleichzeitig existiert für manche Unternehmen in Städten oder städtischen Agglomerationen das Problem, für bestimmte Arbeitsaufgaben, z.B. im IT-Bereich, qualifiziertes Personal zu finden. Diese Situation hat u.a. dazu geführt, dass einige Unternehmen Arbeit örtlich auslagern und z.B. in England, in den USA oder in Indien Software entwickeln und programmieren lassen. Die Frage ist, ob es für beide Arten von Problemen gemeinsame Lösungen gibt. Eine Antwort auf diese Frage liegt in der Nutzung von Mitteln, die eine Überwindung von Zeit- und Ortsgebundenheit menschlicher Arbeit erlauben.

In diesem Zusammenhang ist im letzten Vierteljahrhundert eine Diskussion über Möglichkeiten der zeitlichen und räumlichen Entkoppelung von Büroarbeit durch den Einsatz von Mitteln der Telekommunikation entstanden. In deutschsprachigen Ländern werden diese Arbeitsformen zumeist Telearbeit genannt, in englischsprachigen Ländern – vor allem in den USA – ist häufig von „remote work" die Rede. Die räumliche Entkoppelung lässt sich als individuelle Telearbeit oder kollektive Telearbeit realisieren. Im Fall der kollektiven Telearbeit arbeitet der oder die Beschäftigte zusammen mit anderen Personen in einem Büro in der Nähe der eigenen Wohnung. In diesem Zusammenhang wurde schon früher zwischen Nachbarschafts- und Satellitenbüros unterschieden. „In einem Nachbarschaftsbüro oder einer Nachbarschaftszentrale sind Arbeitnehmer tätig, die gemeinsam in einem Stadtbezirk oder einer Nachbarschaft wohnen und für ihre jeweiligen Arbeitgeber in diesem Nachbarschaftsbüro tätig sind (...) . Satellitenbüros sind ausgelagerte Zweigstellen eines Unternehmens, die in der Nähe der Wohnungen der für das Unternehmen tätigen Mitarbeiter liegen" (Dostal, 1985, S. 468). Wenn im Folgenden zwischen Teleheimarbeit und Telearbeitszentren unterschieden wird, so sind mit letzteren die andernorts so genannten Satellitenbüros gemeint.

Eine Neuauswertung der Daten des in zehn EU-Staaten durchgeführten Projekts ECaTT – Electronic Commerce and Telework Trends – hat ergeben, dass es sich zur Zeit der Durchführung dieser Bevölkerungsbefragung bei 75 Prozent der in Telearbeit Beschäftigten um Männer handelt, nur bei 25 Prozent um Frauen (Kordey & Schubert, 2001).

Die Europäische Kommission (CEC, 1999) unterscheidet drei verschiedene Formen von Telearbeit (Kasten 6.1). Interessanterweise findet in diesem Zusammenhang die Arbeit in Telearbeitszentren keine Erwähnung. Diese Tatsache deutet darauf hin, dass diese wich-

Formen der Telearbeit nach Angaben der CEC (aus: Gareis, 2006, S. 17) **Kasten 6.1**

- „**home-based teleworkers** who work from a workplace installed in their home, and transmit work inputs/results via ICTs. Permanent home-based teleworkers spend more than 90% of their working time at home, alternating teleworkers spend at least one full working day per week at home and supplementary teleworkers do so for less than one full working day per week. Home-based teleworkers have an employment contract, as opposed to self-employed SOHO-based teleworkers (see below).
- **mobile teleworkers**, i.e. are those who spend a certain minimum share of their working time on business trips, travelling or on customer's premises, and make job-related use of online connections while doing so.
- **telework by self-employed** who work from **SOHOs**, i.e. small offices in their home, on the same grounds as their home or with their home as their base, and use online ICTs for interaction with clients, collaborators and suppliers."

tige Form der Telearbeit bis dahin keine weitere Verbreitung gefunden hat. Die vergleichsweise weiteste Verbreitung hatte offenbar die von der CEC so bezeichnete „Home-based Work".

6.2 Teleheimarbeit: ein Modell zur Vereinbarkeit von Familie und Beruf?

Als Telearbeit bezeichnen wir eine Tätigkeit, die räumlich entfernt vom Standort des Arbeit- oder Auftraggebers mit Hilfe programmgesteuerter Arbeitsmittel ausgeführt wird und deren Ergebnisse über Datenleitungen transportiert werden. Die räumliche Entkoppelung lässt sich, wie oben bereits erwähnt als individuelle Telearbeit bzw. Teleheimarbeit (THA) oder als kollektive Telearbeit in Telearbeitszentren (TAZ) realisieren. Teleheimarbeit „kommt der klassischen Heimarbeit am nächsten: Telearbeit wird ausschließlich zu Hause verrichtet, entweder mit einem regulären Beschäftigungsvertrag, nach dem Heimarbeitsgesetz oder als selbstständige Arbeit" (Konradt & Hertel 2007, S. 8). Nach wie vor gilt offensichtlich die von Holti und Stern (1986) mitgeteilte Erfahrung, dass zumindest in den europäischen Ländern Teleheimarbeit die am weitesten verbreitete Form der Telearbeit ist. Dies ist insofern bemerkenswert, als diese Form der Telearbeit bei einer arbeitspsychologischen Bewertung nicht nur vorteilhaft abschneidet.

So hatten Morf und Alexander (1984) in ihrer Auflistung von empirisch gefundenen „costs" und „benefits" elektronischer Heimarbeit in den USA schon vor einem Vierteljahrhundert eine Reihe von u.U. erheblichen Nachteilen für die Beschäftigten aufgelistet. In ihrem Bericht nannten sie als mögliche Kosten bzw. Nachteile u.a. den finanziellen Aufwand für die Einrichtung eines häuslichen Arbeitsplatzes und die Anpassung der Wohnungssituation an die Arbeitserfordernisse, eine mit der Heimarbeit möglicherweise verbundene Verringerung der Aufstiegschancen und die elektronische Überwachung der Arbeit. Nicht zu unterschätzen sind auch die von den Autoren aufgezeigten möglichen psychosozialen Folgen, wie Belastungen durch Rollenkonflikte und unstrukturierte Arbeitsbedingungen, soziale Isolation oder Verringerung der mit dem Arbeitsweg verbundenen Stimulations- und Lernmöglichkeiten.

An möglichen Vorteilen werden demgegenüber aufgeführt: geringer oder kein zeitlicher und materieller Aufwand für den Arbeitsweg, geringe Kosten für Arbeitskleidung und deren Reinigung, individuelle Autonomie durch Arbeitszeit- und Arbeitsplatzflexibilität, Möglichkeit der Nutzung der vom Arbeitgeber zur Verfügung gestellten Ausrüstung auch für nichtberufliche Zwecke und eindeutiger arbeitsbezogene Ergebnisbewertung.

Für die Arbeitgeberseite werden die folgenden möglichen Probleme bzw. Kosten erwähnt: Führung bzw. Kontrolle von Mitarbeitern auf Distanz, Ausrüstungskosten, Kosten und Zeit für die Überarbeitung von Ablaufprozeduren und Retraining der Mitarbeiter sowie Kosten und Zeit für rechtliche Abklärungen, Abschlüsse von Vereinbarungen usw. Dem stehen als mögliche Vorteile gegenüber: verbesserte Effizienz von Routinearbeiten, größere Effektivität von Arbeitstätigkeiten mit hohen Qualifikationsanforderungen, weniger Büroraum und Parkplatz, Nutzung der Telekommunikationsmöglichkeiten außerhalb von Spitzenzeiten, geringere Arbeitskosten sowie eine größere Chance, qualifizierte Mitarbeiter zu behalten.

Für die Gesellschaft können nach Morf und Alexander folgende Nachteile erwachsen: Entstehen neuer Machtungleichgewichte zu Lasten der Arbeitnehmer sowie Verlust der Option zur Trennung von

Arbeit und privatem Leben. Auf der Nutzenseite nennen die Autoren: ökologische Vorteile durch Erhaltung von Ressouren und Abbau von Schadstoffeinwirkungen, Reintegration von „techno-ökonomischer Struktur und Kultur", Möglichkeiten der räumlichen Dezentralisierung sowie Abbau von hierarchischen Strukturen durch Netzwerke.

Die Autoren machen auf interindividuelle Unterschiede ebenso aufmerksam wie darauf, dass ihre Analyse weitergehender Differenzierungen bedarf: „For example, within the worker level of analysis, the benefit of individual autonomy can appear as the cost of stress due to lack of structure" (Morf & Alexander, 1984, p. 57f.).

Arbeit in Telearbeitszentren, wie sie hier in einem späteren Abschnitt beschrieben wird, spielt in dem Bericht – der damaligen Situation in den USA entsprechend – keine Rolle. Auch in Deutschland ist die Diskussion weitgehend auf individuelle Teleheimarbeit beschränkt. Die dadurch systematisch verkürzte Perspektive führt notwendigerweise zu unzutreffenden Schlussfolgerungen, z.B. über die Auslagerbarkeit von Arbeitstätigkeiten oder die Vertretungsmöglichkeiten von in Telearbeitsverhältnissen Beschäftigten.

Spätere Publikationen zur Telearbeit weisen im Übrigen häufig eine Reihe von Schwächen auf, die ihre Aussagekraft bisweilen erheblich beeinträchtigen. „Trotz des wachsenden Publikationsaufkommens zur Telearbeit (vgl. Bailey & Kurland, 2002; Baruch, 2001; Chapman, Sheehy, Heywood, Dooley & Collins, 1995; Konradt, Schmook & Mälecke, 2000) ist die Ergebnislage schwach ausgeprägt, da nur vergleichsweise wenige Veröffentlichungen vorliegen, die herkömmlichen empirischen Standards (z.B. Güte der Methoden, Kontrollgruppe) genügen" (Büssing & Konradt, 2006, S. 889). Folgerichtig findet sich nur in wenigen Arbeiten (z. B. bei Treier, 2001 oder bei Büssing, Drodofsky & Hegendörfer, 2003) eine Bewertung nach arbeitswissenschaftlichen bzw. arbeitspsychologischen Kriterien. Und nur in Ausnahmefällen basiert die zur Bewertung führende Analyse nicht nur auf Befragungen, sondern schließt auch Zeitbudgetstudien (Garhammer, 1997; Schmook & Konradt, 2001) oder Tätigkeitsbeobachtungen (Treier, 2001) ein. Gegenstand auch der ernst zu nehmenden Publikationen ist im Übrigen nach wie vor großmehrheitlich die Teleheimarbeit; andere Formen werden eher selten zur Kenntnis genommen.

Die den methodischen Anforderungen genügenden Untersuchungen über Teleheimarbeit weisen auf eine Reihe von möglichen Nachteilen dieser – hinsichtlich der konkreten Realisierung naturgemäß durchaus unterschiedlichen – Arbeitsform hin, die es bei deren Planung und Einführung in jedem Fall zu berücksichtigen gilt.

So zeigt sich etwa, dass *Schädigungsfreiheit* in einer Vielzahl von Fällen nicht gewährleistet werden kann, da die obligatorische Überprüfung der Arbeitsplätze zu Hause aus rechtlichen Gründen zumeist nicht möglich ist. „Bei der Ausgestaltung des privaten Telearbeitsplatzes besteht die Gefahr, dass die einfachsten ergonomischen Standards (DIN 66234, Teil 677) aus Kostengründen nicht eingehalten werden" (Frieling & Sonntag, 1999, S. 340). Durch die Ergebnisse der Analyse von Treier (2001, S. 579) wird das Erfordernis einer entsprechenden Arbeitsplatzanalyse indes eindeutig belegt (vgl. Kasten 6.2).

Kasten 6.2 *Bewertungen der Teleheimarbeit (aus: Treier, 2001)*

„Die vielfältigen Befunde zu den gesundheitlichen Beschwerden infolge der Teleheimarbeit und der Umgang mit ihnen lassen keine Entwarnung hinsichtlich des AGS zu, im Gegenteil erfordern letztere eine Intensivierung der Forschung und Gestaltung in diesem Bereich ... . Auffallend ist, dass sich ein eindeutiger Zusammenhang zwischen dem Arbeitszeitvolumen und der Anzahl der gesundheitlichen Beschwerden nachweisen lässt ... . Interessant sind ferner die Relationen zu den jeweiligen Tätigkeitsfeldern ... . Z.B. werden Augenbeschwerden vergleichsweise hoch von Teleheimarbeitern im Bereich Konstruktion und CAD, Gereiztheit, innere Unruhe und Müdigkeit v.a. von Telearbeitern mit Call Center Aktivitäten, Kreuzbeschwerden von Teleheimarbeitern mit Sekretariats- und EDV-Aufgaben angegeben. In Anbetracht der Vielzahl von konstatierten Beschwerden stellt sich die Frage, wie die Teleheimarbeiter mit einer beginnenden Krankheit umgehen. Die meisten bitten die Familie um Entlastung und/oder versuchen, die Arbeitszeit auf andere Zeiten zu verlegen" (Treier 2001, S. 202f.).

Dass in diesem Zusammenhang jeweils auch arbeitsrechtliche Fragen zu beantworten sind, liegt auf der Hand (vgl. dazu z.B. Pulver, 2002).

Bei Teleheimarbeit fehlen überdies weitgehend die Möglichkeiten einer Reduzierung von Stress durch soziale Unterstützung von Vorgesetzten und Arbeitskolleginnen bzw. Arbeitskollegen.

Unter dem Aspekt der *Persönlichkeitsförderlichkeit* ist Telearbeit vor allem nach den in Kapitel 3 genannten Aufgabenmerkmalen der Ganzheitlichkeit, der Autonomie, der Lern- und Entwicklungsmöglichkeiten sowie der Sinnhaftigkeit zu bewerten. Dass diesbezüglich auch bei Teleheimarbeit unterschiedliche Konfigurationen möglich sind, zeigen verschiedene Beiträge in dem von Jackson und van der Wielen (1998) herausgegebenen Sammelband. Offensichtlich ist jedoch auch, dass eine Vielzahl der in Teleheimarbeit zu erledigenden Aufgaben bei einer Bewertung nach diesen Merkmalen erhebliche Defizite aufweist.Weil diese Form der Telearbeit aber für definierbare Personengruppen – z.B. Menschen, die wegen körperlicher Behinderungen keinen Arbeitsweg auf sich nehmen können oder Menschen in bestimmten Lebenslagen – die einzige Möglichkeit der Teilnahme am Erwerbsleben darstellen kann, ist der ergonomisch sachgerechten Ausstattung der Arbeitsplätze und der inhaltlichen Aufgabengestaltung sorgfältig Beachtung zu schenken. Dies gilt nicht zuletzt für ältere Menschen, für die Teleheimarbeit nach Auffassung von Sharit et al. (2009, p. 459) in den USA eine der Möglichkeiten darstellen könnte, „to delay retirement or reenter the workforce".

Auch wenn für manche Autorinnen und Autoren (z.B. Garhammer, 1994) Teleheimarbeit eine der relativ besten Möglichkeiten der Vereinbarkeit von Erwerbstätigkeit und Privatleben darstellt, ist die Frage nach *psychosozialen Beeinträchtigungen* als Folge von im privaten Umfeld stattfindender Erwerbsarbeit keineswegs einheitlich positiv zu beantworten (vgl. Kasten 6.3). Schließlich zeigt eine Reihe empirischer Untersuchungen, dass in vielen Fällen anstelle der erhofften optimalen Vereinbarkeit von Berufsarbeit und Familienleben Probleme der Familienregulation auftreten und anstatt erhoffter neuer Formen der Rollenteilung eine Verfestigung traditioneller Rollenmuster stattfindet (Glaser & Glaser, 1995, Garhammer, 1997, Hornberger & Weisheit, 1999, Konradt & Wilm, 1999, Treier, 2001). In diesem Zusammenhang ist auch der Hinweis von Jaeger, Bieri und Dürrenberger (1987, S. 134) zu bedenken, „wonach dem Berufs- und dem Privatleben je eigenständige Kontaktstrukturen entsprechen", die sich nicht einfach gegenseitig ersetzen lassen. Diese Tatsache kommt auch in der von Hornberger und Weisheit vorgelegten Gegenüberstellung von Chancen und Risiken individueller Telearbeit in Bezug auf die Vereinbarkeit von Familien- und Berufsleben zum Ausdruck (vgl. Tabelle 6.1).

Besonders deutlich kommen die möglichen Probleme elektronischer Heimarbeit in den von Büssing (1999; Büssing & Broome, 1999) und Treier (2001) vorgelegten empirischen Befunden zum Ausdruck (vgl. Kasten 6.3).

Tabelle 6.1 *Chancen und Risiken von Telearbeit in Bezug auf die Vereinbarkeit von Familie und Beruf (aus Hornberger & Weisheit, 1999)*

Chancen	Risiken
1. Autonome Einteilung der Zeit für berufliche Tätigkeit und familiäre Verpflichtungen	1. Verdeckte Überstunden, zu lange Arbeitszeiten
2. Lebensphasenorientierte Festlegung der Arbeitszeit und des Arbeitsortes	2. Auflösung zeitlicher und räumlicher Grenzen zwischen Arbeit und Privatraum
3. Anwesenheit zu Hause zur Kinderbetreuung	3. Mehrfachbelastung durch Rollenkonflikte zwischen Arbeit und Familie
4. Verbesserung der Kind-Eltern-Beziehung	4. Verschlechterung der Qualität familiärer Interaktionen
5. Reduzierung der negativen Folgen von familiären Aufgaben auf die berufliche Laufbahn	5. Stärkung der traditionellen geschlechtsspezifischen Rollenverteilung

Kasten 6.3 *Teleheimarbeit (THA) und Familienregulation*

Teleheimarbeit führt „nicht nur zur Aufgabe der faktischen, sondern auch zu einer Aufgabe der symbolischen Grenzen zwischen den Lebensbereichen mit all ihren – nicht selten widersprüchlichen – Implikationen für Leistung, Anerkennung, Konkurrenz auf der einen Seite und Entspannung, Nähe und Geborgenheit auf der anderen Seite“ (Büssing, 1999, S. 233).

Damit besteht die „Gefahr einer Verflüssigung der Grenzen zwischen Arbeit und Familien-/Freizeit“ (Büssing & Broome, 1999, S. 114).

„Die Befunde zur Familienregulation widerlegen mit hoher Evidenz den Mythos der besseren Vereinbarkeit zw. Familie und Beruf durch THA“ (Treier, 2001, S. 558).

„Vor allem die weiblichen Telearbeiter mit Verpflichtungen vollführen einen permanenten Spagat zwischen Teleheimarbeit und Familie“ (Treier, 2001, Kurzfassung).

„Die bisherigen Ergebnisse zeigen auch, dass Telearbeit eher dazu beiträgt, die traditionellen Geschlechterarrangements in Bezug auf Haus- und Sorgearbeit zu verfestigen als aufzulösen (Winker, 2001; Schmook & Konradt, 2000)“ (Büssing & Konradt, 2006, S. 891).

Treier (2001) konnte zudem empirisch belegen, dass mit einer besseren Vereinbarkeit von Erwerbsarbeit und Familienleben durch Telearbeit nur dann zu rechnen ist, wenn der Grad der familiären Verpflichtungen vergleichsweise gering ausgeprägt ist (vgl. dazu auch Goldmann & Richter, 1991). Bei erhöhter familiärer Beanspruchung – z.B. durch mehrere oder kleine Kinder oder gegenüber dem Ehepartner – ist hingegen „zumeist" mit einer Verschlechterung der Lebensqualität zu rechnen (a.a.O., S. 451). „Mit dem Grad der familialen Verpflichtung nimmt die Häufigkeit privater Störungen und deren Beanspruchungspotential sowie die emotionale Gebundenheit bei familialen Störungen zu. Diese Relation betrifft v.a. weibliche THAer" (Treier, 2001, S. 477). Nicht zuletzt wegen derartiger Erfahrungen wurde Teleheimarbeit andernorts (z.B. bei Jaeger, Bieri & Dürrenberger, 1987, Rey, 2003) auch als „Sackgasse" charakterisiert.

Eine zusammenfassende Gegenüberstellung von Vorteilen und Nachteilen der Teleheimarbeit findet sich bei Büssing, Drodofsky und Hegendörfer (2003; vgl. auch Büssing & Konradt, 2006). Ähnlich wie im Bericht von Morf und Alexander (1984) wird hier eine Differenzierung nach den Dimensionen Arbeitnehmer, Arbeitgeber und Gesellschaft vorgenommen (vgl. Tabelle 6.2).

Bei Büssing, Drodofsky und Hegendörfer (2003) sind im übrigen als interessante Beispiele Betriebsvereinbarungen zur Telearbeit bei der Oberfinanzdirektion München, der Bayer AG und dem Sparkassen-Rechenzentrum Rheinland wiedergegeben. Ergänzend finden sich hier auch ausgewählte Internetadressen, wie z.B. www.bma.de, www.empirica.com/telearbeit/index.html, www.telearbeit.at, www.twist.bmw.de, www.verdi.de.

Im Vergleich zu den bei der Teleheimarbeit erkennbaren Problemen, die eine spezifische Form der *Entgrenzung* darstellen, selbstverständlich aber nicht für alle Personen und unter allen Umständen in gleicher Weise gelten, bieten weniger strikte Formen der Überwindung der Ortsgebundenheit von Arbeit, wie etwa *Telearbeitszentren* in Wohnungsnähe, vielfältige Vorzüge (vgl. etwa Büssing & Aumann, 1997; Dürrenberger & Jaeger, 1993; Holti & Stern, 1986; Jaeger, Bieri & Dürrenberger, 1987; Rey, 2002; Ulich, 1988, 2001a).

Tabelle 6.2 *Beispiele für Vor- und Nachteile der Telearbeit für Arbeitnehmer, Arbeitgeber und Gesellschaft (aus: Büssing, Drodofsky & Hegendörfer 2003, S. 22).*

	Vorteile	Nachteile
Arbeitnehmer	Einsparung an Zeit und Stressminderung durch verringerten Berufsverkehr	Soziale Isolation
	Erhöhte Eigenverantwortlichkeit und Selbstorganisation der Arbeit	Verlust sozialer und berufsbezogener Kompetenzen, verringerte Karrierechancen
	Störungsfreies Arbeiten, d.h. keine ungeplanten Gespräche mit Kollegen/Kunden	Störungen durch die Familie
	Bessere Vereinbarkeit von Berufs- und Familienleben	Fehlende Trennung von Beruf und Familie
	Erhöhung der Arbeits- und Familien-/Freizeitzufriedenheit	Verlust an organisationaler Bindung
	Verbesserung des Zeitmanagements	
Arbeitgeber	Qualitative und quantitativ Verbesserung der Arbeitsergebnisse	Erhöhter Koordinierungsbedarf
	Kostenreduktion, u.a. Einsparung von Büroräumen, Zulagen (z.B. Fahrgeldzuschuss), Energie (Strom- und Heizkosten), Parkplätze	Kosten für Einrichtung und Unterhalt des Telearbeitsplatzes
	Erhalt und leichtere Wiedereingliederung von Mitarbeitern	Verlust an Einfluss der Vorgesetzten; Führung und Kontrolle auf Distanz
	Geringerer Absentismus	Verschlechterung der Kommunikation mit den Mitarbeitern
	Flexiblere Gestaltung der Arbeitszeiten	Geringere Datensicherheit
Gesellschaft	Sicherung bestehender Arbeitsplätze, wenn diese auf Grund von Erziehungszeiten, gesundheitlichen Problemen etc. aufgegeben werden müssten	Bedeutungsverlust der persönlichen/-sozialen Kontakte
	Verbesserung der Integration von Behinderten	Entkopplung von gesellschaftlichen Zeitrhythmen
	Entlastung der Verkehrswege und Entzerrung der Verkehrsstoßzeiten	Erhöhung von Freizeitverkehr
	Erschließung strukturschwacher Regionen	

6.3 Wohnortnahe Telearbeitszentren

Insgesamt zeigt eine Vielzahl von Arbeiten, dass es sich bei der Telearbeit um eine soziotechnische Innovation mit beachtlichem Nutzungs- und Verbreitungspotential handelt. Einige Arbeiten (z.B. Jaeger, Bieri & Dürrenberger, 1987; VPOD, 1990; Büssing & Aumann, 1996, 1997; Büssing, 1998, 1999) machen aber auch deutlich, dass Arbeit in Telearbeitszentren die arbeitswissenschaftlichen Kriterien besser zu erfüllen in der Lage ist als die wesentlich weiter verbreitete Teleheimarbeit (vgl. Kasten 6.4). Dass solche Zentren – an einigen Orten als „Satellitenbüro" bezeichnet – darüber hinaus einen bedeutsamen Beitrag zur Regionalentwicklung leisten können, zeigen Arbeiten aus der Humanökologie (z.B. Jaeger, Bieri & Dürrenberger 1987; Dürrenberger & Jaeger 1993).

Positiv zu bewertende Merkmale kollektiver Telearbeit (aus: Büssing und Aumann, 1997a, S. 242) **Kasten 6.4**

- „Soziale Isolation unter häuslicher Telearbeit kann vermieden werden;
- in die Arbeitsgestaltung können kooperations- und kommunikationsorientierte Arbeitsaufgaben mit einbezogen werden;
- in täglicher face-to-face Kommunikation mit Kollegen und Kunden können soziale Kompetenzen genutzt werden;
- der Informationsfluss bei der Arbeit wird aufrechterhalten, speziell in bezug auf die Versorgung mit informellen Informationen;
- (symbolische) Grenzen zwischen Arbeit und Nicht-Arbeit bleiben erhalten so dass der Übertragung von Belastungen zwischen Beruf und Privatleben durch die Entprivatisierung des häuslichen Bereichs begegnet werden kann;
- Dezentralisierung, Flexibilisierung und die Wohnortnähe kollektiver Telearbeitsplätze schaffen familienfreundliche Arbeitsbedingungen;
- und erlauben einen direkteren Kontakt zu den Kunden vor Ort;
- Pendlerverkehr und damit verbundener Stress kann reduziert werden;
- technologische Infrastruktur, Ausstattung und Arbeitsplatzgestaltung sind in der Regel überlegen; sie erlauben und unterstützen anspruchsvolle und komplexe Arbeitsaufgaben;
- die telematische Ausstattung kann intensiver, ökonomischer und ökologischer genutzt werden;
- die Funktionstüchtigkeit der Infrastruktur und Ausstattung kann einfacher gewährleistet werden. Zur Korrektur von Störungen, Systemabstürzen, Netzwerkproblemen usw. ist häufig technologisches Know How vorhanden;
- rechtliche Aspekte wie z.B. Haftungsfragen, Arbeits- und Gesundheitsschutz, Sicherheit am Arbeitsplatz sind einfacher zu regulieren und zu kontrollieren."

Durch die Arbeit in Telearbeitszentren kann die bei Teleheimarbeit möglicherweise entstehende Isolation vermieden werden, bleiben die „symbolischen" Grenzen zwischen den verschiedenen Lebenstätigkeiten erhalten. Damit kann „der Übertragung von Belastungen zwischen Berufs- und Privatleben durch die Entprivatisierung des häuslichen Bereichs begegnet werden" (Büssing & Aumann, 1997, S. 242).

In der Arbeitsgestaltung ist die Übertragung vollständiger Aufgaben zur Erledigung in eigener Verantwortung denkbar, d. h. die Schaffung von Handlungsspielräumen, die kollektive Selbstregulation und gegenseitige Unterstützung ermöglichen. Beispiele aus der Schweiz sind in Tabelle 6.3 aufgeführt. Von besonderem Interesse waren in diesem Zusammenhang die auf Anregung des Geographischen Instituts der ETH Zürich von der Schweizerischen Post (PTT) und auf Anregung des Instituts für Arbeitspsychologie der ETH von der damaligen schweizerischen Kreditanstalt eingerichteten Telearbeitszentren, weil sie in kleinen Orten in typischen Bergregionen installiert werden konnten und den Mitarbeitenden damit tatsächlich eine familiennahe Erwerbstätigkeit ermöglichten. Dahinter stand die Absicht, einer wirtschaftlichen Randregion neue Perspektiven zu eröffnen. Beide Telearbeitszentren wurden allerdings nach einem Wechsel in der Leitung des HR-Management geschlossen – obwohl die vorliegenden Berichte eine sehr gute Arbeitsleistung der dort Beschäftigten ausgewiesen hatten.

Aus der Schweiz liegen im Übrigen mehrere Berichte vor, die vor allem Erfahrungen aus den 1980er und 1990er Jahren beschreiben (z.B. Jaeger et al., 1987; Rey, 2002; Ulich, 2005). Darin wird deutlich erkennbar, dass die Einrichtung von Telearbeitszentren eine der Mög-

Tabelle 6.3 *Beispiele für Telearbeitszentren in der Schweiz (aus: Ulich, 2005)*

Unternehmen	Anzahl beschäftigte Personen	Tätigkeiten
Zürich Versicherung	12	Softwareentwicklung
Genossenschaft / PTT	6	Textverarbeitung / Sekretariatsarbeiten/Auskunftsdienst 111
Schweizerische Kreditanstalt	5-15	Softwareentwicklung / Direct Marketing
Winterthur Versicherungen	6	Softwarentwicklung
STR	6	Softwareentwicklung

lichkeiten darstellt, die Ortsgebundenheit von Arbeit zumindest teilweise zu überwinden, persönlichkeitsförderliche Arbeitstätigkeiten zu schaffen und damit zugleich eine bessere Balance zwischen Erwerbsarbeit und anderen Lebenstätigkeiten herzustellen.

Dass damit schliesslich nicht nur Fragen der Lebensqualität, sondern zugleich immer auch Fragen der Gesundheit angesprochen werden, ist offensichtlich.In diesem Zusammenhang erwies sich das Studium derartiger Entwicklungen in Japan insofern als besonders interessant, als die Schaffung von Tele-Arbeitszentren in wohnnahen Bereichen von einigen Experten dort ausdrücklich als „zukunftsweisend“ bezeichnet wurde.

Ein frühes japanisches Beispiel ist das von der NEC Corporation betriebene „Satellitenbüro“ in Kichijoji bei Tokio. Das „C&C satellite office“ – C&C steht für Computer und Communication – wurde als „japanese style of 'work at home' environment“ bezeichnet.*

Typisch japanisch wird diese Form des Satellitenbüros deshalb genannt, weil (1) die japanische Mentalität mehr auf Gruppen als auf Individuen orientiert sei und weil es (2) schwierig sei, in den üblicherweise eher kleinen Wohnungen auch noch Arbeitsplätze einzurichten (Fujino, Terashima, Azuma, Tsuchiya & Kubo, 1986, p. 1). Als Lösung dieser Probleme wird das Konzept eines Satellitenbüros vorgestellt, in dem Beschäftigte, die unterschiedliche Tätigkeiten ausführen und verschiedenen Unternehmen angehören können, in einem Büro arbeiten, das in ihrem Wohnquartier angesiedelt ist.

Damit soll insbesondere für Ältere, Hausfrauen und Körperbehinderte eine Arbeitsmöglichkeit geschaffen werden; außerdem soll es eine gewisse Anziehungskraft auf Personen ausüben, die in ihr Wohnquartier zurückzukehren wünschen oder bereits dorthin zurückgekehrt sind.

Im September 1984 eröffnete NEC ein Modell-Satellitenbüro in Kichijoji, Musachino-Shi, einer etwa zwanzig Kilometer vom Zentrum Tokyos entfernten Vorstadt. Das Büro, dessen Etablierung im Rahmen des japanischen nationalen INS-Programms (INS entspricht dem europäischen ISDN) erfolgte, ist neben der für die Entwicklung von Software erforderlichen technischen Ausrüstung mit „INS-equipments“

* Die auf einer – im Rahmen eines Forschungsprojekts (Katz, Ruch, Betschart & Ulich, 1987) erfolgten – persönlichen Begehung und Dokumentenanalysen beruhende Beschreibung des Beispiels NEC wurde übernommen aus Ulich (2005, S. 403f.).

ausgestattet, d.h. mit digitalen Telefonterminals, digitalem Faksimile, digitalen Standbildterminals und einem „Video Response System"-Terminal. Die INS-Ausstattung wurde von der japanischen Post (NTT) zur Verfügung gestellt, die nahebei in Mikita ein mit fortschrittlichster Technologie ausgerüstetes Kommunikationszentrum unterhält. Die Einrichtung dieses Kommunikationszentrums dient der Gewinnung und Evaluation von Erfahrungen im Rahmen des INS-Programms.

Im NEC-Satellitenbüro arbeiten auf einer Fläche von ca. 160 m^2 zehn männliche und weibliche Beschäftigte, alle im Bereich Softwareentwicklung. Da die Beschäftigten nicht durch eine gemeinsame Aufgabe miteinander verbunden sind, handelt es sich innerhalb des Satellitenbüros nicht um Gruppenarbeit. Allerdings gehört jede der hier tätigen Personen zu einer Gruppe, deren Arbeitsort entweder in der Zentrale von NEC oder in einer der zum Unternehmen gehörenden Fabriken bzw. Laboratorien angesiedelt ist. Die im Zuge der Softwareentwicklung erforderliche Kommunikation mit den jeweils anderen Gruppenmitgliedern findet über Telekommunikationsmittel statt, unter denen Videokonferenzen eine wichtige Rolle spielen. Die für das Konzept verantwortlichen Manager sahen in der Tatsache, dass jede der im Satellitenbüro arbeitenden Personen einer anderen, außerhalb von Kichijoji angesiedelten Gruppe angehört und mit dieser durch die gemeinsame Aufgabe verbunden ist, kein besonderes Problem. Inzwischen wird diese Konzeption allerdings neu durchdacht, und es ist zu erwarten, dass in Zukunft das Konzept der gemeinsamen Aufgabe vermehrt Platz greift.

Ergebnisse schriftlicher Erhebungen im Satellitenbüro Kichijoji zeigen, dass die Befragten die Arbeit „based on ones own schedule" schätzen und als eine der Auswirkungen davon eine Verbesserung von Effizienz und Produktqualität registrieren (Nakabayashi et al., 1986, S. 14). Außerdem förderten die nach ergonomischen Regeln gestaltete Arbeitsumgebung und die technisch optimale Arbeitsplatzausstattung die Möglichkeit zu Konzentration und kreativer Arbeit. Einige der Beschäftigten klagten aber auch darüber, dass sie sich durch die aus verschiedenen Gründen für erforderlich gehaltene ständige TV-Kontrolle des gesamten Raumes belastet fühlen (Tsuchiya et al., 1986, S. 22). Nach Einschätzung der für die Konzeption der Satellitenbüros verantwortlichen Experten der NEC Corporation sind derartige Arbeitsstrukturen in wohnnahen Bereichen „a part of the future society" (Fujino et al., 1986, S. 7).

Insgesamt zeigen die früheren Berichte von Holti und Stern (1986) über Telearbeitszentren in Deutschland, Frankreich und Schweden, von Fujino et al. (1986) über das oben skizzierte Modell-Satellitenbüro in Japan sowie von Jaeger, Bieri und Dürrenberger (1987) über Telearbeitszentren in der Schweiz das beachtliche Potential dieser soziotechnischen Innovation (vgl. auch Baitsch et al., 1991; Ulich 2011).

Auch hier stellt sich also die Frage, weshalb eine nachweislich nicht nur arbeitswissenschaftlich gut begründbare, sondern auch ökonomisch sinnvolle Arbeitsform vergleichsweise wenig aufgegriffen wird und an deren Stelle „moderne" Formen von elektronischer Heimarbeit realisiert werden, deren Problematik hinlänglich untersucht und beschrieben worden ist (vgl. dazu auch die Beiträge in Rey 2002).

6.4 Alternierende Telearbeit

Schätzungen haben ergeben, dass in den Ländern der EU im Mittel 13 Prozent der Berufstätigen Telearbeit leisten, für die Bundesrepublik wurde diesen Schätzungen zufolge mit 16 Prozent gerechnet (Empirica 2003). Der größte Anteil soll dabei auf alternierende Telearbeit entfallen, d.h. auf einen mehr oder weniger systematischen Wechsel zwischen Teleheimarbeit und Arbeit an einem betrieblichen Arbeitsplatz. Nerdinger, Blickle und Schaper (2008, S. 544) nennen als Beispiel einen angestellten Bauingenieur in einem größeren Projektteam, „der seine Entwurfsarbeiten überwiegend zu Hause anfertigt und hierbei per Datenleitung auf zentrale Rechner zugreifen kann, durch den intensiven Abstimmungsbedarf mit den restlichen Teammitgliedern aber an 2 Tagen in der Woche im zentralen Büro der Baufirma arbeitet". Winker (2001, S. 8) kommt zu dem Schluss, dass insbesondere die alternierende Telearbeit „neue Formen des Arbeitens und Lebens begünstigen" kann.

Über die skizzierten Formen von Telearbeit hinaus gibt es andere Formen, die am ehesten als mobile bzw. nicht ortsgebundene Telearbeit bezeichnet werden können (vgl. dazu Reichwald, 2002). Darunter sind Tätigkeiten zu verstehen, die unter Nutzung entsprechender Infrastruktur etwa im Zug, am Flughafen, im Hotel oder in sogenannten CoWorking Zentren (www.coworking-news.de) ausgeführt werden. Hill, Ferris & Märtinson (2003), die im Rahmen einer IBM-Studie die Arbeits- und Lebensbedingungen von 4'316 „traditional office workers“ mit 767 im „virtual office“ und 441 im „home office“ Arbeitenden verglichen, haben gezeigt, dass virtuelle Formen der Telearbeit mit wichtigen Aspekten der Berufsarbeit positiv, mit einer Balance zwischen beruflichem und außerberuflichem Leben indes negativ korreliert sind.

6.5 Fazit

„Der **Mythos der Vereinbarkeit von Beruf und Familie** wird vielfach thematisiert, ohne die tatsächlichen Auswirkungen von TA auf die Arbeits- und Familienorganisation sowie auf die psychische Belastung und Beanspruchung untersucht zu haben“ (Treier 2001, S. 2). Wo immer und aus welchen Gründen auch immer Teleheimarbeit eingeführt wird, bedürfen die Arbeitsinhalte und die äußeren Arbeitsbedingungen also besonders sorgfältiger Prüfung. Zu prüfen ist grundsätzlich aber auch, ob und gegebenenfalls welche Möglichkeiten für alternierende Telearbeit oder für die Einrichtung von Telearbeitszentren bestehen bzw. geschaffen werden können.

Zu bedenken ist schließlich auch die mögliche regional- und verkehrspolitische Bedeutung von Telearbeit. Wenn Arbeitsplätze in die Wohnungen oder in Wohnungsnähe der Beschäftigten verlegt werden, können aus dieser Perspektive manche Vorteile resultieren. Wirtschaftlich benachteiligte Regionen erhalten so einen besseren Zugang zum Arbeitsmarkt. In städtischen Agglomerationen kann der Pendlerverkehr reduziert werden.

Telearbeit kann aber auch einem Bedürfnis der Arbeitnehmenden entsprechen. Arbeitswege fallen weg; unter günstigen Umständen – je nach Arbeit und Arbeitsvertrag – kann größere Unabhängigkeit und Zeitsouveränität entstehen. Andererseits besteht, insbesondere bei Teleheimarbeit, die Gefahr der sozialen Isolation, der Behinderung beruflicher Weiterentwicklung und der Beeinträchtigung von Möglichkeiten der Interessenvertretung. Zu bedenken ist schließlich auch ein Hinweis von Buser und Poschet (2002, S. 108), demzufolge manche Führungskräfte in Unternehmen Bedenken haben, „dass Telearbeiter an der Unternehmenskultur nicht teilhaben würden“.

Arbeit außerhalb der Erwerbsarbeit

Kapitel 7

7.0 Ein Blick zurück

Zu Beginn der 1950er Jahre konstatiert der französische Soziologe Friedmann (1953, S. 300): „In einem rationell geplanten, den technischen Möglichkeiten entsprechenden Produktions- und Verarbeitungssystem ... wird der Anteil des Menschen im Produktionsprozeß fortschreitend bis auf einige Stunden am Tag vermindert werden können." Einige Jahre später stellt Friedmann (1959, S. 176) zudem Fragen wie diese: „Können die Tätigkeiten außerhalb der Arbeit und vor allem während der eigentlichen Freizeit die Arbeit ablösen und ihre psychologische Funktion übernehmen?" Rund ein Vierteljahrhundert später hat Marie Jahoda in ihrem Buch „Wieviel Arbeit braucht der Mensch" festgestellt, dass zwei Funktionen der Erwerbsarbeit trotz aller Veränderungen ihrer Struktur unverändert erhalten geblieben seien: „Zum einen ist sie das Mittel, durch das die grosse Mehrheit der Menschen ihren Lebensunterhalt verdient; und zum anderen zwingt sie, als ein unbeabsichtigtes Nebenprodukt ihrer Organisationsform, denjenigen, die daran beteiligt sind, bestimmte Kategorien der Erfahrung auf. Nämlich: sie gibt dem wach erlebten Tag eine Zeitstruktur, sie erweitert die Bandbreite der sozialen Beziehungen über die oft stark emotional besetzten Beziehungen zur Familie und zur unmittelbaren Nachbarschaft hinaus; mittels Arbeitsteilung demonstriert sie, dass die Ziele und Leistungen eines Kollektivs diejenigen des Individuums transzendieren; sie weist einen sozialen Status zu und klärt die persönliche Identität; sie verlangt eine regelmässige Aktivität" (Jahoda, 1983, S. 136).

7.1 Haus- und Familienarbeit

In diesem ersten Abschnitt geht es um die Hausarbeit, die von den Mitgliedern eines Privathaushalts selbst übernommen wird. Zu den Privathaushalten zählen *„jede zusammen wohnende und eine wirtschaftende Einheit bildende Personengemeinschaft sowie Personen, die allein wohnen und wirtschaften"* (Statistische Ämter des Bundes und der Länder, 2007; S. 27). Familienhaushalte sind eine Untergruppe von Privathaushalten, die sich dadurch auszeichnen, dass ledige Kinder in ihnen leben, zumindest, wenn man die in Statistiken typischen

Definitionen von Familie als Zwei-Generationen-Gemeinschaften, bestehend aus Eltern bzw. einem Elternteil mit (minderjährigen) Kindern zugrunde legt (Statistische Ämter des Bundes und der Länder, 2007). In der Psychologie und Soziologie wird der Familienbegriff aber teilweise sehr viel weiter gefasst und umschließt etwa auch kinderlose Paare (Voss, 1989) oder Mehrgenerationengemeinschaften, bei denen Erwachsene mit ihren älteren Eltern zusammenleben (Petzold & Nickel, 1989). Hausarbeit fällt natürlich auch in anderen Haushaltsformen an (z. B. Einpersonenhaushalt, Wohngemeinschaft). Manchmal wird „Haus- und Familienarbeit" auch als Gesamtbegriff gebraucht (Arn, 2000). Vielleicht könnte man unter Familienarbeit stärker den Paarbeziehungsfokus fassen sowie die Betreuung und Pflege von Kindern und anderen Angehörigen. Der Begriff der Hausarbeit würde dann alle Tätigkeiten umfassen, die auch in Ein- oder Mehrpersonenhaushalten ohne intime oder verwandtschaftliche Beziehungen verrichtet werden. Eine solche Differenzierung hat sich bisher nicht durchgesetzt. Verbreitet ist vielmehr eine Aufteilung der Hausarbeit in verschiedene Aufgabenfelder, die auch die Beziehungsarbeit und die Betreuung und Erziehung der Kinder umfassen.

Die unterschiedlichen Aufgabenbereiche im Privathaushalt stellen teilweise gegensätzliche Anforderungen. Geht es zum Beispiel bei der technischen Hausarbeit um Zeit- und Kostenökonomie, ist bei der Betreuung von Kindern wesentlich, ihnen viel Zeit einzuräumen.

Im Familienhaushalt stehen Familie und Haushalt in einem engen Wechselverhältnis zueinander. Der Haushalt ist nach Kettschau (1996) der kontextuelle Rahmen, in dem die Familienaufgaben erfüllt werden, er ist „das individuelle Dienstleistungszentrum der Familie" (S. 11). Vergleicht man typische Arbeitsvorgänge im Haushalt wie Staubsaugen oder Wischen, zeigen sich Gemeinsamkeiten mit der Tätigkeit einer professionellen Reinigungskraft: z.B. Bewegungsausführung oder der Umgang mit bestimmten technischen Reinigungsgeräten. Es gibt aber auch wichtige Unterschiede, zu denen nicht nur zählt, dass die Hausarbeit keine bezahlte Arbeitstätigkeit ist. Typisch für die Hausarbeit im Privathaushalt ist u.a., dass mehrere Tätigkeiten zur gleichen Zeit ausgeführt werden (z.B. während der Kinderbetreuung putzen), dass Handlungen häufig unterbrochen werden und dass die meisten Kompetenzen durch Erfahrungslernen erworben werden. Besonders schwer ist es, eine klare Abgrenzung zwischen Hausarbeit und Freizeit bzw. Arbeit und Nicht-Arbeit zu treffen. Unter bestimmten Arbeitsformen wie der Teleheimarbeit werden diese Probleme der Grenzziehung teilweise noch weiter verschärft (vgl. Kapitel 6).

7.1.1 Umfang und Bewertung von Arbeitstätigkeiten im Privathaushalt

7.1.1.1 Zeitbudgeterhebungen

Mit so genannten Zeitbudgetuntersuchungen wird auf einer deskriptiven Ebene der Zeiteinsatz für bestimmte Lebensbereiche bzw. Tätigkeiten erhoben. In Deutschland führte das Statistische Bundesamt 1991/1992 und 2001/2002 Zeitbudgeterhebungen über 24 Stunden unter Einbezug von rund 7´200 bzw. 5´400 Haushalten durch, in denen alle in den Haushalten lebenden Personen über 12 Jahren befragt wurden (Statistisches Bundesamt, 2004).

Ein wichtiger Befund ist die nach wie vor geschlechterspezifische Verteilung erwerbs- bzw. haushaltsbezogener Arbeit: Männer wenden mehr Zeit für die Erwerbsarbeit auf als Frauen, Frauen setzen im Vergleich zu Männern mehr Zeit für Haushalt und Familie ein (Sellach, Enders-Dragässer & Libuda-Köster, 2005). Die Zeitbudgets für Hausarbeit (Einkaufen, Putzen, Waschen, Kochen) zeigen allerdings, dass – bezogen auf die Wohnbevölkerung ab 12 Jahren – seit der Zeitbudgeterhebung 1991/1992 bis zur zweiten Zeitbudgeterhebung im Jahr 2001/2002 die durchschnittlich von Frauen investierte Zeit gesunken und die der Männer gestiegen ist. Nach wie vor wenden Frauen aber deutlich mehr Zeit pro Tag für Hausarbeit auf als Männer (3.46h vs. 2.00h; Meier, Küster & Zander, 2004). Dass Frauen mehr Zeit als Männer für hauswirtschaftliche Tätigkeiten aufwenden, trifft auch dann zu, wenn beide Partner erwerbstätig sind (Meier et al., 2004). Erst wenn Partner über 60 Jahre alt und nicht mehr erwerbstätig sind, findet eine Annäherung des Zeitaufwandes statt. Auffällig ist, dass es für die Beteiligung der Männer irrelevant zu sein scheint, ob die Frau nicht erwerbstätig ist oder einer Teilzeitbeschäftigung nachgeht. Lediglich Männer von Vollzeit erwerbstätigen Frauen weisen eine etwas höhere Beteiligung an hauswirtschaftlichen Tätigkeiten auf als die übrigen Männer (siehe Tabelle 7.1).

Tabelle 7.1

Durchschnittliche tägliche Beteiligung von Männern und Frauen an hauswirtschaftlichen Tätigkeiten in Stunden, differenziert nach dem Erwerbsumfang der Frau (nach Meier et al., 2004)

	Erwerbstätigkeit der Frau		
	Vollzeit	Teilzeit	Nicht erwerbstätig
Täglicher Zeitaufwand für Hausarbeit in Stunden			
Frauen	3:13	3:56	3:56
Männer	2:12	1:40	1:46

Bei Frauen sagt außerdem das Bildungsniveau ihre Haushaltsbeteiligung vorher: Berufstätige Akademikerinnen mit Kindern verwenden täglich etwa eine Stunde weniger Zeit auf hauswirtschaftliche Tätigkeiten als andere erwerbstätige Mütter. Aber 15 Prozent dieser Akademikerinnen nehmen bezahlte Unterstützung bei der Hausarbeit in Anspruch. Bei Nicht-Akademikerinnen sind es nur rund vier Prozent.

Die reine Zeitbudgeterhebung lässt die Frage nach der Zufriedenheit mit den Aktivitäten und ihrer relativen Gewichtung allerdings offen. In einer Studie von Hoff, Grote, Dettmer, Hohner und Olos (2005) zeigte sich, dass auf einer rein zeitlichen Ebene die Investitionen für den beruflichen Bereich höher ausfallen als von vielen Erwerbstätigen gewünscht, wobei allerdings ausschließlich Akademikerinnen bzw. Akademiker befragt wurden. Ergänzende Analysen der Daten des deutschen Statistischen Bundesamtes zeigen, dass mehr als die Hälfte der befragten Frauen und Männer mit der Zeitaufwendung für den Lebensbereich Ausbildung/Beruf zufrieden war (Sellach, Enders-Dragässer & Libuda-Köster, 2006). Mit anderen Worten: obwohl Frauen deutlich weniger Zeit für den beruflichen Bereich aufwenden als Männer, scheint der Umfang in beiden Gruppen den jeweiligen Wunschvorstellungen häufig zu entsprechen. Der Anteil der Unzufriedenen ist in beiden Gruppen gleich, aber für die Unzufriedenheit gibt es unterschiedliche Gründe: Frauen haben eher als Männer den Eindruck, für den Erwerbsbereich zu wenig als zu viel Zeit aufzuwenden. Bezüglich der Zufriedenheit mit der Zeitaufwendung für den Hausarbeitsbereich lässt sich wiederum festhalten, dass fast die Hälfte aller Befragten mit den Zeitaufwendungen zufrieden ist. Doch hier ist der Anteil der Unzufriedenen bei den Frauen (17%) höher als bei den Männern (6%).

Zusammenfassend lässt sich festhalten, dass es bei einer insgesamt in der Bevölkerung breiten Zeitbudgetzufriedenheit am ehesten die Frauen sind, die im Vergleich zu den Männern angeben, eher zu viel Zeit auf die Hausarbeit und zu wenig Zeit für den beruflichen Bereich zu verwenden.

7.1.1.2 Arbeitspsychologische Tätigkeitsanalyse im Privathaushalt

Einen wichtigen Schritt für ein tieferes Verständnis von Hausarbeit leisten Verfahren, die nicht nur die Zeitaufwendungen für verschiedene Tätigkeiten, sondern auch deren Qualität beachten. Beispielhaft sei im Folgenden das von Resch (1998, 1999) entwickelte Verfahren zur Analyse von Arbeit im Haushalt (AVAH-Verfahren) skizziert. Hier werden mit einem Mindestabstand von einem Tag zwei Interviews pro Person durchgeführt (vgl. Tabelle 7.2). Jedes Interview dauert 1,5 bis 2 Stunden. Hinzu kommen Vorbereitungs- und Auswertungszeit (zwischen sechs und zehn Stunden).

Im Rahmen der Erhebung werden zunächst die *Alltagstätigkeiten* einer Person ermittelt. Die befragte Person soll Aktivitäten benennen, die sie mindestens einmal im Monat durchführt. Resultat ist in der Regel eine Liste von 20 bis 50 Aktivitäten. Diese Aktivitäten sind genau zu kennzeichnen (typischer Ablauf, Ort und Zeitraum der Ausführung, soziale Einbettung, Bezüge zu anderen Aktivitäten). Einzelaktivitäten, denen identische Zielstellungen unterliegen, werden in diesem Schritt als Alltagsaktivitäten klassifiziert, die ihrerseits die Grundlage für das zweite Interview bilden.

Das zweite Interview dient der Sammlung von Informationen, die es erlauben, die Alltagstätigkeiten hinsichtlich arbeitspsychologischer Charakteristika zu beurteilen (s. Tabelle 7.2). Zuerst wird bestimmt, ob und in welchem *Umfang* innerhalb des Alltagshandelns *Haus- und Familienarbeit* erledigt wird. Dabei geht es um die Frage, ob die jeweilige Tätigkeit vorausschauend Grundlagen für eigenes Handeln oder das Handeln der anderen Haushaltsmitglieder schafft bzw. ob während der Tätigkeitsausführung die Aktivitäten eines anderen Mitglieds direkt ergänzt werden (z. B. Kind anziehen oder auf dem Spielplatz beaufsichtigen). Dabei kommen natürlich auch Mischformen vor. So gibt es Tätigkeiten, bei denen Arbeit und Freizeit miteinander verbunden sind (z.B. Betreuung eines Kindes während eines Familienausflugs).

Tabelle 7.2 *Die AVAH-Analyse im Überblick (aus Resch, 1999; S. 76)*

1. Haushaltsmitglied	**Erhebungs- und Auswertungsschritte**
Erstes Interview Durchführung	Sammlung der Orte des Handelns Sammlung der Aktivitäten Kennzeichnung der Aktivitäten: • Ablauf • Ort • Zeitraum • soziale Einbettung • Häufigkeit • Bezüge zu anderen Aktivitäten
Auswertung	Ermittlung der Alltagsaktivitäten
Zweites Interview Durchführung	Kennzeichnung der Alltagsaktivitäten: • Bestimmung der Arbeits(anteile) • Regulationsniveau • Kooperationsform • Betreuungsintensität • Dauer und Flexibilität in der Zeitnutzung
Auswertung	Zeitliche Gewichtung der Arbeits- und Alltagstätigkeiten Berechnung der Zeitumfänge der Arbeitsanteile Zusammenfassende Kennzeichnung der Arbeits- und Alltagstätigkeiten
2. Haushaltsmitglied	
Erstes Interview Zweites Interview	AVAH-Analyse wie oben
Gesamtauswertung	Bestimmung des Zeitbudgets des Haushalts Abgrenzung der Arbeitsaufgaben Ermittlung der Kooperationsform pro Aufgabe

Anschließend wird das *Regulationsniveau* der Tätigkeiten bestimmt, indem die jeweils charakteristischen Entscheidungs- und Planungsprozesse analysiert werden. Es wird unterschieden nach routinemäßig ausgeführten Handlungen (z.B. wöchentlicher Getränkeeinkauf), Handlungen mit mindestens einem aktuell zu treffenden Beschluss (z.B. regelmäßiger Kinobesuch mit einem Freund, vorher Absprachen zur Filmauswahl), komplexen Handlungen, bei denen mehrere voneinander abhängige Ausführungen vorliegen, wobei Ergebnis bzw. Vorgehen schrittweise präzisiert wird (z.B. regelmäßig einmal im Monat Gäste: Festlegen der Gästeliste, während des Einkaufs Entscheidungen bzgl. des Essens auf der Basis der verfügbaren Produkte) und Handlungen, bei denen die Zielsetzung einem fortlaufenden Prozess entspricht, dessen konkreter Verlauf und dessen konkretes Ende nicht unmittelbar abzusehen sind, d.h. die Umsetzung erfordert weitere Entschlüsse (z.B. Renovierungsarbeiten).

Ein wichtiger nächster Schritt ist die Ermittlung von *Kooperationsformen*. Für jede Tätigkeit wird erhoben, ob sie allein oder mit anderen Personen ausgeführt wird. Außerdem wird geprüft, wie die Partner sich gegebenenfalls untereinander abstimmen. Unterschieden werden Einzelarbeit, Rotation (Arbeit wird allein erledigt, aber jeweils im Wechsel), Mithilfe (eine Person ist für die Erledigung verantwortlich, eine andere Person übernimmt nach Aufforderung oder Erläuterung einzelne Teile) und Kooperation im engeren Sinne. Bei der Kooperation haben beide Partner Verantwortung für die Erledigung der Aufgabe übernommen. Sie arbeiten daran gemeinsam oder sprechen sich ab, wer welchen Teil übernimmt.

Außerdem wird die *„Betreuungsintensität"* bestimmt Damit ist gemeint, wie stark die Aufmerksamkeit und das Handeln der Betreuungsperson an den Verlauf der Aktivität der zu betreuenden Person gebunden sind. Dies ist bei Kleinkindern in besonders hohem Maße der Fall. Aber auch Schulkinder benötigen gegebenenfalls eine hohe Betreuungsintensität, zum Beispiel bei den Hausaufgaben. Im letzten Schritt geht es um die Erfassung der *Flexibilität der Zeitnutzung* hinsichtlich Häufigkeit und Dauer.

Die auf dieser Basis gewonnenen Daten verdeutlichen u.a., wie sich die von Männern und Frauen übernommenen Aufgaben qualitativ unterscheiden. Beispielhaft sei hier ein Ergebnis einer Analyse in 18 Haushalten mit Kindern genannt (Resch, 1999). Bei den Frauen betrug der Anteil flexibler Hausarbeitstätigkeiten durchschnittlich 29 Prozent, bei den Männern durchschnittlich 40 Prozent. Männer übernehmen nach den Befunden von Resch (1999) damit eher seltene, zeitlich nicht festgelegte Aufgaben oder beteiligen sich nur am flexiblen Teil der alltäglich anfallenden Arbeiten. Insgesamt verbringen sie weniger Zeit mit Hausarbeit (wie schon aus großen Zeitbudgetstudien bekannt ist, s.o.) und können sich diese besser einteilen. Sie sind demnach deutlich weniger durch Hausarbeit gebunden. Damit ist ihre *Life Domain Balance* zumindest auf den ersten Blick durch die Hausarbeit auch weitaus weniger gefährdet als jene der Frauen. Ob Frauen die zeitliche Bindung an haushaltsbezogene Tätigkeiten tatsächlich als Problem für ihre Life Domain Balance erleben, dürfte auch davon abhängen, wie sehr sie bestimmte Tätigkeiten im Haushalt mögen. Es liegt nahe anzunehmen, dass insbesondere solche Aktivitäten als positiv erlebt werden, welche die Kinder mit einbeziehen.

Das AVAH-Verfahren kann überdies einen Beitrag zu der Frage leisten, inwiefern Tätigkeiten im Familienhaushalt Optionen für den Erwerb und die Erweiterung beruflich verwertbarer Kompetenzen bieten. Hierbei sind unter anderem das Regulationsniveau typischer Tätigkeiten, aber auch Kooperationsformen relevant. Eine allzu optimistische Einschätzung des Lernpotenzials erfährt hier durchaus Einschränkungen: So wird zum Beispiel in den von Resch (1999) befragten Haushalten die Hälfte der Hausarbeit in Einzelarbeit erledigt, was der Auffassung widerspricht, dass Frauen durch ihre häuslichen Tätigkeiten in besonderem Maße Teamkompetenz entwickeln können. Auch findet sich in den Analysen von Resch (1999) nur ein relativ geringer Anteil von Tätigkeiten mit hohem Regulationsniveau, also Tätigkeiten, die in besonderem Maße Lernoptionen im Bereich komplexer und anspruchsvoller Planungs- und Entscheidungsprozesse bieten. Die deutlichsten und anspruchsvollsten Lernoptionen ergeben sich vermutlich im Rahmen erzieherischer Tätigkeiten.

7.1.2 Häusliche Arbeitsteilung: Theoretische Annahmen und empirische Befunde zu Veränderungen der geschlechterspezifischen Arbeitsteilung

Da die Bildungs- und Berufschancen der Frauen sich verbessert haben, wird vielfach erwartet, dass es zeitgleich zu einem Abbau geschlechtsspezifischer Arbeitsteilung in der Familie kommt. Dieser Erwartung unterliegen vor allem Annahmen aus der Ökonomie. Konträre Annahmen, nämlich Stabilität oder sogar Festigung der geschlechtsspezifischen häuslichen Arbeitsteilung, finden sich in einigen soziologischen Ansätzen, die im Folgenden ebenfalls angesprochen werden.

In seiner *ökonomische Theorie der Familie* nimmt Becker (1998) an, dass die Partner den Nutzen ihres Haushalts gemeinsam zu maximieren versuchen. Die Partner teilen ihre Zeit auf Erwerbsarbeit und Haushaltsarbeit so auf, dass ihre jeweiligen Stärken besonders betont werden. Falls die Erwerbs- und Einkommenschancen des Mannes größer sind als jene der Frau, wird er sich zusehends auf die Erwerbsarbeit konzentrieren. Wäre es umgekehrt, würde die Frau sich stärker auf die Erwerbsarbeit konzentrieren. Während der Theorieansatz von Becker von einem gemeinsamen Haushaltsnutzen ausgeht, postuliert die ökonomische Verhandlungstheorie, dass jeder Partner in der Ehe seinen individuellen Nutzen zu maximieren sucht (Ott, 1992). Implizite – und damit nicht hinterfragte – Annahme ist, dass die Hausarbeit von beiden Partnern als unangenehm bewertet wird, so dass jeder Partner sie vermeiden möchte. Je höher die Einkommenschancen auf dem Arbeitsmarkt, desto besser die Verhandlungsposition: Hat die Frau eine bessere Bildung, steigt die Wahrscheinlichkeit, dass sie sich weniger und ihr Partner sich zusehends stärker im Haushalt und bei der Kindererziehung engagiert. Die Wahrscheinlichkeit einer egalitären Arbeitsteilung sollte zunehmen.

Soziologische Ansätze beurteilen die Bedeutung des Geschlechts häufig anders. Dort wird postuliert, dass die im Laufe der Sozialisation erworbenen Geschlechtsleitbilder zentral für die innerfamiliale Arbeitsteilung sind (vgl. Coltrane, 2000). So betont der Doing-Gender-Ansatz die soziale Konstruktion von Geschlecht (West & Zimmerman, 1991). Die (Nicht-)Übernahme von Haushaltstätigkeiten ist dabei ein wesentlicher Bestandteil der Produktion von Geschlechtsidentität. Da den Frauen auch heute noch die Verantwortung für die Hausarbeit und Kindererziehung zugeschrieben wird, erleben die Frauen selbst, dass die Übernahme dieser Tätigkeiten für ihre Familienidentität bedeutsam ist. Für Männer ist es umgekehrt so, dass ihre Berufsidentität stark in Frage gestellt wird, wenn sie beruflich zurückstecken, um sich stärker an der Hausarbeit zu beteiligen. Eine Angleichung der Erwerbschancen führt entsprechend nicht unbedingt gleichzeitig zu einer egalitären häuslichen Arbeitsteilung.

Eine umfassende Längsschnittstudie – das *Bamberger Ehepaar Panel (BEP)* – wurde von Schulz und Blossfeld (2006) zur Überprüfung des Einflusses der Ehedauer und der Bildungsrelation von Ehepaaren auf die häusliche Arbeitsteilung genutzt: 1988 wurden, repräsentativ für Westdeutschland, rund 1´500 kinderlose Paare kurz nach der Eheschließung hinsichtlich ihrer häuslichen Arbeitsteilung befragt. Bis 2002 fanden vier weitere Befragungen statt.

Die Arbeitsteilung bezieht sich auf die typisch weiblichen Tätigkeiten im Haushalt (Kochen, Spülen, Putzen, Waschen). Als traditional wird die Arbeitsteilung von Paaren klassifiziert, bei denen diese Tätigkeiten ausschließlich oder überwiegend von der Frau übernommen werden. Von einer partnerschaftlichen Arbeitsteilung sprechen Schulz und Blossfeld (2006), wenn diese Tätigkeiten gleichermaßen von Mann und Frau ausgeführt werden. Bei einer nicht-traditionalen Arbeitsteilung werden die Haushaltstätigkeiten überwiegend oder ausschließlich vom Mann erledigt.

Was die Bildungsrelation der Partner betrifft, zeigte sich, dass zu Beginn der Ehe bei Paaren, in denen die Frau ein höheres Bildungsniveau hat (135 Paare), die traditionale Arbeitsteilung mit 48% etwas seltener zu finden ist als bei den 312 Paaren, in denen der Mann ein höheres Bildungsniveau aufweist (54%) bzw. bei den 976 Paaren, bei denen beide Partner ein vergleichbares Bildungsniveau haben (54%). Gleichzeitig findet sich bei den Paaren mit relativ höherer Bildung der Frau etwas häufiger (50%) als in den anderen Gruppen (höheres Bildungsniveau des Mannes: 45%; identisches Bildungsniveau: 42%) eine partnerschaftliche Arbeitsteilung. Für das Einkommensniveau zeigt sich, dass es bei einem deutlich höheren Einkommen der Frau tatsächlich zu einer Umkehrung der Rollenaufteilung im Haushalt kommen kann. Allerdings ist dieses Muster faktisch so selten, dass diese Entwicklung quantitativ von begrenzter Bedeutung ist. Bemerkenswert ist, dass es bei identischem Einkommen nicht zu einer partnerschaftlichen Arbeitsteilung im Haushalt kommt, wie es der austausch-theoretische Ansatz vorhersagen würde.

Wie gestaltet sich die häusliche Arbeitsteilung im Verlauf der Ehe? Die Wahrscheinlichkeit der Beteiligung des Mannes an Routinetätigkeiten im Haushalt nimmt im Verlauf der Ehe systematisch ab (vgl. Tabelle 7.3). Nach 14 Ehejahren sind etwa 85 Prozent der Paare traditional, nur noch etwa 14 Prozent partnerschaftlich und etwa 1 Prozent der Paare nicht-traditional organisiert. In allen Bildungs- und Einkommensgruppen dominiert das traditionelle Arrangement. Durch den Übergang zur Elternschaft wird der Traditionalisierungsprozess beschleunigt. Aufgrund von Gewohnheitsbildung wird eine Umkehr dieser Traditionalisierung mit zunehmender Ehedauer immer unwahrscheinlicher. Etwas weniger stark, aber immer noch deutlich fällt der Traditionalisierungseffekt auch dann aus, wenn das erste Kind erst relativ spät in der Ehe geboren wird. Schulz und Blossfeld (2006) vermuten, dass solche Paare länger Zeit hatten, sich an egalitäre Strukturen zu gewöhnen.

Verteilung der häuslichen Arbeit in Prozent zum Zeitpunkt der jeweiligen Panelbefragungen (nach Schulz & Blossfeld, 2006) *Tabelle 7.3*

		Ehedauer			
	Ehe-schließung	2 Jahre	4 Jahre	6 Jahre	14 Jahre
Arbeitsteilung					
traditional	54 %	69 %	76 %	81 %	85 %
partnerschaftlich-egalitär	44 %	30 %	23 %	18 %	14 %
nicht traditional	2 %	1 %	1 %	1 %	1 %
Anzahl der Paare gesamt	1´423	870	840	773	518

Diese Befunde widersprechen den Vorhersagen der ökonomischen Theorie der Familie und der Verhandlungstheorie. Im Längsschnitt zeigte sich vielmehr, dass weder das Bildungsniveau noch die Bildungs- oder Einkommensrelationen einen nennenswerten Effekt auf die Veränderung der Beteiligung der Männer an der Hausarbeit haben. Die Befunde unterstützen eher die von Künzler (1994) formulierte Honeymoon-Hypothese, die besagt, dass die Bereitschaft der Männer, durch besonderes Engagement und Entgegenkommen in der Hausarbeit die Bindung zwischen den Partnern zu festigen, zu Beginn der Ehe vorhanden ist, sich dann mit zunehmender Ehedauer aber verflüchtigt.

Auf der Basis dieser Resultate lässt sich zusammenfassend festhalten, dass die Rolle von Ressourcen und ökonomischem Kalkül in der ehelichen Arbeitsteilung gemeinhin überschätzt wird. Schulz und Blossfeld (2006) vermuten, dass es vor allem soziale Normen sind, an denen sich die Paare orientieren. Im Laufe der Zeit scheinen sich Paare an traditionell vorgegebene Muster zu gewöhnen und Routinen auszubilden, die sich immer weiter verfestigen. Zumindest dieser Mechanismus der Gewohnheitsbildung kann aber dann auch nützlich sein, wenn es sich um eine relative Verfestigung einer egalitären Arbeitsteilung handelt. So hat Bürgisser (2006) herausgearbeitet, dass Paare, die nach der Geburt von Kindern eine egalitäre Rollenteilung praktizieren, daran in der Regel auch längerfristig festhalten.

7.2 Freiwilligenarbeit

Neben der Haus- und Familienarbeit fallen weitere außerberufliche Tätigkeiten unter den Arbeitsbegriff, nämlich jene der Freiwilligenarbeit. Bei der Freiwilligenarbeit handelt es sich um *„eine Leistung, die freiwillig und ohne Bezahlung für Personen außerhalb des eigenen Haushalts erbracht wird"* (Statistik Austria, 2007, S. 10). Freiwillig bedeutet, dass keine gesetzliche Verpflichtung besteht, was insofern einige Ehrenämter wie z.B. in Deutschland Wahlhelferinnen und Schöffenrichter/innen von der Definition i.e.S. ausschließt. Unbezahlt bedeutet ohne monetäre Gegenleistung, wobei Aufwands- und Spesenentschädigungen nicht als Bezahlung gelten. Mieg und Wehner (2002) schlagen alternativ den Begriff der „frei-gemeinnützigen Arbeit" vor und definieren diese als ein freiwilliges *„persönliches, gemeinnütziges Engagement, das mit einem Zeitaufwand verbunden ist, prinzipiell auch von einer anderen Person ausgeführt und potenziell bezahlt werden könnte"* (S. 5). Hausarbeit oder die Fürsorge innerhalb einer Familie sind von der Definition ausgeschlossen, da Eltern grundsätzlich die Pflicht zur Sorge für ihre Kinder obliegt. Auch die persönliche Beziehungspflege im Freundeskreis fällt nicht unter die Definition. Spenden werden ebenfalls nicht der frei-gemeinnützigen Arbeit zugerechnet, da der Zeitaufwand zu gering ist.

Innerhalb der Freiwilligenarbeit kann weiterhin zwischen institutionalisierter und informeller Freiwilligenarbeit unterschieden werden. Zu den freiwillig übernommenen Aufgaben in Institutionen gehören zum Beispiel Dienste in Krankenhäusern, Alten- oder Behinderteneinrichtungen sowie in Sport- und Kulturvereinen und im Natur- und Umweltschutz. Zur informellen Freiwilligenarbeit werden überwiegend Arbeiten im Kontext der Nachbarschaftshilfe gezählt.

Über die Struktur und den Umfang der Freiwilligenarbeit gibt es in Deutschland, Österreich und der Schweiz nationale Erhebungen verschiedener Bundesanstalten, auf die nachfolgend wiederholt Bezug genommen wird. Seit 1999 wird zum Beispiel im Auftrag der Bundesregierung in Deutschland der sogenannte Freiwilligensurvey durchgeführt; dabei handelt es sich um eine repräsentative Erhebung unter Einbezug von fast 15'000 Personen (Bundesministerium für Familie, Senioren, Frauen und Jugend, 2005). Die letzte Erhebung aus dem Jahr 2004 zeigt, dass rund 36 Prozent aller Einwohnerinnen und Einwohner im Alter ab 14 Jahren sich freiwillig in Verbänden, Vereinen, Initiativen und Projekten engagieren. In Österreich wurde 2006 im Auftrag des Bundesministeriums für Soziales und Konsumentenschutz eine Studie zu Struktur und Volumen der Freiwilligenarbeit in Auftrag gegeben, deren Resultat Statistik Austria 2007 publiziert hat (knapp 12´000 Befragte). Hier zeigte sich, dass 44 Prozent der Bevölkerung ab 15 Jahren Freiwilligenarbeit leistet. Darin sind zu etwa gleichen Teilen institutionalisierte und informelle Freiwilligenarbeit enthalten. In der Schweiz beschäftigte sich auf Bundesebene zum letzten Mal im Jahre 2000 die Schweizerische Arbeitskräfteerhebung (SAKE) mit dem Thema der Freiwilligenarbeit (knapp 18´000 Befragte). Hier zeigte sich, dass knapp 25 Prozent der Befragten in der institutionalisierten Freiwilligenarbeit engagiert waren, in der informellen Freiwilligenarbeit waren es 23 Prozent (vgl. Münzel, 2004). In der Summe kommt man hier wie auch in Österreich auf weit über 40 Prozent. Was den zeitlichen Aufwand betrifft, weiß man aus Österreich und der Schweiz, dass die freiwillig tätigen Personen etwa vier Stunden pro Woche investieren. Aus Deutschland ist bekannt, dass etwa die Hälfte der freiwillig Tätigen mindestens einmal die Woche aktiv wird. Mit Blick auf die institutionalisierte Freiwilligenarbeit dominiert in Deutschland und der Schweiz das Engagement im Sport, was in Österreich nur noch vom Kunst- und Kulturbereich übertroffen wird, der in der Schweiz an zweiter Stelle genannt wird. In allen drei Ländern spielt aber auch das Engagement im sozial-karitativen Bereich eine bedeutsame Rolle.

Besonders stark gesellschaftlich verankert ist die Freiwilligenarbeit in der Schweiz. Hier existiert mit dem Milizamt eine besondere Form bzw. ein Grenzfall des Ehrenamtes, die von Geser (1987; S. 172) folgendermaßen definiert wird: „ … eine auf nichtberufliche Rollen abgestützte Form öffentlicher Organisation, bei der exekutive Aufgaben in Politik und Verwaltung von quasi beliebigen, nicht besonders qualifizierten Bürgern während einer limitierten Amtszeit übernommen und für eine geringe, zum Lebensunterhalt niemals ausreichende Honorierung neben ihren normalen Berufsverpflichtungen ausgeführt werden." Das Milizprinzip gilt als demokratiestützend, da es allen Mitgliedern eines Gemeinwesens bedeutsame Partizipationschancen bietet (Geser, 1987). Dennoch gibt es auch in der Schweiz systematische interindividuelle Unterschiede im Ausmaß der geleisteten Freiwilligenarbeit, wie im nächsten Abschnitt herausgearbeitet wird.

7.2.1 Wer engagiert sich in der Freiwilligenarbeit?

7.2.1.1 Soziodemographische Charakteristika von Personen in der Freiwilligenarbeit

Übereinstimmend ließ sich sowohl in Deutschland als auch in Österreich feststellen, dass der Anteil der Männer in der Freiwilligenarbeit etwas höher ist als jener der Frauen; in der Schweiz ist das Verhältnis ausgewogen. Ein differenzierteres Bild ergibt sich, wenn – wie in der schweizerischen und in der österreichischen Erhebung – nach institutionalisierter und informeller Freiwilligenarbeit unterschieden wird: Bei der institutionalisierten Freiwilligenarbeit finden sich mehr Männer, bei der informellen Freiwilligenarbeit mehr Frauen. Männer und Frauen engagieren sich überdies in unterschiedlichen Institutionen und Positionen: Männer eher in Vorständen, Interessensvereinigungen und politischen Ämtern, Frauen eher nicht-repräsentierend, in sozial-karitativen oder kirchlichen Institutionen (vgl. Zierau, 2000). Die Präferenzen für bestimmte freiwillige Tätigkeiten spiegeln die traditionelle Rollenteilung der Gesellschaft wider (Mieg & Wehner, 2002).

Weiterhin wurde festgestellt, dass in der Schweiz und in Österreich die Teilnahme an der Freiwilligenarbeit mit dem Bildungsniveau steigt. In allen drei Ländern sind Erwerbstätige und Hausfrauen stärker freiwillig engagiert als Arbeitslose. Die Daten aus der Schweiz lassen außerdem darauf schließen, dass es überzufällig häufig Personen in Paarhaushalten mit Kindern sind, die sich in der institutionalisierten Freiwilligenarbeit engagieren. Die Altersgruppe mit dem stärksten Engagement ist in allen drei Ländern die Gruppe der 40- bis 50-Jährigen. Aus Österreich und der Schweiz weiß man weiterhin, dass die Beteiligung an Freiwilligenarbeit im städtischen Umfeld geringer ist als im ländlichen Raum. In der Schweiz und in Deutschland sprechen die Daten dafür, das Migrantinnen und Migranten sich weniger an der institutionalisierten Freiwilligenarbeit beteiligen. Insgesamt sind es also Personen mit besseren bildungsmäßigen, beruflichen und finanziellen Voraussetzungen und Personen, die sozial stärker integriert sind, die eher als andere freiwillige gemeinnützige Aufgaben übernehmen.

7.2.1.2 Individuelle Beweggründe für das Engagement in der Freiwilligenarbeit

Mit der frei-gemeinnützigen Arbeit lassen sich prinzipiell verschiedene Bedürfnisse und Wünsche der freiwillig Tätigen erfüllen (vgl. Clary & Snyder, 1999; Mieg & Wehner, 2002; Naleppa, 2002). So zum Beispiel der Wunsch bzw. das Bedürfnis,...

- ... zu helfen bzw. eigenes Wissen weiterzugeben;
- ... die Gesellschaft mitzugestalten;
- ... gesellschaftliches Ansehen zu erlangen;
- ... sozial eingebunden zu sein;
- ... Sinnhaftigkeit im eigenen Tun zu erleben;
- ... den eigenen Horizont zu erweitern;
- ... eigene Kompetenzen und Kenntnisse zu vertiefen;
- ... die eigenen Arbeitsmarktchancen zu erhöhen.

Insbesondere aus den deutschen und österreichischen Erhebungen ist Einiges über die gegenwärtig zentralen Beweggründe für das freiwillige Engagement bekannt. Hauptmotive sind demnach das Bedürfnis der Bürgerinnen und Bürger zur gesellschaftlichen Mitgestaltung, der Wunsch nach sozialen Kontakten und der Wunsch zu helfen. Wichtig ist den freiwillig Tätigen außerdem, dass die Tätigkeit selbst Freude bereitet. Weiterhin erhoffen sich viele eine Erweiterung des eigenen Horizonts und einen Zuwachs an Kenntnissen und Fertigkeiten. Die deutschen Daten sprechen überdies dafür, dass auch der Wunsch, aus der Tätigkeit einen potenziellen beruflichen Nutzen zu ziehen, relevanter wird.

Welche Motive ausschlaggebend für die Freiwilligenarbeit sind, scheint unter anderem vom Alter und der konkreten Lebenssituation abzuhängen. Während jüngere Erwachsene stärker den Eigennutzen (u.a. beruflichen Nutzen) betonen, sind Personen im mittleren Alter stärker durch den Wunsch nach gesellschaftlicher Solidarität motiviert. Bei älteren Freiwilligen sind neben der gesellschaftlichen Solidarität auch religiöse Motive zu finden (Bachmann & Bieri, 2000). Was die Religiösität betrifft, ist im übrigen bekannt, dass diese die Wahrscheinlichkeit für ehrenamtliches Engagement erhöhen kann (Küpper & Bierhoff, 1999). Möglicherweise bewirkt die häufig stärkere Religiösität älterer Menschen hier die geschilderte Motivverschiebung. Motivspezifische Altersunterschiede können aber auch mit altersspezifischen Entwicklungsaufgaben zusammenhängen (Havighurst, 1948). Während Jugendliche und junge Erwachsene sich beruflich etablieren müssen und deshalb auch an einem berufsrelevanten Nutzen besonders interessiert sind, haben Erwachsene im mittleren Alter zumeist gefestigte berufliche und familiäre Lebensbedingungen, wobei die eigenen Kinder häufig schon recht selbstständig sind. Die Entwicklungsaufgabe besteht von nun an stärker in der Hinwendung zum Gemeinwesen (vgl. auch Mieg & Wehner, 2002). Als Ausdruck der Auswirkungen einer spezifischen Lebenssituation kann man außerdem interpretieren, dass Arbeitslose als freiwillig Engagierte deutlicher als Erwerbstätige die Stärkung berufsrelevanter Kompetenzen als Motiv benennen (Bundesministerium für Familie, Senioren, Frauen und Jugend, 2005).

In der aktuellen Diskussion zu den Motiven für freiwilliges Engagement spielen gesellschaftliche Veränderungen eine bedeutsame Rolle: In Bezug auf die institutionalisierte Freiwilligentätigkeit stellt zum Beispiel Münzel (2004) fest, dass Personen sich heute insbesondere zu selbstbestimmten Organisationsformen mit einem geringen Formalisierungsgrad hingezogen fühlen. Freiwillige scheinen sich dabei stark an ihrer unmittelbaren Betroffenheit von einem Themenbereich zu orientieren. Es geht also um eine Verbindung von Individualismus und kollektiver Verantwortung. Die dahinterliegende Werthaltung bezeichnet Beck (1995) als solidarischen Individualismus. Dazu passt auch, dass es Freiwilligen wichtig ist mitzubestimmen, wie ihre Tätigkeiten und Einsätze aussehen (vgl. Münzel, 2004).

Der mit Abstand wichtigste Grund für einen Rückzug aus der Freiwilligenarbeit ist mangelnde frei verfügbare Zeit (von Rosenbladt, 2000). Dies ist auch der zentrale Grund dafür, von einer ehrenamtlichen Tätigkeit von vornherein abzusehen (Statistik Austria, 2007). Unter den Gründen, eine ehrenamtliche Tätigkeit zu beenden, werden – wie bundesdeutschen Daten zeigen – aber von immerhin 13 Prozent der Befragten auch Schwierigkeiten mit Hauptamtlichen angegeben (von Rosenbladt, 2000). Das Engagement wird u.U. auch dann verringert, wenn das Gefühl aufkommt, ausgenutzt zu werden (vgl. Mieg & Wehner, 2002).

7.2.2 Arbeitspsychologische Bewertung und Gesundheitsrelevanz der Freiwilligenarbeit

Wie ist der Bereich der frei-gemeinnützigen Tätigkeiten mit Blick auf gesundheitsförderliche Merkmale der Arbeitsgestaltung zu bewerten? Zu den persönlichkeits- und gesundheitsförderlichen aufgabenbezogenen Merkmalen gehören aus arbeitspsychologischer Sicht Merkmale wie die Vollständigkeit der Arbeitsaufgabe, die Anforderungsvielfalt der Tätigkeit, Autonomie (realisiert durch Dispositions- u. Entscheidungsspielräume), aufgabenimmanente Lern- und Entwicklungsmöglichkeiten sowie Möglichkeiten zur sozialen Interaktion und die erlebte Sinnhaftigkeit (vgl. Ulich, 2011). In einer Studie von Güntert und Wehner (2005) wurden gemeinnützige Tätigkeiten von 862 Senioren und Seniorinnen mittels des Job Diagnostic Survey (Hackman & Oldham, 1975) analysiert. Als positives motivierendes Merkmal stach dabei die Ganzheitlichkeit der jeweiligen Aufgaben heraus, während Autonomie und Anforderungsvielfalt vergleichsweise schwächer ausgeprägt waren. Zu teilweise anderen Ergebnissen kommen Ulich, Trachsler, Inversini, Wülser und Dangel (2005) bei freiwillig tätigen schweizerischen Schulbehördenmitgliedern. Hier fand sich eine durchgängig positive Bewertung des in der Arbeit enthaltenen Qualifikationspotenzials und der gegebenen Partizipationsmöglichkeiten, während die Ganzheitlichkeit der Aufgaben nur moderat positiv eingeschätzt wurde. Anforderungsvielfalt und Entscheidungsspielraum wurden ebenfalls nur moderat positiv bewertet. Dass Studien hier zu bisweilen unterschiedlichen Ergebnissen kommen, ist angesichts der Vielfalt möglicher Bereiche der Freiwilligenarbeit nicht überraschend. So ist Resch (2001) in ihrer Einschätzung zuzustimmen, dass verallgemeinernde Aussagen zur arbeitspsychologischen Qualität von Freiwilligenarbeit nur schwer möglich sind: „Wie bereits für den Bereich der Haus- und Familienarbeit gezeigt, laufen Aussagen hierzu Gefahr, einzelne Aspekte zu überhöhen, andere zu übersehen und mitunter widersprüchliche Einschätzungen zu formulieren. So wird etwa auf die Zeitsouveränität der freiwillig soziale Dienste leistenden Person verwiesen, obwohl die Tätigkeit der Pflege und Betreuung ganz offensichtlich häufig eine enge zeitliche Anbindung mit sich bringt“ (Resch, 2001, S. 36).

Da also eine allgemeingültige Bewertung der Arbeitsmerkmale im Freiwilligenbereich nicht möglich ist, kann auch die Frage der Gesundheitsförderlichkeit nicht generell beantwortet werden. Begünstigend wirkt hier aber sicher, dass angesichts der Freiwilligkeit des Engagements die Wahrscheinlichkeit steigt, dass Personen bedürfnisgerechte Tätigkeiten wählen (der Job-Environment-Fit also vermutlich eher hoch ist) bzw. sich von der Freiwilligentätigkeit zurückziehen, wenn sie merken, dass diese ihnen nicht gut tut. Einen ermutigenden Befund zur potenziell gesundheitsförderlichen Wirkung der Freiwilligenarbeit liefern Richter und Nitsche (2002) in dem in Kasten 7.1 dargestellten Projekt. Von positiven Wirkungen der Freiwilligenarbeit auf das Wohlbefinden berichten auch Thoits und Hewitt (2001).

Kasten 7.1 *Gesundheitsrelevanz der Freiwilligenarbeit bei Langzeitarbeitslosen*

Das Projekt TAURIS (**T**ätigkeiten und **Au**fgaben – **R**egionale **I**nitiativen in **S**achsen)

TAURIS ist ein Projekt der sächsischen Landesregierung, das über 50jährigen Langzeitarbeitslosen und arbeitsfähigen Sozialhilfeempfängern „die Möglichkeit sinnerfüllter Tätigkeiten im gemeinnützigen Bereich unter Beibehaltung des Transfereinkommens und einer Unkostenvergütung eröffnet“ (Richter & Nitsche, 2002; S. 195).

Arbeitspsychologisch ließen sich die meisten der ausgeführten Tätigkeiten (81%) als anspruchsvoll und persönlichkeitsfördernd einstufen (Nitsche & Richter, 2003).

Auf der Basis eines Kontrollgruppendesigns wurden die Auswirkungen der Teilnahme an diesem Projekt auf die psychische Gesundheit erfasst. Im Zeitraum von vier Monaten nach der Tätigkeitsaufnahme verbesserte sich die psychische Gesundheit der Teilnehmenden deutlich. Nach einem Jahr lagen die Werte immer noch über denen der Kontrollgruppe, hatten sich aber letztlich wieder auf dem Ausgangsniveau eingependelt.

Richter und Nitsche (2002, S. 198) kommen deshalb trotz der durchaus vorhanden mittelfristigen Wirkung des TAURIS-Projektes zu folgendem Schluss: „Es wäre (...) eine Illusion anzunehmen, damit langfristige (...) gesundheitliche Stabilisierungen zu erreichen.“ Dies ist selbstverständlich auch der besonderen, das psychische Wohlbefinden gefährdenden Situation Erwerbsloser geschuldet, welche sich beispielsweise sehr viel mehr existentielle Sorgen machen als frei-gemeinnützig tätige Personen, die zugleich einer gesicherten Erwerbstätigkeit nachgehen.

7.2.3 Berufsnähe der ausgeübten Tätigkeiten

Eine weitere Frage, die im Zusammenhang mit dem Life Domain Balance-Konzept Relevanz besitzt, ist die, ob sich durch die Freiwilligenarbeit eine zusätzliche qualitativ bereichernde Komponente für die Lebensgestaltung ergibt.

Es scheint, dass Freiwillige nicht selten einen Ausgleich zu ihren sonstigen Tätigkeiten suchen (vgl. Münzel, 2004). Dies trifft etwa zu, wenn eine allein stehende Person, die in ihrer Erwerbstätigkeit wenig mit anderen Menschen zu tun hat, die Möglichkeit der Freiwilligenarbeit nutzt, um ihr Bedürfnis nach sozialem Anschluss zu befriedigen. Andererseits hat bei den in Deutschland tätigen Freiwilligen die ausgeübte frei-gemeinnützige Tätigkeit bei 23 Prozent etwas mit der aktuellen Erwerbstätigkeit oder der früheren Erwerbstätigkeit zu tun. Für bereits im Ruhestand befindliche Personen ergibt sich so die Möglichkeit, ihre berufliche Expertise weiterhin einzubringen. Es finden sich also verschiedene Grade der Berufsnähe, aber bei sehr einseitigen beruflichen Anforderungen auch die Chance, Fehlendes zu kompensieren. Allerdings darf nicht übersehen werden, dass es gerade nicht die Personen aus einfachen Erwerbstätigkeitsfeldern sind, die überzufällig häufig gemeinnützige Freiwilligenarbeit leisten (s.o.). Unter den Erwerbstätigen sind es vielmehr gerade jene mit hohem Bildungsniveau, die in der Regel in ihren beruflichen Tätigkeitsfeldern über relativ große Handlungsspielräume verfügen und abwechslungsreiche Aufgaben erfüllen, die relativ stark in der Freiwilligenarbeit vertreten sind.

Die von Kuhnert und Kastner (2002; s. Kapitel 2) für Arbeitslose empfohlene Einbindung in die Freiwilligenarbeit wird von den Betroffenen also eher selten realisiert. Aus der Außenperspektive mag die Freiwilligenarbeit für Arbeitslose zwar wichtige alltags-praktische Funktionen wie die Strukturierung der Zeit haben sowie das Gefühl der sozialen Einbindung und persönlichen Kompetenz fördern. Unter den Arbeitslosen selbst wird das bisher offensichtlich nur von einer Minorität so gesehen bzw. kann – aus welchen Gründen auch immer (z.B. infolge psychischer und/oder physischer Gesundheitsbeeinträchtigungen) – nur von wenigen realisiert werden. Hier braucht es möglicherweise spezifische Programme, wie etwa das oben geschilderte TAURIS-Projekt, die zur Beteiligung an frei-gemeinnütziger Arbeit ermutigen.

7.2.3.1 Freiwilligenarbeit als beruflich relevantes und nutzbares Lernfeld?

Es besteht Einigkeit darüber, dass freiwilliges Engagement ein wichtiges informelles Lernfeld darstellt (Bundesministerium für Familie, Senioren, Frauen und Jugend, 2005). Im deutschen Freiwilligensurvey wird von 44 Prozent der befragten Freiwilligen berichtet, dass sie durch ihre Tätigkeit persönlich bedeutsame Fähigkeiten erwerben, wobei gerade junge Menschen die Lernchancen betonen, die sich mit dem freiwilligen Engagement eröffnen.

Lässt sich Freiwilligenarbeit also beruflich verwerten? Dass Freiwilligenarbeit schon im jungen Erwachsenenalter karrierebezogen nutzbar gemacht werden kann, zeigen die universitären Studierendenauswahlprozesse in den USA. Dort gilt schon seit langem neben hervorragenden akademisch-schulischen Leistungsvoraussetzungen und spezifischen Begabungen (z.B. in den Bereichen Sport und Musik) auch das soziale Engagement als auswahlrelevant (vgl. Lenhardt, 2006). Seit in jüngerer Zeit auch in Deutschland die Studierendenauswahl von den Universitäten autonom gestaltet wird, findet auch hier neben Schulnoten und fachbezogener Motivation das freiwillige soziale Engagement als zusätzliches Kriterium zusehends Beachtung (Haerder, 2009). In den verschiedenen Begabtenstiftungen der Kirchen (z.B. Cusanuswerk, Evangelische Studienwerk Villigst) und den gewerkschafts- bzw. parteinahen Stiftungen (z.B. Hans-Böckler-Stiftung, Konrad-Adenauer-Stiftung, Friedrich-Ebert-Stiftung, Heinrich-Böll-Stiftung), die Studierende mit Stipendien unterstützen, spielen bei der Stipendiatenauswahl von jeher neben der schulisch belegten Leistungsbereitschaft und -stärke das soziale und gesellschaftspolitische Engagement eine besondere Rolle.

Auch bei der Stellensuche im weiteren Erwerbsleben kann freigemeinnütziges Engagement durchaus positiv wirken, weil Bewerberinnen bzw. Bewerbern mit entsprechendem Erfahrungshintergrund etwa besondere soziale Kompetenzen zugesprochen werden. Allerdings könnte eine lange Liste von Ehrenämtern auch Anlass zu der Vermutung geben, jemand würde seine berufliche Tätigkeit zugunsten von freiwilligen Aktivitäten vernachlässigen. Dies ist wissenschaftlich bisher nur unzureichend erforscht.

Kasten 7.2 liefert Informationen darüber, wie schon heute versucht wird, die im Rahmen der Freiwilligenarbeit oder auch der Haus- und Familienarbeit erworbenen Kompetenzen in die berufliche Eignungsbeurteilung einfließen zu lassen.

Anerkennung außerberuflich erworbener Erfahrungen im beruflichen Bereich? **Kasten 7.2**

Zwei Beispiele aus der Schweiz:

(1) Gefördert vom Bundesamt für Berufsbildung und Technologie gibt es seit 2002 mit dem „Sozialzeitausweis" ein Dokument, mit dem Freiwilligenarbeit nachgewiesen werden kann (www.sozialzeitausweis.ch). Der Sozialzeitausweis enthält in Form einer persönlichen Arbeitsmappe Nachweisdokumente, die bei Stellenbewerbungen als Beleg beigefügt werden können. Dokumentiert werden Art und Umfang der freiwilligen Tätigkeiten. Weiterhin werden Angaben zu dabei vermutlich erworbenen Kompetenzen gemacht (z.B. Teamfähigkeit, Kommunikationsfähigkeiten, technische Fähigkeiten). In den ersten beiden Jahren nach Einführung wurden ca. 150 000 Ausweise ausgestellt (vgl. Fritze, Krattiger & Götz, 2004). Dennoch ist der Sozialzeitausweis längst nicht allen Personalverantwortlichen bekannt (Fritze et al., 2004). Einzelne Unternehmen wie die MIGROS messen ihm allerdings eine zusehends wachsende Bedeutung bei der Personalauswahl bei (vgl. Ulich, 2005).

(2) Außerdem wurde in der Schweiz ein Instrument zur Erfassung von Schlüsselkompetenzen (IESKO) konzipiert, das bei der Personalauswahl und der Berufsberatung angewendet werden kann (Kadishi, 2001; weitere Informationen siehe auch Verein „Familien- und Erwerbsarbeit für Männer und Frauen", www.und-online.ch). Es erfasst den Kompetenzerwerb in Familie, Freiwilligenarbeit und Freizeit und basiert auf arbeitswissenschaftlichen Untersuchungen, die von einem tätigkeitsbezogenen Kompetenzbegriff ausgehen. Ein Vergleich zwischen dem schlüsselkompetenzbezogenen Soll-Profil und dem Ist-Profil des Bewerbers soll dessen Eignung für die zu besetzende Stelle aufzeigen.

7.3 Fazit

Haus- und Familienarbeit sowie die Freiwilligenarbeit stellen Tätigkeitsbereiche dar, die auch jenseits der Erwerbstätigkeit Arbeitsaktivitäten umfassen, welche prinzipiell positiv bereichernd, aber auch negativ beanspruchend wirken können.

Hausarbeit gilt vielen als wenig attraktiv. So ist es ein Postulat der ökonomischen Verhandlungstheorie, dass sowohl Männer als auch Frauen ihr Investment in diesem Tätigkeitsfeld minimieren möchten und dies dann am besten gelingen müsste, wenn eine Person dem Partner überlegene berufliche Entwicklungschancen aufweist. Dabei wird allerdings leicht übersehen, dass es auch eine beträchtliche Anzahl von Personen gibt, denen ihr Zeitinvestment im häuslichen Bereich angemessen erscheint und die offensichtlich nicht danach streben, weniger Zeit mit häuslichen Tätigkeiten zu verbringen. Allerdings ist denkbar, dass hierbei unterschiedliche Facetten der Hausarbeit in unterschiedlichem Maße als befriedigend erlebt werden. Viele der eher materiell-technischen Arbeiten (z. B. Putzen), die in Einzelarbeit und auf niedrigem Regulationsniveau erledigt werden, dürften zu den unattraktiveren Tätigkeiten gehören. Die Erziehungsarbeit dürfte hingegen für viele Eltern ein herausforderndes und subjektiv lohnendes Tätigkeitsfeld darstellen und möglicherweise in seiner komplexen Anforderungsstruktur zugleich auch jenes mit dem größten Lernpotenzial für häufig diskutierte Schlüsselkompetenzen im sozialen und planerischen Bereich sein. Bemerkenswert ist, dass aktuelle Daten nicht dafür sprechen, dass sich die traditionale Arbeitsteilung zwischen Mann und Frau in Abhängigkeit von den zunehmenden Berufschancen der Frauen hin zu einer größeren Egalität entwickelt. Das widerspricht grundsätzlichen Theorieannahmen aus der Ökonomie. Trotz alledem hat die Beteiligung der Männer an der Hausarbeit über die letzten Jahre leicht zugenommen. Allerdings werden von den Männern bevorzugt zeitlich flexible Tätigkeiten übernommen, die ihnen gute Möglichkeiten geben, diese mit anderen Lebens- und Interessensbereichen relativ konfliktfrei zu koordinieren. Wie gut dies gelingen kann, hängt aber vermutlich auch vom Umfang und der zeitlichen Planbarkeit der beruflichen Tätigkeiten ab. So weisen die Ergebnisse einer qualitativen Studie von Jürgens und Reinecke (1998) darauf hin, dass deutliche Arbeitszeitverkürzungen bei Industriearbeitern zu einer stärkeren Übernahme von Haushalts- und Erziehungsaufgaben führen können, solange die Erwerbszeiten (inkl. potenzieller Mehrarbeit) zeitlich klar kalkulierbar sind.

Der Bereich der Freiwilligenarbeit bietet Chancen für ein Engagement, das in der Fachliteratur zumeist als sinnstiftend und befriedigend beschrieben wird. Die ausgeübten Tätigkeiten haben selbstbestimmte Erlebnisqualitäten, die in eine kompensatorische Beziehung zur teilweise fremdbestimmten beruflichen Erwerbstätigkeit treten können. Allerdings sind in der Freiwilligenarbeit gerade jene Erwerbstätigen überrepräsentiert, die vor dem Hintergrund ihres Bildungsniveaus zugleich auch im Erwerbsbereich mit hoher Wahrscheinlichkeit über relativ große Tätigkeitsspielräume verfügen. Auch nach Ende der Berufstätigkeit bietet der Bereich der Freiwilligenarbeit ein breites Betätigungsfeld. Insgesamt stehen der Wunsch zu helfen sowie der Wunsch nach sozialem Anschluss bei der Freiwilligenarbeit im Vordergrund. Die Motive scheinen sich aber teilweise über die Lebensspanne zu verschieben (z. B. von dem Wunsch nach beruflich verwertbaren Erfahrungen hin zu einer immer stärker werdenden Gemeinwohlorientierung). Der wichtigste Grund für einen Rückzug aus der Freiwilligenarbeit ist Zeitmangel. Diese Tatsache verweist darauf, dass der Bereich der Freiwilligenarbeit auch in Konflikt zu anderen Lebensbereichen treten kann.

Kapitel 8

Erholung

8.0 Ein Blick zurück

Fragen der Erholung, insbesondere durch die Einführung von Pausen waren in der Arbeitswissenschaft schon früh Gegenstand anwendungsorientierter Forschung. Dabei wurden sowohl experimentelle Untersuchungen im Laboratorium als auch Feldversuche in industriellen Betrieben durchgeführt.

So konnte Graf (1922, 1927) mit einer Vielzahl von experimentellen Variationen belegen, dass (Kurz-)Pausen von geeigneter Länge sowohl eine Steigerung der Produktivität als auch eine Verminderung der Ermüdung bewirken. In diesem Zusammenhang führte er den Begriff der „lohnenden Pausen" ein, denen auch eine Vorauswirkung attestiert wurde, sofern die Dauer eines Arbeitsabschnittes bis zur nächsten Pause einen entsprechenden Erwartungswert erzeugte. Dementsprechend konnten Efimoff und Zibakowa (1926) für vier verschiedene Arbeitstätigkeiten belegen, dass die Einführung von fünfminütigen Kurzpausen nach jeweils 50 Minuten Arbeit zu einer deutlichen Steigerung der Leistung bei gleichzeitig abnehmender Ermüdung führte. Auch Richter (1931) konnte in mehrwöchigen Feldversuchen mit der Einführung von Kurzpausen unterschiedlicher Länge für verschiedene Arbeitstätigkeiten Leistungssteigerungen in der Größenordnung von sechs bis elf Prozent nachweisen. Wie von Efimoff und Zibakowa und anderen zeitgenössischen Autoren wird auch hier die gleichzeitige Verminderung der Ermüdung als bedeutsam hervorgehoben: „Eines der größten Probleme, denen die moderne Industrie mit ihrer Tendenz einer ständig sich steigernden Mechanisierung, Automatisierung und der hiermit in Zusammenhang stehenden Arbeitsmonotonie gegenüber steht, ist das der industriellen Ermüdung, das tief in psychologische, physiologische, soziale und politische Fragenkomplexe greift" (Richter, 1931, S. 145).

Die Arbeit von Krause (1933) beschäftigte sich mit einer arbeitsgestalterischen Maßnahme, die vierzig Jahre später in Zusammenhang mit *„Neuen Formen der Arbeitsgestaltung"* wieder aufgegriffen wurde und heute unter dem Begriff *„Mischarbeit"* vor allem für computerunterstützte Büroarbeit hohe Aktualität besitzt. Krause untersuchte in der Lochkartenabteilung der AEG die Wirkung von eingeschobenen „Ausgleichsarbeiten" auf die Leistung von Locherinnen und Kontroll-Locherinnen. Es zeigte sich, dass unsystematisch – d.h. den betrieblichen Möglichkeiten oder Erfordernissen entsprechend – eingestreute Ausgleichsarbeiten gegenüber der lediglich durch Pausen unterbrochenen Locharbeit eine Steigerung der Leistung um neun Prozent bewirkten. Systematisch – und damit für die Beschäftigten kalkulierbar – eingestreute Ausgleichsarbeiten bewirkten in diesen Versuchen eine Steigerung der Leistung um 15 Prozent. Wichtig ist hier auch der Hinweis auf spezifische Belastungswirkungen – insbesondere „ein Ansteigen der Nervosität" – bei länger dauernder ganztägiger Locharbeit. „Ferner erhalten die Locherinnen durch die Erledigung anderer mit dem Lochkartenverfahren verbundener Arbeiten ... über den Arbeitsgang und Einzelfragen einen wertvollen Überblick, der sich sowohl zum Vorteil der Arbeitserledigung als auch zum eigenen Vorteil der Angestellten auswirkt. Diese werden dadurch auch für andere Arbeiten geschult und können, besonders bei Überalterung, in andere Abteilungen übernommen werden" (Krause, 1933, S. 104).

8.1 Pausen

Erholung dient dem Ausgleich von Beanspruchungsfolgen. Erholung kann während der Zeit am Arbeitsplatz oder in der Freizeit stattfinden. Gelegenheiten zur Erholung bieten sich durch Arbeitspausen, während des Feierabends, am Wochenende oder im Urlaub. Nachfolgend werden ausgewählte Befunde zu diesen Erholungskontexten zusammengefasst, spezifische Erholungsprobleme diskutiert und Ansatzpunkte für ein verbessertes Erholungsmanagement skizziert. Für die Erholung während der Erwerbsarbeit sind Pausen dabei zweifelsfrei von großer Bedeutung, da sie helfen, „on the job" die Leistungsfähigkeit über den Tag hinweg zu erhalten. Im Sinne der Life Domain Balance geht es hier also darum, schon während der Zeit am Arbeitsplatz einen Ausgleich zwischen Anspannung und Entspannung herzustellen.

Pausen waren – wie bereits eingangs erwähnt – in der Arbeitswissenschaft schon in den 1920er und 1930er Jahren Gegenstand anwendungsorientierter Forschung. Die oben beschriebenen Befunde werden deshalb hier nicht noch einmal wiederholt, jedoch durch einige weitere ältere Befunde insbesondere zu Dauer und Lage von Arbeitspausen ergänzt.

8.1.1 Typen, Dauer und Lage von Arbeitspausen

Es lassen sich verschiedene Pausentypen unterscheiden:

(1) vorgeschriebene Pausen;
(2) spontane Kurzpausen;
(3) arbeitsablaufbedingte Wartezeiten.

Vorgeschriebene Pausen beziehen sich auf arbeitsrechtliche oder betrieblich festgelegte Zeitintervalle. Neben positiven Erholungswirkungen können diese allerdings auch unerwünschte Effekte haben. So kann eine Person sich beispielsweise in ihrem Arbeitsfluss unterbrochen fühlen. Von vorgeschriebenen Pausen profitieren insbesondere Personen, die dazu tendieren, selbst gewählte Pausen zu spät einzulegen oder ganz darauf zu verzichten.

Bei den spontanen Kurzpausen kann es sich sowohl um selbst gewählte Pausen handeln als auch um Pausen, die durch Arbeitskolleginnen bzw. -kollegen oder Vorgesetzte initiiert werden, wobei letztere gegebenenfalls auch als störend erlebt werden. Insbesondere die arbeitsablaufbedingten Wartezeiten haben in der Regel eher negative Effekte. Es handelt sich dabei um Regulationsbehinderungen, denen eigentlich keine Erholungsfunktion zukommt (vgl. Ulich & Wülser, 2010). Sie stellen vielmehr Stressoren dar, die den Erholungsbedarf sogar noch erhöhen können.

Arbeitswissenschaftlich begründete Empfehlungen zur Pausengestaltung beziehen sich traditionell vor allem auf die zeitliche Lage der Pause und die Pausendauer. Dabei ist zu berücksichtigen, dass der Anstieg der Ermüdung einen exponentiellen Verlauf aufweist (Rohmert, 1960, 1961). Das heißt, dass die Ermüdung nicht linear zunimmt, sondern dass sie desto stärker zunimmt, je länger eine Tätigkeit bei vorhandener Ermüdung fortgeführt wird. Für die betriebliche Praxis kommt es also darauf an, Pausen so rechtzeitig einzulegen, dass Zunahmen der Ermüdung über ein jeweils zu definierendes Maß hinaus nach Möglichkeit vermieden werden. Was den Erholungsverlauf betrifft, gilt, dass der stärkste Erholungseffekt zu Beginn einer Pause stattfindet und mit zunehmender Dauer die Pause weniger zur Erholung beiträgt (Simonson & Hebestreit, 1930; Graf, Rutenfranz & Ulich, 1970). Aus diesen Verlaufscharakteristika von Ermüdung und Erholung folgt deshalb, dass Kurzpausen, durch welche die tägliche Arbeit in relativ kleine Beanspruchungs-

und Pausenperioden gegliedert wird, besonders erholungswirksam sein sollten. Tatsächlich belegt die arbeitswissenschaftliche Forschung die erholungswirksame und produktivitätssteigernde Wirkung von Kurzpausen (vgl. zusammenfassend Tucker, 2003). In Abbildung 8.1 ist ein von Graf (1956) mitgeteiltes Beispiel über die Wirkung von Kurzpausen auf Tagesleistung, Stückzeiten und Verteilung der Tätigkeitselemente bei einer Arbeit am Fließband dargestellt.

Abbildung 8.1 *Beispiel für die Wirkung von Kurzpausen auf Tagesleistung, Stückzeiten und prozentuale Verteilung der einzelnen Tätigkeitselemente bei der Herstellung von Feinsicherungen (nach Untersuchungen von Graf und Scholz – aus: Graf 1956)*

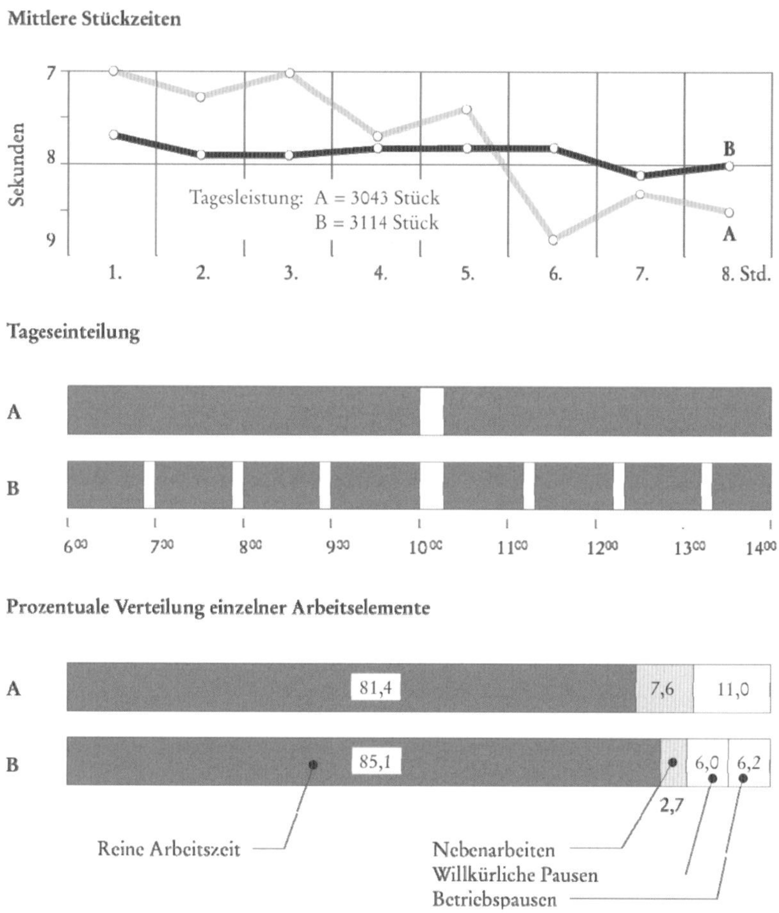

Hier wurden im Laufe der Acht-Stunden-Schicht zusätzliche Pausen mit einer Gesamtlänge von 30 Minuten eingeführt. Dennoch zeigt der Vergleich der ursprünglichen Tageseinteilung A mit der neuen Tageseinteilung B einen Anstieg der reinen Arbeitszeit von 81,4 % vor auf 85,1 % nach Einführung der zusätzlichen Pausen. Die nicht organisierten Pausen nahmen um 5 % ab.

Besonders eindrucksvoll ist die Differenz für die Nebenarbeiten, deren Anteil an der Schichtzeit von 7,6 % auf 2,7 % zurückging. „Wir können diese Erscheinung nicht anders deuten, als dass in den früheren Nebenarbeiten zum Teil verdeckte Pausen bzw. Entspannungspausen enthalten waren" (Graf, 1961, S. 110). Die Meinung mancher Vorgesetzter, dass alle Beschäftigten ständig auch wirklich „beschäftigt" sein müssen, führt offenbar dazu, dass ein Teil dieser Pausen durch „Nebenarbeiten" kaschiert wird. Dass der Erholungswert derartig kaschierter Pausen nicht dem offiziell zugestandener Pausen entspricht, ist nahe liegend. Deshalb ist der Hinweis wichtig, dass die Einführung geregelter Kurzpausen im Allgemeinen mit einer Verbesserung des Wirkungsgrades menschlicher Arbeit verbunden ist. In den mitgeteilten Beispielen wirkt sich dies in einer zum Teil erheblichen Steigerung der Tagesleistung aus.

Für die Frage der Ermüdung ist in Abbildung 8.1 vor allem der Verlauf der Stückzeiten von Bedeutung: Sofern dieser als Indikator für Ermüdung gelten kann, ist bemerkenswert, dass ein mit der Dauer der Arbeitszeit verbundener Anstieg – wie in Tageseinteilung A – bei Tageseinteilung B nicht mehr zu beobachten ist.

Die in Abbildung 8.2 dargestellten Befunde von Vernon, Bedford und Wyatt (1924) zeigen darüber hinaus, dass Leistungssteigerungen durch Einschaltung von Kurzpausen auch über lange Vergleichszeiträume erhalten bleiben. Das heißt, dass es sich bei den erholungsfördernden Wirkungen solcher Pausensysteme nicht um einen Hawthorne-Effekt handelt. Vielmehr gilt für körperliche Arbeit ebenso wie für einfache und sich häufig wiederholende geistige Tätigkeiten: Mehrere kurze Pausen haben einen größeren Erholungswert und verhindern eine fortschreitende Zunahme der Ermüdung besser als wenige längere Pausen gleicher Gesamtlänge (vgl. dazu auch Boucsein & Thum 1997; Galinsky et al., 2000).

Abbildung 8.2 *Wirkung von Kurzpausen auf die Leistung von 7 Arbeiterinnen beim Montieren von Fahrradketten (nach Vernon, Bedford & Wyatt – aus: Graf, 1956)*

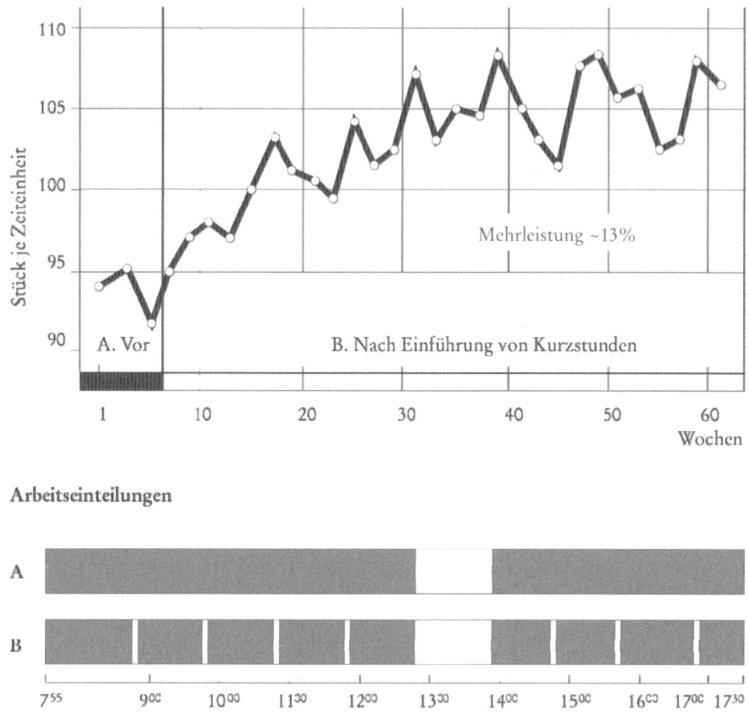

Ein in der Praxis verbreitetes Problem ist, dass selbst gewählte Pausen zu spät eingelegt werden und damit die vorbeugende Wirkung verlieren. Dies hat auch damit zu tun, dass das Müdigkeitsgefühl – wenn nicht aus anderen Gründen – erst mit bereits vorhandener Ermüdung auftritt und deshalb in diesem Zusammenhang keine genügende Indikatorfunktion aufweist. Zudem scheint sich die Länge selbstgewählter Pausen eher an deren Sozialwert als an ihrem Erholungswert zu bestimmen. Zusammenfassend bedeutet dies, dass die erholungsfördernde Wirkung selbstgewählter Pausenverteilungen fragwürdig ist, sofern diese nicht auf entsprechender Information und Einsicht in die Zusammenhänge beruhen.

8.1.2 Pausentätigkeiten

Zur tätigkeitsbezogenen Ausgestaltung von Pausen liegt vergleichsweise weniger Forschung vor. Zwei Gruppen von Aktivitäten sollen hier allerdings kurz erläutert werden: Bewegung und Entspannung (inkl. Dösen/Schlafen). Positive Effekte von Bewegungspausen wurden von Allmer (1996) zusammengefasst: körperliche Beschwerden nehmen ab und die Handlungsbereitschaft wird verbessert. Eine aktive Pause (z.B. durch Pausengymnastik) ist vor allem dann angeraten, wenn die Arbeitstätigkeit im Wesentlichen informatorisch-mentaler Art ist. Gerade deshalb ist die bewegungsaktive Pause auch für Schülerinnen und Schüler sinnvoll. Nach Allmer (1996) sprechen Untersuchungsbefunde dafür, dass eine bewegungsfreundliche Pausenhofgestaltung zumindest jüngere Schülerinnen und Schüler zu einem bewegungsaktiveren Pausenverhalten motiviert.

In jüngerer Zeit wurde auch dem „Mittagsschläfchen" und dem „Nickerchen" – heute gerne als „Power Nap" bezeichnet – wissenschaftliche Aufmerksamkeit zuteil. Die Stichproben, die in diesbezügliche Untersuchungen einbezogen wurden, sind allerdings häufig sehr klein. So zeigte eine dreiwöchige Studie mit acht Fabrikarbeitern von Takahashi et al. (2004) die positiven Auswirkungen eines 15-minütigen Mittagsschlafs auf die Aufmerksamkeit. Ein derartiges "Nickerchen" ist auch vor einer längeren Fahrtätigkeit zu empfehlen. So belegten Reyner und Horne (1997) in einem Fahrsimulationsexperiment mit 12 studentischen Teilnehmern, dass ein 15-minütiges Nickerchen die nachfolgende Müdigkeit und die Wahrscheinlichkeit von Zwischenfällen und Beinaheunfällen reduzierte. Dies macht deutlich, dass Pausen auch eine präventive Funktion haben können (Graf, Rutenfranz & Ulich, 1970). Allerdings kann vermutet werden, dass ein Nickerchen nicht wesentlich länger als 20-30 Minuten dauern sollte, da sich der Körper sonst gegebenenfalls komplett auf Schlafen einstellt.

8.2 Feierabend und Wochenende

Wiederkehrende Gelegenheiten zur Erholung im Alltag bieten sich für Erwerbstätige in Normalarbeitsverhältnissen nach der Arbeit und am Wochenende. Ein besonderes Problem dabei ist, dass es gerade Personen mit besonders anstrengenden Arbeitstagen und entsprechend hohem Erholungsbedarf sind, die mit höherer Wahrscheinlichkeit auch noch am Abend und am Wochenende arbeiten (z.B. van Hooft, Geurts, Kompier & Taris, 2007).

Mit Blick auf den *Feierabend* fanden Amelsvoort, Kant, Bultmann und Swaen (2003) in einer Längsschnittstudie bei denjenigen Personen, die Mühe bekundeten, sich am Abend zu erholen, ein erhöhtes Risiko für die Entwicklung kardiovaskulärer Erkrankungen. Selbstberichtete Erholungsprobleme nach der Arbeit können auch zu erhöhten krankheitsbedingten Fehltagen führen (z.B. Zweijahreslängsschnittstudie von De Croon, Sluiter & Frings-Dresen, 2003). In einer Tagebuchstudie mit 69 Lehrkräften, zeigte sich zum Beispiel, dass Personen, die von hohen Belastungen bei gleichzeitig geringer Kontrolle am Arbeitsplatz berichteten, nach der Arbeit länger an tätigkeitsbezogene Probleme dachten (Cropley & Purvis, 2003). Generell zeigte sich hier, dass die Wahrscheinlichkeit zu grübeln größer war, wenn man den Feierabend allein statt mit Freunden oder der Familie verbringt. Nicht zu grübeln und gedanklich Abstand zu nehmen, ist weiterhin wichtig für erholsamen Schlaf. Aber gerade geistige Arbeit wirkt im Gegensatz zu körperlicher Arbeit häufig derart nach, dass statt schlafförderlicher Müdigkeit erregte Abgespanntheit vorherrscht, die der Distanzierung entgegenwirkt (vgl. Hacker, Raum, Rentsch & Völker, 1987).

Bezüglich des *Wochenendes* sind Fritz und Sonnentag (2005) der Frage nachgegangen, welche Rolle spezifische Wochenenderfahrungen für die Gesundheit und die Arbeitsleistung zu Beginn der nachfolgenden Arbeitswoche spielen. Befragt wurden 87 Rettungssanitäter zu drei Messzeitpunkten. Der erste Messzeitpunkt fand vor dem Wochenende statt, der zweite am Ende des Wochenendes und der dritte zu Beginn der Arbeitswoche. Die Autorinnen konzentrierten sich auf drei spezifische Wochenenderfahrungen:

a) nicht-arbeitsbezogene Ärgernisse (z.B. Konflikte mit dem Partner oder anderen Personen);
b) soziale Aktivitäten;
c) positive Reflexion über die eigene Arbeitstätigkeit.

Nicht-arbeitsbezogene Ärgernisse sagten Burnouterleben und psychosomatische Beschwerden vorher. Burnoutreduzierend wirkten soziale Aktivitäten und eine positive Reflexion über die eigene

Arbeitstätigkeit (i.S. des Nachdenkens über jene Aspekte, die man mag und als sinnhaft erlebt). Es scheint also nicht notwendig, dass vollkommen von der Arbeit abgeschaltet wird, sofern die Gedanken an die Arbeit positiv getönt sind. Soziale Aktivitäten reduzierten außerdem die psychosomatischen Beschwerden zu Wochenbeginn. Erwartungskonform wirkten sich die Wochenenderfahrungen auf die selbstberichteten Arbeitsleistungen zu Beginn der Folgewoche aus: Ärgernisse hatten einen negativen und soziale Aktivitäten einen positiven Einfluss. Allerdings erscheint das Spektrum möglicher Wochenenderfahrungen und -aktivitäten in dieser Studie etwas eingeschränkt. Hier wäre eine Erweiterung aufschlussreich, z.B. durch sportliche Aktivitäten, kulturelle Aktivitäten, Schlafdauer. Die Erweiterung des Spektrums möglicher Aktivitäten wirft ganz allgemein die Frage nach der Erholungswirksamkeit verschiedener Freizeittätigkeiten auf, der wir uns nachfolgend zuwenden.

8.2.1 Individuelle Erholungsaktivitäten und Erholungserfahrungen

Wie lässt sich entscheiden, welche Aktivitäten besonders erholungswirksam sind? Da Erholung gleichermaßen als Ausgleich von Überforderungs- und Unterforderungszuständen aufgefasst wird (Allmer, 1996), kommen je nach Beanspruchungsart und -folgen andere Erholungsmaßnahmen in Frage. Während es bei Überforderung eher darum gehen sollte, Energie zu tanken und zur Ruhe zu kommen, sollten bei Unterforderungssituationen Freizeitaktivitäten wohltuend wirken, die hohes Anregungspotenzial besitzen. Die Liste möglicher Erholungsaktivitäten ist lang. Beispielhaft findet sich in Tabelle 8.1 eine Aufstellung von Allmer (1996). Er hat Personen danach gefragt, welche Erholungsfunktionen aus ihrer Sicht bestimmte Aktivitäten haben.

Aktivitätsreduzierend im Sinne des Zur-Ruhe-Kommens wirken z.B. „Dösen", ein warmes Bad nehmen und Musik hören. Veranstaltungsbesuche und Sport sind Beispiel für anregende Aktivitäten. Eine Bewegungsaktivität wie Spazieren gehen wirkt wie auch Sport energetisierend, hat aber zugleich für etwa die Hälfte der Befragten auch eine beruhigende Funktion.

Tabelle 8.1 *Subjektiv berichtete Funktionen ausgewählter Erholungsaktivitäten (in Anlehnung an Allmer, 1996)*

	Zentrale Funktionen (Zustimmung mindestens 30 % der Befragten)			
	Energie tanken	Zur Ruhe kommen	Anregendes machen	Sinnvolles tun
Gespräche führen				X
Musik hören	X	X		
Lesen		X		
Fernsehen		X		X
Dösen	X	X		
Ausgehen				X
Spazieren gehen	X	X		
Sport treiben			X	X
Warmes Bad nehmen	X	X		
Veranstaltungen besuchen				X
Saunabesuch	X	X		

Vor dem Hintergrund der Überlegungen zur Passung von Beanspruchung und Erholungsaktivität werden auch die nachfolgenden Befunde von Sonnentag (2003) und Trenberth, Dewe und Walkey (1999) verständlich. In einer Tagebuchstudie mit 100 Lehrpersonen wurde an fünf Werktagen das Freizeitverhalten erhoben (Sonnentag, 2003). Es zeigte sich, dass sowohl Aktivitäten, die mit wenig Anstrengung verbunden sind (z.B. Fernsehen, in Zeitschriften blättern) als auch soziale und körperliche Aktivitäten (z.B. Spazieren gehen, Sport treiben) das Wohlbefinden förderten. Bemerkenswert sind die Befunde zu Aktivitäten mit geringem Anstrengungsniveau. Zumindest in dieser Stichprobe von Personen mit einem sehr beanspruchenden Beruf sind diese durchaus wohlbefindensfördernd, was den vorangehenden Überlegungen zur Passung von Beanspruchung und Erholung entspricht. Arbeitsbezogene Aktivitäten hatten bei der betrachteten Personengruppe klar negative Auswirkungen auf das Wohlbefinden. Auch eine Studie von Trenberth et al. (1999) weist für eine Gruppe von annähernd 700 stellvertretenden Schulleitern darauf hin, dass für diese Gruppe die eher passiven Freizeitaktivitäten beim erfolgreichen Umgang mit psychischer Beanspruchung wirksamer sind als stark aktivitäts- und lernorientierte Verhaltensweisen. Bisher noch unzureichend erforscht ist die Erholungswirkung von Freizeitaktivitäten am Computer. Im Sinne der Annahme von Meijman und Mulders (1998), dass während des Erholungsprozesses auf möglichst andere Funktionssysteme als während der Beanspruchungsphase rekurriert werden sollte, ist zu vermuten, dass die Freizeitgestaltung am Computer zumindest für Personen mit Bildschirmarbeitsplätzen nur begrenzt erholungswirksam ist.

Eine weitere Möglichkeit, Erholungsaktivitäten bzw. -erfahrungen zu gruppieren, ist die Orientierung an den verschiedenen Phasen des Erholungsprozesses. Diese umfassen nach Allmer (1996): (a) psychologische Distanzierung, (b) Regeneration und (c) die allmähliche Umstellung der psychophysischen Funktionen auf die anschließende Inanspruchnahme. Die psychologische Distanzierung sowie regenerative Aktivitäten, letztere im Sinne von (1) Entspannung und (2) alternativen leistungsbezogenen Erfahrungen, werden beispielsweise im Erholungsfragebogen von Sonnentag und Fritz (2007) erfasst (vgl. Kasten 8.1). Zu den leistungsbezogenen erholungswirksamen Erfahrungen können beispielsweise auch gemeinnützige Tätigkeiten zählen, wie sie in Kapitel 6 beschrieben wurden. Zusätzlich umfasst dieser Fragebogen als weitere Komponente das Kontrollerleben in der Freizeit, dem die Autorinnen eine wichtige Funktion beim Ressourcenaufbau zuschreiben.

Kasten 8.1

Individuelle Erholungserfahrungen im Selbstbericht: Beispielitems aus dem Erholungsfragebogen von Sonnentag und Fritz (2007), Version „Feierabend"

Individuelle Erholungserfahrungen

	„Am Feierabend ...
Abschalten von der Arbeit:	*„... vergesse ich die Arbeit."*
Entspannung:	*„... lasse ich meine Seele baumeln."*
Leistungserleben („Mastery"):	*„... lerne ich Neues dazu."*
Kontrolle:	*„... bestimme ich selbst, wie ich meine Zeit verbringe."*

Sonnentag und Fritz (2007) konnten zeigen, dass insbesondere Personen, denen es schwer fällt, von der Arbeit abzuschalten, von vermehrten Schlafproblemen, Erschöpfung sowie psycho-physischen Symptomen und einer verminderten Lebenszufriedenheit berichteten. Auch die anderen mit dem Erholungsfragebogen erhobenen Komponenten weisen positive Zusammenhänge mit psychischer und physischer Gesundheit auf, wenn auch insgesamt in etwas geringerem Umfang.

Dies mag mit Blick auf die oben geschilderten Passungsüberlegungen zwischen Beanspruchung und Regenerationsaktivität auch damit zusammenhängen, dass für manche Befragten eher entspannende, für andere eher die leistungsorientierten Aktivitäten günstig sind, was von Sonnentag und Fritz (2007) in den vorliegenden Analysen nicht näher aufgeschlüsselt wurde.

Aus den Befunden zur psychischen Distanzierung sollte allerdings nicht vorschnell geschlossen werden, dass jegliche gedankliche Beschäftigung mit der Erwerbsarbeit in der Freizeit wohlbefindensbeeinträchtigend ist. Wie bereits im Zusammenhang mit den Wochenenderfahrungen erwähnt, kann ein Nachdenken über positive Aspekte der eigenen Arbeitstätigkeit durchaus wohlbefindensförderlich sein (Fritz & Sonnentag, 2005). Problematisch wird eine fehlende Distanzierung vor allem dann, wenn die Gedanken immer wieder ungewollt um nicht gelöste Arbeitsprobleme und nicht erledigte Arbeitsaufgaben kreisen.

8.2.2 Erholung durch Bewegung

Eine weit verbreitete Empfehlung ist die zur körperlichen Betätigung als erholungswirksamer Freizeitaktivität. Diese Empfehlung ist wissenschaftlich gut abgesichert. Es zeigt sich der generelle Befund, dass regelmäßige Bewegungsaktivitäten stressbedingte kardiovaskuläre Risikoreaktionen abmildern (vgl. Allmer, 1996). Feldexperimentell stellte Thayer (1987) ein gesteigertes subjektives Energiegefühl nach einer leichten körperlichen Betätigung fest (10-minütiges rasches Gehen, sog. „Brisk Walk"). Auch im Labor lassen sich die positiven Auswirkungen leichter körperlicher Aktivität zeigen (vgl. Otto, 1994). Außerdem trägt eine ausgeprägte physische Fitness zur Beschleunigung physiologischer Erholungsvorgänge nach Stress bei (vgl. Allmer, 1996). Weiterhin gibt es Hinweise auf salutogene immunologische Reaktionen (vgl. Roth & Holmes, 1985). Die stresspuffernde Wirkung von Sport wird teilweise mit der veränderten Belastungswahrnehmung erklärt: Das Gefühl von Kompetenz und Selbstwirksamkeit lässt die eigenen Lebensumstände als weniger bedrohlich erscheinen.

Es ist allerdings zu bedenken, dass die Erholungswirkung auch vom Belastungsgrad abhängt. Am günstigsten scheint eine moderate Trainingsbelastung zu wirken (vgl. Sime, 1988). Weiterhin ist nicht nur das Fitnessniveau, sondern auch die Fitnessqualität zu berücksichtigen. So zeigt eine Untersuchung von Berger und Owen (1988), dass stärkere stressreduzierende Effekte bei aeroben Aktivitäten (z.B. Schwimmen) im Vergleich zu anaeroben Aktivitäten (z.B. Fechten) zu erwarten sind. Rudow (1984) liefert empirische Hinweise darauf, dass sich zumindest bei Studierenden zur Burnoutprävention vor allem Sportarten eignen, die sozial-orientiert sind (z.B. Tanzen). Nach Allmer (1996) ist vor diesem Hintergrund noch zu klären, ob der Erholungswert immer nur ausschließlich und unmittelbar in der Bewegungsaktivität liegt oder an den spezifischen Anregungsbedingungen (z.B. Naturerleben, Gruppenerleben, Körperpflege). Es kann aber in jedem Fall festgehalten werden, dass der körperlichen Betätigung im Kontext der Erholung sowohl eine kompensatorische als auch eine präventive Funktion zukommt.

8.3 Urlaub

Urlaub bezeichnet arbeitsfreie Perioden, die von wenigen Tagen bis zu einigen Wochen dauern können. Es geht um jene Zeit, die Erwerbstätige berechtigterweise ihrem Arbeitsplatz fernbleiben, obwohl nach Tages- und Wochenzeit Arbeitsleistungen zu erbringen wären. Daneben gibt es noch andere Urlaubsformen, zum Beispiel Bildungsurlaub, Mutterschaftsurlaub, Sonderurlaub und Sabbaticals, die hier aber nicht näher betrachtet werden sollen.

Zumeist hat ein Urlaubsaufenthalt einen *unmittelbar positiven Effekt* und verringert beispielsweise Erschöpfungszustände (z.B. Fritz & Sonnentag, 2006; Westman & Eden, 1997). Unmittelbare leistungsförderliche Effekte finden sich manchmal, aber nicht durchgängig

(Fritz & Sonnentag, 2006; Westman & Aharoon-Madar, 1998). In seltenen Fällen kann ein Urlaub auch negative Auswirkungen auf die Gesundheit haben (z.B. Sportunfälle, reisebedingte Übelkeit oder Infektionen bei Reisen in tropische Regionen). Anreise und Umstellung auf eine neue Umgebung können mit erhöhter Stressbelastung einhergehen (Pearce, 1987). Ungünstig wirken sich auf die unmittelbaren Erholungseffekte finanzielle Sorgen, beanspruchende Haushaltsaufgaben und eine zu erwartende hohe Arbeitsbelastung nach dem Urlaub aus (z.B. Aronsson & Gustafsson, 2005; Fritz & Sonnentag, 2006; Strauss-Blasche et al., 2002). In einer von Strauss-Blasche et al. (2005) mit 191 Reisebüroangestellten durchgeführten Fragebogenstudie zeigte sich, dass das – eine Woche nach Urlaubsende erhobene – Gefühl, sich im Urlaub erholt zu haben, u.a. begünstigt wurde, wenn die Personen im Urlaub Zeit für sich selbst gehabt hatten, sich körperlich betätigt und sich in wärmeren Regionen aufgehalten hatten.

Interessant ist nun ein *Vergleich der unmittelbaren und mittelfristigen Effekte* sowie die Beantwortung der Frage, unter welchen Bedingungen positive Urlaubseffekte besonders nachhaltig sind. So konnten etwa Westman und Eden (1997) drei Tage nach einem Urlaub deutliche Reduktionen des Erschöpfungserlebens feststellen, die jedoch drei Wochen nach dem Urlaub nicht mehr nachweisbar waren. In einer Studie mit 53 Angestellten und Arbeiter/innen aus der Metallindustrie zeigten Strauss-Blasche, Ekmekcioglu und Marktl (2000), dass sich beim Vergleich von Selbstberichtswerten zehn Tage vor dem Urlaubsantritt mit jenen drei Tage nach dem Urlaubsende eine deutlich erhöhte Schlafqualität, Stimmungsverbesserungen sowie eine Abnahme von körperlichen Beschwerden ergeben hatte. Während die Verbesserung von Schlafqualität und Stimmung nur unmittelbar nach dem Urlaub zu finden war, zeigte eine Follow-up-Erhebung fünf Wochen nach Urlaubsende, dass die körperlichen Beschwerden nach wie vor deutlich unter dem Niveau der Zeit vor dem Urlaub lagen. Das Ausmaß, in dem ein Urlaub zum subjektiven Eindruck der Erholung beitrug, war in dieser Studie deutlich davon beeinflusst, ob eine Person berichtete, genügend Zeit für sich selbst gehabt zu haben. Die Erholung stieg bei der Stichprobe mit der Anzahl der Tage an, die nicht zu Hause verbracht wurden, wobei das größte Problem dann entstand, wenn die Person sich während des Urlaubs zu Hause stark beansprucht fühlte (z.B. durch Renovierungsarbeiten). Weiterhin gibt es Hinweise darauf, dass ein Bewegungsurlaub besonders nachhaltige Wirkungen auf das Wohlbefinden hat (z.B. Strauss-Blasche et al., 2004).

In einer weiteren Studie von Fritz und Sonnentag (2006) bekamen 221 Universitätsmitarbeiterinnen und -mitarbeiter jeweils vier Fragebogen. Einer davon war eine Woche vor Ferienbeginn, einer während des Urlaubs, der dritte in den ersten zwei Tagen nach Urlaubsende und der vierte zwei Wochen nach Urlaubsende auszufüllen. Bereits nach einer Urlaubswoche sank das Burnouterleben deutlich. Zwei Wochen nach dem Urlaub fand sich allerdings bereits ein partielles Ausschleichen der Effekte. Etwa drei Wochen nach Urlaubsende bewegten sich die Werte auf dem Niveau, das vor dem Urlaub bestanden hatte (vgl. auch Westman & Eden, 1997; Westman & Etzion, 2001). Weiterhin zeigte sich, dass das Ausmaß, in dem Personen während des Urlaubs über negative Aspekte der Arbeit nachdachten, gesundheitliche Beschwerden und Erschöpfungsgefühle nach dem Urlaub verstärkte ebenso wie den Eindruck, sich bei der beruflichen Aufgabenerfüllung nach dem Urlaub besonders anstrengen zu müssen. Weniger anstrengend wurden nachfolgende Arbeitsaufgaben erlebt, wenn der Urlaub hinreichend Raum zur Entspannung bot. Auch nicht-arbeitsbezogene Ärgernisse (z.B. Konflikte mit den Kindern) während des Urlaubs erhöhten das Erschöpfungserleben. Das positive Nachdenken über die Arbeit und Erfolgserleben (z.B. durch das Erlernen neuer Fertigkeiten) hatten, wenn auch vergleichsweise geringere, burnoutreduzierende Effekte.

Was die *Urlaubsdauer* betrifft, zeigt sich in der Regel kein über andere Einflussgrößen hinausgehender Erholungsbeitrag (Fritz & Sonnentag, 2006; Strauss-Blasche et al., 2005). Da außerdem Schlafqualität und Stimmung ihren Verbesserungshöhepunkt schon nach wenigen Tagen haben, scheinen zumindest unter diesem Aspekt auch Kurzurlaube sinnvoll zu sein (Strauss-Blasche et al., 2004).

Es bleibt festzuhalten, dass Urlaube manchmal nur kurzfristige positive Effekte zeigen. Wem es aber während des Urlaubs gelingt, möglichst wenig sorgenvollen Gedanken an die Arbeit nachzuhängen, Bewegungsaktivitäten einzubauen und im Vorfeld dafür zu sorgen, dass nach dem Urlaub nicht zu viel Arbeit auf dem Schreibtisch wartet, kann die positive Urlaubwirkung etwas verlängern. Ein wichtiges Argument für die Bedeutung des Urlaubs stammt von

Gumpp und Mathews (2000), die für Männer mit koronarem Herzerkrankungsrisiko zeigten, dass die Häufigkeit jährlicher Urlaube die Mortalitätswahrscheinlichkeit deutlich verringerte. So sollte, wer er es sich leisten kann, hin und wieder Urlaub machen, sei es auch nur für einige Tage. Es wäre aber sicher falsch, Erholungsaktivitäten ausschließlich auf den Urlaub zu verlagern.

8.4 Erholungsprobleme

Wichtige Probleme, die im Zusammenhang mit Erholung auftreten können, wurden von Allmer (1996) zusammengefasst (vgl. Abbildung 8.3). Er unterscheidet zwei grundlegende Probleme: die Unausgewogenheit des Beanspruchungs-Erholungs-Zyklus und die ineffektive Nutzung der Erholungsphase.

Abbildung 8.3 *Klassifikation von Erholungsproblemen (nach Allmer, 1996)*

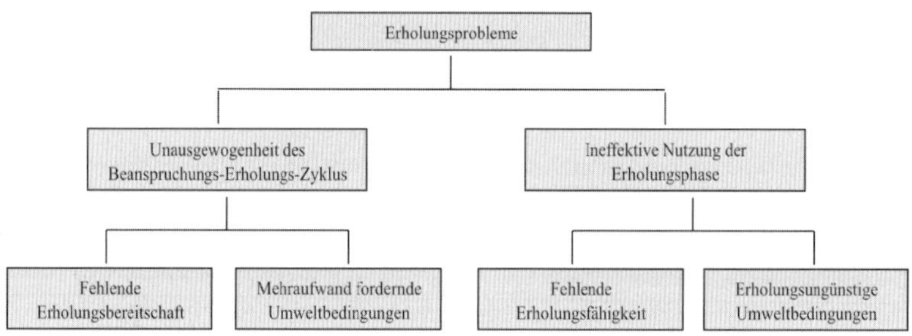

Bei der *Unausgewogenheit des Beanspruchungs-Erholungs-Zyklus* geht es um Schwierigkeiten bei der Umstellung von Beanspruchung auf Erholung bzw. von Erholung auf Beanspruchung. Gründe dafür können im Falle der Schwierigkeit der Umstellung von Beanspruchung auf Erholung sowohl innerhalb als auch außerhalb der Person liegen. Auf Seiten der Person kann etwa eine zu geringe *Erholungsbereitschaft* vorliegen, die sich darin äußert, dass eine Person die Erholung zu lange hinauszögert und damit ein Aufschaukeln von Beanspruchung ermöglicht. Dies kann zum

Beispiel an zu hohen individuellen Leistungsansprüchen, an einem Verlust der Sensibilität für die eigene Erholungsbedürftigkeit (z.B. mangelnde Wahrnehmung von körperlichen Verspannungen) oder an der Antizipation negativer Reaktionen des Umfelds liegen (vgl. Allmer, 1996). Außerdem können Umweltbedingungen einen Erholungsaufschub erfordern (z.B. infolge Termindruck entstehendes Erfordernis von Überstunden bzw. Wochenendarbeit).

Bei der *ineffektiven Nutzung der Erholungsphase* verhindern unzureichende oder fehlende Ressourcen sowie Barrieren die optimale Erholungsgestaltung. Wiederum können die Ursachen innerhalb oder außerhalb der Person liegen. Auf Seiten der Person können Defizite in der *Erholungsfähigkeit* vorliegen, die sich darin äußern, dass es einer Person nicht gelingt, sich von der Beanspruchungssituation zu distanzieren und sich der Erholungstätigkeit zuzuwenden oder dass es der Person schwerfällt, nach der Erholungsphase wieder in Schwung zu kommen. Gerade Überaktivierung oder ungelöste tätigkeitsspezifische Probleme führen häufig zur gedanklichen Weiterbeschäftigung und damit zu Erholungsproblemen auch dann, wenn eine Person sich gar nicht mehr an ihrem Arbeitsplatz befindet. Erholungsungünstige Umweltbedingungen beinhalten beispielsweise Lärmbelästigung, mangelhafte Pausengestaltung und das Fehlen von Pausenräumen.

8.5 Ansätze für ein besseres Erholungsmanagement

Wie auch in anderen arbeits- und gesundheitspsychologischen Anwendungsbereichen lässt sich beim Erholungsmanagement zwischen verhaltens- und verhältnisorientierten Ansätzen unterscheiden, wobei von einer Verknüpfung beider Ansätze der größte Effekt zu erwarten ist.

Der verhaltensorientierte Ansatz setzt personenbezogen auf die Verbesserung von Erholungsbereitschaft und -fähigkeit. Wer Erholung für einen aufschiebbaren Luxus oder ein Zeichen von mangelnder Leistungsbereitschaft hält, wird in Phasen hoher Arbeitsbelastung möglicherweise keine unmittelbare Erholungsintention entwickeln.

Im Sinne der Stärkung der Erholungsbereitschaft ist also das Hinterfragen von erholungs-hinderlichen Leistungsansprüchen und Normen ein wichtiger Ansatzpunkt. Es könnte auch sinnvoll sein, Personen, die ihre Erholung vernachlässigen, mittels Biofeedback für die körperlichen Signale von Anspannung zu sensibilisieren. Mit Blick auf die Erholungsfähigkeit können die Vermittlung von Techniken des Gedankenstopps mit dem Ziel der psychischen Distanzierung sowie die Vermittlung adäquater Entspannungs- oder Meditationstechniken mit dem Ziel der Regeneration sinnvoll sein. Vielversprechend für die Initiierung von Erholungsmaßnahmen sind Techniken, die sich an handlungstheoretischen und sozialpsychologischen Überlegungen orientieren. So weiß man, dass die Umsetzung von Handlungsintentionen erleichtert wird, wenn Personen lernen, spezifische Implementierungsabsichten zu formulieren (wann und wo soll gehandelt werden?). Im besten Fall kommt es so nach einer Weile zur Bildung adaptiver Erholungsgewohnheiten. Auch gemeinsam mit wichtigen Bezugspersonen formulierte Erholungsintentionen können die Umsetzung erleichtern. Gerade die soziale Einbindung stellt uns in unserem Erholungsbemühen aber auch vor besondere Herausforderungen, nicht nur weil möglicherweise im familiären Umfeld neue beanspruchende Aufgaben auf uns warten (z.B. Hausarbeit, vgl. Kapitel 6), sondern auch, weil verschiedene Familienmitglieder oder Freunde gegebenenfalls unterschiedliche Formen der Beanspruchung erleben und damit unterschiedliche Erholungsstrategien sinnvoll sind. Dies kann etwa auch für die gemeinsame Urlaubsplanung und -gestaltung gelten. So mag für den einen Ehepartner, der sich beruflich vielleicht momentan wenig intellektuell ausgelastet fühlt, eine kulturell anregende kurze Städtereise erholsam sein, für den anderen Ehepartner könnte hingegen aufgrund häufiger Dienstreisen ein gemütliches Wochenende auf dem heimischen Balkon erholend wirken.

Dass die psychische Distanzierung von beanspruchenden Arbeitstätigkeiten sowie effektive Entspannung oder auch aktivierende Regeneration (z.B. durch Sport oder den Besuch von Veranstaltungen) für einige Menschen eine schwierig zu lösende Herausforderung darstellt, haben bisherige Studien deutlich gemacht. Die Beantwortung der Frage, inwiefern in der letzten Phase des Erholungsprozesses die allmähliche Umstellung der psycho-physischen Funktionen auf die anschließende (Wieder-)Inanspruchnahme als schwierig erlebt wird, bedarf noch weiter gehender Forschung. Für den Fall, dass dies ein Problem darstellt, scheint aber ebenfalls die Formulierung von Implementierungsabsichten sinnvoll, in diesem Fall dann in Form von Deaktivierungsvorsätzen. Zu beachten ist schließlich die erholungsbezogene Vorbildfunktion von Vorgesetzten, die Multiplikatoren einer erholungsfreundlichen Organisationskultur sein können.

Verhältnisbezogenes Erholungsmanagement setzt auf der umwelt- bzw. aufgabenbezogenen Ebene an. So können ein geeignetes Pausensystem, ansprechende Pausenräume, die Privatsphäre wahrende Ruheräume und bewegungsfreundliche Pausenhöfe oder betriebliche Sporteinrichtungen als bedingungsbezogene Instrumente zur Erholungsunterstützung betrachtet werden. Auch die Arbeitsgestaltung spielt in zahlreichen Fällen eine zentrale Rolle. So kann z.B. Erholung von der Ausführung einer das Gefühl von Monotonie erzeugenden Aufgabe auch durch Aufgabenwechsel erfolgen.

Mit dem Ziel, das Regenerationspotenzial von Arbeitspausen optimal zu nutzen, haben Krajewski und Wieland (2003) vor einigen Jahren das sogenannte „Silent Room"-Konzept entwickelt und in einem Kontrollgruppendesign mit 14 Call-Center-Beschäftigten im Feld über einen Zeitraum von sechs Monaten evaluiert. Es integriert die Vermittlung von Regenerationskompetenz (Entspannungstechniken, Auseinandersetzung mit Erholungswiderständen) und die Gestaltung regenerationsfreundlicher Rahmenbedingungen und stellt damit eine Verbindung von Verhaltens- und Verhältnisprävention dar (vgl. Kasten 8.2).

Das „Silent-Room"-Konzept (nach Krajewski und Wieland, 2003) **Kasten 8.2**

Das Silent-Room-Konzept

Verhaltens- und Verhältnisprävention
Zweifacher Ansatzpunkt:

- die Vermittlung von Regenerationskompetenz;
- die Gestaltung regenerationsfreundlicher Rahmenbedingungen.

Räumliche Gestaltung

- abschließbare Kabinen
- medial vermittelte Entspannungsinstruktionen
- medizinische Liegen

Basis für die Entwicklung des „Silent Room"-Konzepts war die Erfahrung, dass sich betriebliche Ruheraum- und Tiefenentspannungsarrangements vermutlich wegen der Vernachlässigung der sich aus der horizontalen Liegeposition ergebenden Sicherheits- und Privatheitsbedürfnisse bisher nur schwer haben realisieren lassen. Wichtig sind also nicht nur zeitliche, sondern auch räumliche Rahmenbedingungen. Bei den „Silent Rooms" handelt es sich um mit Liegen ausgestattete abschließbare Kabinen, in denen die Möglichkeit zur Präsentation medial vermittelter Entspannungsinstruktionen besteht. Krajewski und Wieland (2003) konnten zeigen, dass sich die tägliche zwanzigminütige Nutzung positiv auf Aufmerksamkeitsleistungen sowie die subjektiv erlebte Belastbarkeit auswirkte und zu Reduktionen im Burnouterleben, körperlichen Beschwerden und in physiologischen und endikrinologischen Belastungsindikatoren (Blutdruck, Cortisolspiegel) führte. Diese Befunde sind beeindruckend und sollten mehr Betriebe dazu ermutigen, solche Räume einzurichten.

8.6 Fazit

Erholungsgelegenheiten können sowohl am Arbeitsplatz als auch am Feierabend, am Wochenende und in Ferienzeiten geschaffen werden. Wie in Kapitel 6 erläutert, wäre es aber unangemessen, erwerbsfreie Zeit ausschließlich als Erholungszeit zu betrachten. Es gibt hier zusätzliche Anforderungen (z.B. Hausarbeit, Kinderbetreuung) und Stressoren (z.B. familiäre Konflikte), die Erholung verhindern können bzw. selbst wieder Erholungsbedarf erzeugen. So wäre es verfehlt, Erholung allein unter der Zielsetzung einer Aufrechterhaltung der Arbeitskraft für den Erwerbsbereich zu sehen. Insbesondere die Gestaltung der Zeit außerhalb der Erwerbsarbeit stellt eine wichtige Herausforderung an die Lebensgestaltung dar. Die Frage, wie in dieser Zeit ein Ressourcenaufbau für das Erwerbsleben und die allgemeine Leistungsfähigkeit sowie Gesundheit stattfinden kann, ist dennoch bedeutsam.

Zu beachten ist, dass selbst bei ausreichenden Erholungszeiten personenspezifische und arbeitsgestalterische Charakteristika Erholungsprozesse beeinträchtigen können. Potenziale für eine verbesserte Erholung liegen im Bereich der Veränderung individueller erholungsbezogener Einstellungen und auf der Ebene spezifischer Handlungsstrategien (z.B. Entspannungstechniken, Aufbau von Erholungsritualen), aber auch in der Optimierung der Rahmenbedingungen (z.B. Pausenregelungen, Ruhezonen). Besonders vielversprechend ist eine Verbindung der Verhaltens- und Verhältnisebene.

Wichtig für eine wirksame Erholung ist, rechtzeitig von Beanspruchung auf Erholung umzustellen und Erholungszeiten so zu gestalten, dass Ressourcen (z.B. Motivation, unterstützende soziale Netzwerke; vgl. Hobfoll, 1998) wieder aufgebaut werden können. Erholungswirksam ist es in der Regel, wenn in Erholungsphasen andere Funktionssysteme aktiviert werden als jene, die im Vorfeld beansprucht wurden und den Erholungsbedarf erzeugt haben. Dies verdeutlicht noch einmal die Bedeutung der Balancierung der Lebensgestaltung bezüglich unterschiedlicher Funktionsbereiche.

Zusammenspiel der Generationen im Berufskontext

Kapitel 9

9.0 Ein Blick zurück

Obgleich sich die psychologische Forschung mit Blick auf den Arbeitskontext erst in jüngster Zeit der Frage des Zusammenspiels der Generationen zugewandt hat, sind Themen wie das Mentoring und die Unternehmensnachfolge in Familienbetrieben keineswegs neu.

So hat der Begriff des Mentorings seine Wurzeln in der griechischen Sagenwelt: Laut Homer war Mentor ein griechischer Held und Freund von Odysseus. Als Odysseus Ithaka verließ, um am Troja-Feldzug teilzunehmen, vertraute er Mentor die Sorge für seinen Sohn Telemach an. Mentor leistete mit seinem Wissen, seiner Erfahrung und seinem Rat dem Heranwachsenden wertvolle Hilfestellungen.

Auch das Thema der Unternehmensnachfolge ist gesellschaftlich nicht neu. In der Landwirtschaft und den Kleinbetrieben der klassischen Handwerksberufe (Bäckereien, Schlossereien, …) war der Nachfolger traditionell der erstgeborene Sohn. Diese Regelung schaffte zwar unter den Kindern Rollenklarheit, implizierte aber für die nicht erstgeborenen Söhne häufig auch die Gefahr wirtschaftlicher Not. Mit der Industrialisierung entstanden schließlich neue mittelständische und größere Unternehmen, in denen dann nach einigen Jahren ebenfalls Fragen der Unternehmensnachfolge zu regeln waren. Ein berühmtes literarisches Beispiel findet sich bei Thomas Mann (siehe folgende Seite).

Im ersten Teil des Kapitels wird mit dem Mentoring zunächst eine Arbeitskonstellation betrachtet, die explizit die Vorteile generationsübergreifender Zusammenarbeit zu nutzen sucht.* Hier wird überdies nicht nur die berufliche Entwicklung zum Gegenstand gemacht, vielmehr hat Mentoring den Anspruch, auch bereichsübergreifend die Persönlichkeitsentwicklung des/der Mentee zu fördern. Des weiteren wird mit dem Stafettenmodell der Generationen eine explizit altersübergreifende innerbetriebliche Arbeitsstruktur beschrieben. Im zweiten Teil wird der Generationswechsel in Familienunternehmen betrachtet, da dort in besonderer Weise Berufs- und Familienleben miteinander verwoben sind.

---

* Vgl. dazu auch die Ausführungen von Bruch, Kunze und Böhm (2010) über „Chancen und Herausforderungen von altersgemischten Teams".

Die Buddenbrooks und die Unternehmensnachfolge

In seinem Roman „Die Buddenbrooks – Verfall einer Familie" schildert Thomas Mann (1901) die Familienchronik einer Kaufmannsfamilie, in der über die Generationen hinweg Tatkraft, Unternehmertum und Vitalität schwinden. Der folgende Ausschnitt zeigt Thomas Buddenbrooks Sorgen und sein Bemühen um die Eignung seines Sohnes Johann – genannt Hanno –, später einmal die Geschäfte übernehmen zu können. Hanno ist musikalisch begabt, insgesamt aber wenig leistungsorientiert und vor allem ohne Interesse an der Firma. Der Vater entscheidet sich letztlich, den Sohn (und das einzige Kind) entgegen der Familientradition nicht zum Firmenerben zu machen, so dass das Unternehmen nach seinem Tod aufgelöst wird. Hanno selbst stirbt noch im Jugendalter wenige Jahre später.

„Hanno, nun elfjährig, war zu Ostern ebenso wie sein Freund der kleine Graf Möllin, mit genauer Not und zwei Nachprüfungen, im Rechnen und in der Geographie, nach Quarta versetzt worden. Es stand fest, daß er die Realklassen besuchen sollte, denn daß er Kaufmann werden und dereinst die Firma übernehmen mußte, war selbstverständlich und Fragen seines Vaters, ob er Lust zu seinem künftigen Beruf in sich verspüre, beantwortete er mit Ja… einem einfachen, etwas scheuen Ja ohne Zusatz, das der Senator durch weitere drängende Fragen ein wenig lebhafter und ausführlicher zu machen suchte – und zwar meistens vergebens. Hätte Senator Buddenbrook zwei Söhne besessen, so hätte er den jüngeren ohne Frage das Gymnasium absolvieren und studieren lassen. Aber die Firma verlangte einen Erben, und abgesehen hiervon glaubte er dem Kleinen eine Wohltat zu erweisen, wenn er ihn der unnötigen Mühen mit dem Griechischen überhob. (…) Sollte der kleine Johann Buddenbrook einstmals das leiten, wozu er berufen war und was die Seinen von ihm erhofften, so mußte man vor allem darauf bedacht sein, seine nicht eben kräftige Konstitution durch Rücksichtnahme einerseits und durch rationelle Pflege und Abhärtung anderseits zu festigen und zu heben…"

(S. 619-620 aus der im Fischer-Verlag 1989 erschienenen Taschenbuchausgabe)

9.1 Mentoring

Mentoring bezeichnet eine berufliche Beziehung, in der eine erfahrene Person (ein Mentor, eine Mentorin) eine weniger erfahrene Person (Mentee) in ihrer professionellen und persönlichen Entwicklung unterstützt (Schönfeld & Tschirner, 2002). Abzugrenzen ist das Mentoring insbesondere vom Coaching. Im Unterschied zum Coach ist der Mentor nicht eigens für diese Tätigkeit ausgebildet, sondern verfügt über einen spezifischen Wissens- bzw. Erfahrungsvorsprung. Insgesamt geht es um einen umfassenden Support, der sowohl instrumentelle praktische als auch emotionale Unterstützung umfasst und dabei nicht nur den Mentee als Erwerbstätigen in seiner aktuellen Arbeitssituation im Auge hat, sondern auch und insbesondere in seiner längerfristigen beruflichen und persönlichen Entwicklung. Die Mentorinnen und Mentoren lassen die Mentees an ihrem Erfahrungsschatz teilhaben und geben dabei insbesondere auch informelles Wissen über Organisationsabläufe und Berufskarrieren in der betreffenden Profession weiter.

Aufgabe des Mentoring ist es, innerhalb einer freiwilligen und vertraulichen Beziehung …

- … Erfahrungen und Wissen zu vermitteln;
- … konstruktives Feedback zu geben;
- … Hilfestellung beim Erkennen von Kompetenzdefiziten zu geben und auf Wege des Kompetenzaufbaus zu verweisen;
- … als Ratgeber/in bei beruflichen Entscheidungen zur Verfügung zu stehen;
- … Kontakte ins professionelle Umfeld zu vermitteln;
- … Wertschätzung auszudrücken und zu ermutigen.

Es werden verschiedene Formen des Mentorings differenziert, so zum Beispiel:

- *informelles versus institutionalisiertes Mentoring:*

  Beim informellen Mentoring entsteht der Kontakt eher zufällig, während beim institutionalisierten Mentoring der Kontakt zwischen Mentor und Mentee explizit vermittelt wird. Als Vorteil des institutionalisierten Mentorings kann die offizielle Anerkennung der Beziehung gelten.

- *internes versus externes Mentoring:*

  Beim internen Mentoring stammen Mentorin bzw. Mentor und Mentee aus einem Unternehmen, beim externen Mentoring aus unterschiedlichen Organisationen. Beim internen Mentoring kann besonders gut mikropolitisches Wissen vermittelt werden und die Mentorin bzw. der Mentor kann sich gegebenenfalls für Beförderungen einsetzen (vgl. Blickle, 2000). Dem steht allerdings der Nachteil gegenüber, dass sich interne Mentoringbeziehungen nicht unbedingt hierarchiefrei gestalten, was einer vertrauensvollen Beziehung entgegenwirken kann. So ist denkbar, dass es Mentees in einer externen Mentoringbeziehung leichter fällt, auch private Themen anzusprechen bzw. Fragen der Life Domain Balance zu diskutieren. Ein Vorteil des externen Mentorings ist zudem, dass auch Nachwuchskräfte aus kleineren Unternehmen oder ohne feste Unternehmensbindung davon profitieren können.

- *individuelles Mentoring versus Team-Mentoring:*

  Das individuelle Mentoring hat bisher offensichtlich eine weitere Verbreitung gefunden als das sogenannte Team-Mentoring, bei dem eine Mentorin bzw. ein Mentor eine Gruppe von Mentees betreut.

Ein bemerkenswertes Beispiel für ein institutionalisiertes internes Mentoringprogramm findet sich bei ABB in der Schweiz: "Den Start bilden Einführungsveranstaltungen für die Mentees, die Mentoren und neu auch für die Vorgesetzten. Hierbei werden den Mentees die Mentorenprofile verteilt, damit sie während der folgenden Wochen den passenden Mentor für sich aussuchen können. Mit ihm oder ihr werden sie dann in regelmäßigen Abständen Gespräche führen. Im Laufe des Jahres werden drei Workshops durchgeführt, bei denen die einzelnen Fortschritte und Zielerreichungsüberprüfungen eine große Rolle spielen" (Reck Roulet, 2003, S. 147).

9.1.1 Nutzen des Mentorings für die Beteiligten

Auch wenn auf den ersten Blick vor allem die Mentees von der Förderung profitieren, dürfen die potenziellen Vorteile für die Mentorinnen bzw. Mentoren nicht unbeachtet bleiben. Im Folgenden werden deshalb mögliche positive Auswirkungen für beide Seiten diskutiert.

Was haben Mentees vom Mentoring?

In mehreren Metaanalysen konnte gezeigt werden, dass Mentoring in positiver Beziehung zur beruflichen Zufriedenheit der Mentees steht (Allen et al., 2004; Kammermeyer & Judge, 2008; Ng et al., 2005; Underhill, 2006). Es zeigten sich auch positive Zusammenhänge mit der Anzahl der Beförderungen und mit dem Gehalt, die jedoch etwas schwächer ausfielen. Schönfeld und Tschirner (2002) zeigen in ihrer Zusammenfassung der Ergebnisse des EU-Forschungsprojektes „Mentoring für Frauen in Europa“ (vgl. Hofmann-

Lun, Schönfeld & Tschirner, 1999), dass sich, anders als häufig erwartet, mit Mentoringprogrammen keine kurzfristigen Karrieresprünge der Mentees erreichen lassen. Die Mehrheit der Geförderten hielt nach Programmabschluss das Mentoring dennoch für ein gutes Instrument der Karriereentwicklung. Sehr positiv wurden die Auswirkungen auf die Persönlichkeitsentwicklung erlebt. Aus Sicht der Teilnehmerinnen hatte das Mentoring vor allem ihr Selbstbewusstsein gestärkt.

Zusammenfassend lässt sich sagen, dass Mentoring den Mentees dabei helfen kann, ...

- ... die eigenen Fähigkeiten besser einzuschätzen zu lernen;
- ... Ideen für die berufliche Zukunft zu entwickeln;
- ... Unterstützung bei der Umsetzung beruflicher Ideen und Projekte zu erhalten;
- ... sich in professionell wichtige Netzwerke zu integrieren;
- ... Selbstvertrauen und Durchsetzungsfähigkeit aufzubauen;
- ... über Fragen der eigenen Lebensgestaltung – auch im Sinne der Life Domain Balance – nachzudenken.

Was haben Mentorinnen und Mentoren vom Mentoring?

Dass die Mentorinnen und Mentoren ihr Engagement positiv bewerten, ließ sich in dem bereits oben erwähnten Programm „Mentoring für Frauen in Europa" (vgl. Hofmann-Lun et al., 1999) unter anderem daran ablesen, dass 90% der Befragten erneut als Mentorin bzw. Mentor zur Verfügung stehen würden. Qualitativen Angaben folgend sahen sie das Mentoring insbesondere als eine Möglichkeit, sich selbstkritisch auch mit dem eigenen Lebens- und Berufsweg auseinanderzusetzen. Mentoringprogramme, die speziell auf die Förderung des weiblichen Nachwuchses ausgelegt sind, können männlichen Mentoren zudem neue Einblicke in die Arbeitssituation von Frauen ermöglichen und sie gegebenenfalls für das Thema der Vereinbarkeit von Beruf und Familie sensibilisieren (Schönfeldt & Tschirner, 2002)..

Insgesamt sind die positiven Auswirkungen, die das Mentoring auf die Mentorinnen und Mentoren selbst hat, bisher wenig untersucht. Aber es darf vermutet werden, dass Mentoring dazu beitragen kann, ...

- … die eigene Beratungs- und Sozialkompetenz zu stärken (z.B. die Fähigkeit zur Perspektivenübernahme);
- … frische Ideen und Impulse zu erhalten;
- … qualifizierten Nachwuchs für das eigene Unternehmen zu rekrutieren;
- … das eigene berufliche Netzwerk zu erweitern (z.B. durch Kontakt mit anderen Mentorinnen und Mentoren);
- … das eigene Arbeitshandeln, den eigenen beruflichen Werdegang und die eigene Lebensgestaltung zu reflektieren.

9.1.2 Diversität in der Mentoringbeziehung

Wie bereits in Kapitel 2 ausgeführt, gilt Diversität in soziodemographischen Merkmalen und im Lebensstil heute vielen als eine gerade auch in Unternehmen wünschenswerte Form der Heterogenität. Die Forschung zu Diversität in Mentoringbeziehungen ging bisher allerdings überwiegend von nachteiligen Diversitätswirkungen aus.

Feldman, Folks und Turnley (1999) untersuchten bei einer Stichprobe von 138 ins Ausland versandten Praktikantinnen bzw. Praktikanten die Rolle demographischer Mentor-Mentee-Diversität (u.a. Alter, Geschlecht). Sie vermuteten, dass Mentorinnen und Mentoren, die ihren Mentees unähnlich sind, möglicherweise ein geringeres Mentoringengagement zeigen würden. Tatsächlich zeigte sich, dass in geschlechterhomogenen Mentor-Mentee-Beziehungen aus Sicht der befragten Mentees ein stärkeres Engagement des Mentors/der Mentorin zu verzeichnen war. Dies deckt sich mit weiteren Befunden, in denen beim Aufbau und der Aufrechterhaltung der Mentoringbeziehung bei geschlechterunterschiedlichen Dyaden wiederholt Probleme beschrieben wurden (Dreher & Ash, 1990; Ragins & Cotton, 1991). Hinsichtlich Altersdiversität sind naturgemäß gewisse Altersunterschiede zu erwarten, weil Mentorinnen bzw Mentoren üblicherweise über eine längere Berufserfahrung verfügen und damit in der Regel älter sein werden als die Mentees. In der Studie von Feldman et al. (1999) betrug der durchschnittliche Altersunterschied neun Jahre. Hier zeigten sich keine altersdifferenzabhängigen Unterschiede im Ausmaß der Mentorings.

9.2 Stafettenmodell

Das Stafettenmodell gehört zu den beschäftigungsorientierten Arbeitszeitmodellen (s. auch Kapitel 5). Gleichzeitig stellt es ein explizit Generationen verbindendes Arbeitsmodell dar. In der Praxis ist die Stafette der Generationen vor allem in ihrer Umsetzung beim deutschen Volkswagenkonzern (VW) bekannt geworden. Dort können ältere Beschäftigte in drei Schritten – von 24 über 20 bis auf 18 Wochenstunden – in den Ruhestand „gleiten" und während dieser Zeit durchschnittlich 85% ihres Vollzeiteinkommens beziehen. Umgekehrt gilt für die bei VW Ausgebildeten, dass diese nach der Abschlussprüfung übernommen werden, zunächst aber nur Anspruch auf eine Teilzeitbeschäftigung haben, die sukzessive zur Vollzeitbeschäftigung ausgebaut wird.

Prinzipiell sollte es möglich sein, ein derartiges Stafettenmodell mit einem Patenprinzip zu verknüpfen und daraus eine neue Art von Generationenvertrag zu entwickeln. Dabei ginge es um innerbetriebliche Tandems von Personen, von denen die ältere vor dem Rückzug aus dem Erwerbsleben steht, während die jüngere ihre Erwerbstätigkeit im Unternehmen gerade aufgenommen oder die Ausbildung gerade abgeschlossen hat. Im Vordergrund steht in einem solchen Fall die Chance zum wechselseitigen Lernen sowie die Möglichkeit eines gleitenden Ausstiegs für den älteren und eines gleitenden Einstiegs für den jüngeren Tandempartner. Anders als beim oben beschriebenen Mentoring haben hier nicht die Interessen des/der Jüngeren Vorrang; vielmehr handelt es sich um eine gleichberechtigte Zielverfolgung und gegenseitige Unterstützung beider Tandempartner, die über einen jeweils unterschiedlichen beruflichen Ausbildungs- bzw. Erfahrungshintergrund verfügen. Gesicherte Befunde liegen dazu allerdings noch nicht vor.

9.3 Generationswechsel im Familienunternehmen

Ein aus der Life Domain Balance-Perspektive besonders interessanter intergenerationaler Prozess ist die Unternehmensübertragung in Familienbetrieben. In der Regel stellt eine Familiennachfolge die bevorzugte Lösung für die Fortführung des Unternehmens dar (Breitenstein & Lang-von Wins, 2005).

Im Jahr 2005 beauftragte die Zürcher Kantonalbank das Zentrum für Strategisches Management der Zürcher Hochschule Winterthur mit einer Studie zur Unternehmensnachfolge in Klein- und Mittelunternehmen (KMU). Dies sind Unternehmen mit < 250 Mitarbeitenden. Es zeigte sich, dass

- in 28% der Fälle Übergaben an den eigenen Sohn,
- in 4% der Fälle Übergaben an die eigene Tochter,
- in 15% der Fälle Übergaben an mehrere eigene Kinder,
- in 6% der Fälle Übergaben an andere Familienmitglieder

stattfanden. Damit stehen 53% familieninterne Übergaben 47% familienexternen Übergaben gegenüber (Zürcher Kantonalbank, 2005). Dies zeigt, dass zwar eine knappe Mehrheit der Übergaben innerfamiliär stattgefunden hat, angesichts des ausgeprägten Wunsches nach einer familieninternen Regelung vermutlich aber mehr familienexterne Übergaben stattfanden als ursprünglich von der Seniorengeneration gewünscht.

Bei der familieninternen Übergabe ergeben sich durch die emotionale Beziehung zwischen Senior/in und Junior/in besondere Herausforderungen (Poppelreuter & Wechsung, 2002). Familienunternehmen verbinden in besonderer Weise das Privat- und Berufsleben der jeweiligen Familie. Durch die Unternehmensnachfolge verändert sich dabei nicht nur die berufliche Position von Senior/in und Junior/in, sondern auch deren Position innerhalb des familiären Systems. Die parallele Mitgliedschaft beider Personen in beiden Systemen (Unternehmen, Familie) und die starke wechselseitige Beeinflussung dieser Systeme stellt eine Besonderheit von Familienunternehmen dar (Breitenstein & Lang-von Wins, 2005). Diese kann durchaus zum Ausgangspunkt von Konflikten werden. Wie schwierig sich die familieninterne Nachfolge gestalten kann, lässt sich auch daran ablesen, dass nur 10% aller Familienunternehmen den Wechsel in die dritte Generation schaffen (De Jong, 2001a).

9.3.1 Besondere Herausforderungen für die Übergebenden

Grundsätzlich liegt beim Rückzug aus dem eigenen Unternehmen eine andere Situation vor als beim Rückzug aus einem Angestelltenverhältnis, auch auf höchster Managementebene. So sind der Tätigkeit als Unternehmerin bzw. Unternehmer rein formal in der Regel keine Altersgrenzen gesetzt. Es lassen sich im eigenen Unternehmen also durchaus flexible Altersgrenzen des Ein- und Austritts realisieren. In Deutschland wird beispielsweise etwa ein Drittel der Familienunternehmen erst übertragen, wenn der Senior älter als 65 Jahre ist (Albach & Freund, 1989). Ein weiterer wichtiger Unterschied betrifft das Commitment gegenüber dem Unternehmen. Hier findet sich bei abhängig Beschäftigten ein sehr großes Spektrum von geringem bis hohem Commitment, während bei Unternehmerinnen und Unternehmern selbst in der Regel ein hohes Commitment als gegeben angenommen werden kann. Die Fortführung des Unternehmens wird von den meisten als ein Wert an sich betrachtet (Handler, 1992). Dabei stellt die Übergabe bzw. Weiterführung des Unternehmens zugleich einen wichtigen Bestandteil zur Sicherung der Altersvorsorge dar.

Die Übergabe eines Unternehmens stellt eine komplexe Aufgabe dar. Erschwerend kommt hinzu, dass ein Unternehmer bzw. eine Unternehmerin die Unternehmensnachfolge im Regelfall nur einmal im Leben organisiert und somit über kein entsprechendes Erfahrungswissen verfügt. In den meisten Fällen werden von Übergeberseite ausreichend Informationen zu juristischen und betriebswirtschaftlichen Aspekten eingeholt. Den psychologischen Anforderungen ist aber ebenfalls Aufmerksamkeit zu schenken.

Einige Autoren halten in diesem Zusammenhang die Konfrontation mit der eigenen Vergänglichkeit für ein zentrales Thema (z.B. Richthoff, 2002). Die Regelung der Nachfolge und das Aufsetzen eines Testaments sind Aufgaben, die unmittelbar mit dem Altern und der eigenen Endlichkeit verbunden sind. Weiterhin malen sich ausscheidende Unternehmer zwar oftmals eine ruhigere Zeit nach der vollzogenen Unternehmensnachfolge aus und können deshalb den Gedanken abnehmender Verantwortung vorerst akzeptieren. Je näher jedoch die Übergabe rückt, desto größer werden gegebenenfalls die Bedenken. Neben der möglichen Befürchtung von Langeweile oder Nutzlosigkeit kann auch die Befürchtung auftreten, mit der Abgabe der Leitung die eigene Identität und den Status in der Gesellschaft zu verlieren (Anbuhl & Müller-Heydenreich, 2000). Es ist deshalb von hoher Bedeutung, dass die Arbeit der übergebenden Person gewürdigt und anerkannt wird (vgl. De Jong, 2001b). Dies erleichtert den Start in einen neuen Lebensabschnitt. Günstig ist es ganz sicher, wenn der Übergeber bzw. die Übergeberin schon während der aktiven Zeiten im Unternehmen auch außerberufliche Interessen aufgebaut und gepflegt hat, denen er bzw. sie sich nach dem Berufsleben intensiver widmen möchte. Aber auch berufsbezogene Interessen können in der Zeit nach der Übergabe realisiert werden. Hier kann sich zum Beispiel ein Engagement in Vereinen anbieten wie z.B. „Alt hilft Jung" (www.diewirtschaftssenioren.de), in denen man Wissen und Erfahrung an junge Unternehmer weitergeben kann. Sofern sich jemand von seinem Unternehmen nicht vollständig trennen möchten, besteht u.U. auch die Möglichkeit, mit dem Einverständnis der Nachfolgegeneration im Unternehmen weiterhin bestimmte Aufgaben wahrzunehmen (vgl. Schackmann, 2003). Nach der Übergabe vorstellbare Tätigkeiten sind neben der Beratung der Nachfolge beispielsweise auch das Mentoring von Auszubildenden (s.o.).

Es ist davon auszugehen, dass die Rückzugsentscheidung leichter fällt, wenn die nachfolgende Person bereits feststeht. Solange der Wunsch nach einem Rückzug nicht besteht, wird die Nachfolgesuche allerdings häufig verschoben (Breitenstein & Lang-von Wins, 2005). Um eine gut geplante Nachfolge zu realisieren, sollte die Auseinandersetzung mit der Thematik nicht zu lange hinausgezögert werden. In der bereits erwähnten Studie der Zürcher Hochschule Winterthur gaben 6% der Befragten an, die Unternehmensnachfolge weniger als ein Jahr im Voraus geplant zu haben, 63% gaben eine Planungszeitspanne von ein bis fünf Jahren an und 31% hatten die Nachfolge mehr als fünf Jahre im Voraus geplant. Den Interviews war zu entnehmen, dass von den Übergebenden auch im Nachhinein eine langfristige Vorausplanung als sehr wichtig erachtet wurde.

9.3.2 Besondere Herausforderungen für die Übernehmenden

Die eigentliche psychologische Herausforderung für den familieninternen Nachfolger bzw. die Nachfolgerin beginnt schon lange, bevor die tatsächliche Unternehmensnachfolge durchgeführt wird. Dass viele Unternehmerinnen und Unternehmer sich eine familieninterne Nachfolgelösung wünschen, ist verständlich. Dieser Wunsch kann so groß sein, dass die ältere Unternehmergeneration für die jüngere Generation gar keine anderen beruflichen Optionen wahrnimmt. Zwar ist bekannt, dass sich Kinder in ihren beruflichen Vorstellungen an dem orientieren, was sie aus der Familie oder ihrem näheren Umfeld kennen (Trice & Knapp, 1992), dennoch entwickeln nicht alle Unternehmerkinder in gleichem Maße ein Interesse an der Leitung eines Unternehmens und die Befähigung dazu. Als wichtige Eignungsfaktoren für eine unternehmerische Berufsorientierung gelten nach heutigem Kenntnisstand ein ausgeprägtes Leistungsmotiv, Unabhängigkeitsstreben, Risiko- und Durchsetzungsbereitschaft sowie die Fähigkeit zur Selbstführung (Müller, 2005). Diese Eignungsfaktoren werden sicher teilweise über die Sozialisation in der Unternehmerfamilie erworben, sie sind aber nicht komplett durch den Einfluss der Familie steuerbar.

Überdies beziehen Unternehmerkinder in ihre eigenen beruflichen Pläne aber wahrscheinlich noch mehr ein als nur die Frage der prinzipiellen individuellen Eignung. Durch den Einsatz der Elterngeneration für das Unternehmen haben sie vielfach in ihrer Kindheit erfahren müssen, dass kaum noch Zeit für das Familienleben blieb. Geprägt durch diese Erfahrung möchten die Nachkommen ihrer eigenen Familie solche Erfahrungen möglicherweise ersparen.

Ist die Nachfolgeentscheidung gefallen und der Übergabezeitpunkt gekommen, so ist eine zentrale Herausforderung für die Nachfolgenden, sich im Unternehmen in der neuen Rolle zu positionieren. Im Gegensatz zu externen Nachfolgern sind Unternehmerkinder den Mitarbeitenden in der Regel bereits bekannt. Folglich müssen sie sich im Rahmen der Unternehmensnachfolge gegenüber den Mitarbeitenden neu verorten und haben nun eventuell Schwierigkeiten, sich gegenüber älteren Beschäftigten durchzusetzen (vgl. Poppelreuter & Wechsung, 2002). Auch von Kundenseite muss der neue Status anerkannt werden.

Wichtig scheint in der Übernahmephase insbesondere aber der familiäre Rückhalt zu sein, nicht nur durch die Elterngeneration, sondern auch durch die Lebenspartnerin bzw. den Lebenspartner. Diese müssen vor allem die längeren Arbeitszeiten, die Wochenendarbeit sowie die finanzielle Abhängigkeit vom unternehmerischen Risiko akzeptieren können. Zeitliche und räumliche Entgrenzungen (z.B. weil Firma und Privatwohnung auf einem Areal liegen) mag der familieninterne Nachfolger für selbstverständlich halten, für die Lebenspartnerin könnte eine solche Situation aber gewöhnungsbedürftig sein.

9.3.3 Erfolgreiche Umsetzung der Unternehmensnachfolge

Planmäßige Unternehmensnachfolgen erfordern eine langfristige Vorbereitungszeit, in der ein geeigneter Nachfolger oder eine Nachfolgerin gesucht und für die spätere Aufgabe qualifiziert werden kann. Im Gegensatz hierzu erschwert eine unerwartete Unternehmensnachfolge den erfolgreichen Übergang. Unerwartete Nachfolgen sind aber keine Seltenheit. Die plötzliche Arbeitsunfähigkeit oder der Tod des Unternehmers sind Gründe, die häufig unterschätzt werden, obwohl sie laut einer Studie des Instituts für Mittelstandsforschung Bonn in 26,3% aller Fälle der Unternehmensnachfolge tatsächlich gegeben sind (IfM, 2005).

Bei der planmäßigen familieninternen Nachfolge findet meist eine schrittweise Übertragung der Verantwortung statt (vgl. Menke, 1998). Dabei sollten sowohl intern als auch extern klare Kompetenzverteilungen signalisiert und eingehalten werden. Insgesamt sollte die Übertragung nicht länger als zwei bis fünf Jahre dauern (vgl. Habig & Berninghaus, 2004), da die nachfolgende Person bei einer zu langen gemeinsamen Übergangszeit Schwierigkeiten hat, das eigene Profil zu entwickeln. Zudem besteht bei längeren Übergangszeiträumen die Gefahr, dass der/die Übergebende den endgültigen Rückzug immer weiter hinauszögert. Entgegenwirken lässt sich dem mit einem von vornherein vereinbarten verbindlichen Plan. Tatsächlich liegt nach einer Untersuchung von Breitenstein und Lang-von Wins (2005) in nur wenigen Übertragungsfällen ein solcher Plan vor.

Bemerkenswert ist, dass obwohl sowohl die Partnerin des Seniors als auch die Partnerin des Juniors von den Übergabeentscheidungen und -prozessen mitbetroffen sind, diese nur selten direkt in die Übergabe einbezogen werden; dies ist am ehesten dann der Fall, wenn sie auch selbst im Unternehmen tätig sind (Zürcher Kantonalbank, 2005). Ob sich dies im Zuge wandelnder Geschlechterrollen hin zu einer größeren Partizipation in Zukunft ändern wird, ist eine offene Frage.

Unternehmensnachfolge im Kfz-Gewerbe: Eine Interviewstudie

Bühler (2006) ist in einer Interviewstudie der Frage nachgegangen, welche Aspekte von den Nachfolgern selbst als besonders wichtig für den Erfolg bei der Unternehmensnachfolge erachtet werden. Der Studie lagen Aussagen von 54 Unternehmensnachfolgern aus dem Kfz-Gewerbe vor. Es zeigte sich, dass in Autohäusern der Großteil der Nachfolgen innerfamiliär erfolgte. Meist wurden die Unternehmen aus Altersgründen übergeben. Fast alle Unternehmensnachfolgen waren durch eine mehrjährige gemeinsame Zeit von Übergeber und Nachfolger im Autohaus gekennzeichnet. In den meisten Fällen stand der Übergeber dem Autohaus weiterhin beratend zur Verfügung. Es ergaben sich jedoch durch Gründe wie plötzliche Arbeitsunfähigkeit oder Tod des Unternehmers auch unerwartete Situationen der Nachfolgeregelung. Die Nachfolger waren meist nicht älter als 40 Jahre. 74% der Befragten gaben an, dass im Nachfolgeprozess familieninterne Meinungsverschiedenheiten zu überwinden waren.

Wichtige Erfolgsfaktoren aus Sicht der Nachfolger:

- Langfristige Planung sowie gemeinsame Übergangszeit mit dem Seniorunternehmer
- Eigene persönliche und fachliche Eignung
- Rückhalt in der Familie

9.4 Fazit

Generationsverbindende Arbeitskonstellationen wie das Mentoring, das Stafettenmodell oder die Nachfolge in Familienunternehmen stellen eine Herausforderung und zugleich eine Chance zur Reflexion eigener Lebensentwürfe dar, die deutlich über den rein beruflichen Kontext hinausgehen. Damit betreffen sie implizit oder explizit auch Fragen der Life Domain Balance.

Mentoring muss dabei nicht als einseitige Hilfeleistung des Mentors oder der Mentorin gesehen werden, sondern kann einen gemeinsamen Arbeits- und Reflexionsprozess darstellen. Mentorinnen und

Mentoren selbst können dabei im Rahmen einer berufsbiographischen Bilanzierung neue Einsichten gewinnen. Das Stafettenmodell der Generationen baut bewusst auf die Chance des wechselseitigen voneinander Lernens erfahrener und weniger erfahrener Erwerbstätiger auf. Dieses Arbeitsmodell verdient in der Praxis mehr Aufmerksamkeit als es bisher erhalten hat.

Mit Blick auf die Nachfolge in Familienunternehmen stellen sich Herausforderungen sowohl für die übergebende ältere Generation als auch für die übernehmende jüngere Generation. Dem Übergebenden, der sich bereits während seines Erwerbslebens im Unternehmen Zeit für andere Life Domains genommen hat, mag die Übergabe dabei etwas leichter fallen als Personen, die erst mit dem Augenblick der Übergabe beginnen, sich neue Aufgaben zu suchen. Gerade für Unternehmerinnen und Unternehmer bieten sich aber auch Möglichkeiten, ihr Know-How auch nach ihrer aktiven Unternehmenszeit weiterzugeben, zum Beispiel als Beraterinnen und Berater für Unternehmensgründungen. Während sich die Übergebenden also neue Aufgaben suchen, müssen sich die Übernehmenden häufig in ihrer Lebensgestaltung noch stärker als bisher auf eine Präsenz im Unternehmen einstellen. Das Privatleben und Phasen der Erholung dabei nicht zu vernachlässigen und zu einer neuen Life Domain Balance zu finden wird hier zu einer wichtigen Aufgabe.

Betriebsspezifische Maßnahmen

Kapitel 10

10.0 Ein Blick zurück

Grundsätzlich lassen mit Blick auf die Life Domain Balance all jene Maßnahmen positive Effekte erwarten, die in der Arbeitspsychologie als gesundheits- und persönlichkeitsfördernd bekannt sind: Schaffung von Tätigkeitsspielräumen, von Anforderungsvielfalt und von vollständigen sowie sinnhaften Aufgaben, von Partizipationsmöglichkeiten und von Möglichkeiten zur sozialen Interaktion. Alle diese Ansatzpunkte haben in der Arbeitspsychologie eine lange Tradition mit frühen Arbeiten von z.B. Münsterberg (1912), Krause (1933) und Lippmann (1932). Wir sind darauf bereits im vierten Kapitel eingegangen. Ebenso können Programme im Bereich der Arbeitszeitgestaltung als Maßnahmen für eine verbesserte Life Domain Balance betrachtet werden. Wir haben davon in Kapital 5 und 8 berichtet. Hier hat zum Beispiel das Thema der erholungswirksamen Pausengestaltung eine arbeitswissenschaftliche Tradition, die bis in die 1920er/1930er Jahre zurückreicht.

Aus gesellschaftshistorischer Sicht lassen sich auch Initiativen wie die Errichtung von Werkssiedlungen und die Einführung des Betriebssports als Maßnahmen für eine verbesserte Vereinbarkeit von Beruf und Privatleben interpretieren. So bauten Unternehmen im 19. Jahrhundert und in der ersten Hälfte des 20. Jahrhunderts preiswerten Wohnraum für Betriebsangehörige. Sie wollten mit den Mitteln des Werkwohnungsbaus vor allem in den rasch expandierenden Industriezweigen die Fluktuation der aus dem ländlichen Umland angeworbenen Arbeitskräfte verringern und ein Stammpersonal an ihre Fabriken binden. Der Mietvertrag war dabei an den Arbeitsvertrag gekoppelt: Der Verlust des Arbeitsplatzes bedeutete den Wohnungsverlust (Dege & Dege, 1983, S. 48). Bekannte Beispiele für Werkssiedlungen in Deutschland sind die Siemensstadt in Berlin (Siemenswerke), der Limburgerhof (BASF) und die von der Hoechst errichtete Kolonie in Frankfurt am Main. Ganz besonders verbreitet waren Werkssiedlungen in den Zechen und anderen Industriebetrieben des Ruhrgebietes. So entstand in Dortmund durch die Union Hüttenwerke die Unionvorstadt, die von der Gutehoffnungshütte errichtete Siedlung Eisenheim oder die von der Firma Krupp errichteten Arbeitersiedlungen Altenhof I und II. Bis zum Jahr 1945 wurden allein im Ruhrgebiet über 300′000 Bergarbeiterwohnungen gebaut, von denen im Zweiten Weltkrieg mehr als zwei Drittel zerstört wurde. Mit dem Wiederaufbau nach 1945 begann eine umfangreiche Umwidmungsphase der verbliebenen Wohnungen in Eigenheime (Dege & Dege, 1983).

10.1 Förderung der Vereinbarkeit von Beruf und Familie

In der betrieblichen Praxis gibt es eine Reihe von Programmen und Maßnahmen, die nicht notwendigerweise neu sind, aber für eine verbesserte Life Domain Balance genutzt werden können. Sie zielen entweder auf eine Verhältnisprävention (bedingungsbezogen, struktur- und. aufgabenorientiert) oder auf eine Verhaltensprävention (Veränderung des individuellen Verhaltens). Im betrieblichen Gesundheitsmanagement stellen z.B. Rückenschulen und Stressimmunisierungstrainings verhaltensorientierte Maßnahmen dar, während Arbeitsgestaltungsmaßnahmen wie die Einführung teilautonomer Arbeitsgruppen oder eine Arbeitszeitverkürzung auf der Ebene der Verhältnisprävention liegt (vgl. Ulich, 2011; Ulich & Wülser, 2010).

Über derartige Ansätze hinaus gibt es eine Reihe von spezifischen betrieblichen Maßnahmen der familienunterstützenden Personalpolitik, auf die im Folgenden eingegangen werden soll.

Eine wachsende Zahl von Unternehmen setzt sich für verbesserte Rahmenbedingungen der Vereinbarkeit von Beruf und Familie ein. Zu den wichtigsten konkreten Maßnahmen, die aktuell im Zusammenhang mit der Vereinbarkeit von Beruf und Familie in Unternehmen diskutiert werden, zählen flexible Arbeitszeiten, Teilzeitarbeit bzw. Job sharing, Telearbeitsmöglichkeiten sowie unmittelbare Angebote zur Kinderbetreuung. In Ländern, die keine gesetzlich geregelten Ansprüche auf längere Beurlaubungen nach der Geburt eines Kindes haben, gehören auch betriebsinterne Freistellungsangebote dazu. Ausgewählte Beispiele für betriebliche Maßnahmen zur besseren Vereinbarkeit von Beruf und Familie werden in der folgenden Übersicht zusammengefasst.

Das Spektrum möglicher Maßnahmen wird in der betrieblichen Praxis allerdings nur teilweise ausgeschöpft. Dies zeigt eine repräsentative Umfrage der Gemeinnützigen Hertie-Stiftung (vgl. Becker, 2003). Unter-

Kasten 10.1

Betriebliche Maßnahmen zur besseren Vereinbarkeit von Beruf und Familie (aus Wiese, 2007, S. 258)

Kinderbetreuung
- Betriebskindergarten
- Belegplätze in Kinderbetreuungseinrichtungen
- Zuschüsse zu Kinderbetreuungskosten
- Vermittlungsservice für Kinderbetreuung
- Ferienbetreuungsangebote

Arbeitszeit und -ort
- Flexible Arbeitszeiten
- Teilzeitarbeitsplätze
- Telearbeitsplätze
- Job sharing

Mobilitätsunterstützung
- Arbeitsvermittlung für Ehe-/Lebenspartner
- Umzugskostenübernahme

Führungskompetenz
- Schulungen zur vereinbarkeitsorientierten Personalführung
- Mentorenprogramme

Freistellungen
- Über gesetzliche Ansprüche hinausgehende Beurlaubungsoptionen für Mütter und Väter

Informationsbereitstellung
- Betriebsinterne Familienbeauftragte
- Informationsmaterialien

nehmen konzentrieren sich demnach vor allem auf Veränderungen im Bereich der Arbeitszeitflexibilisierung und der Arbeitsorganisation.

Besondere Aufmerksamkeit hat sowohl in der Praxis wie auch in der Forschung die Einführung flexibler Arbeitszeiten erfahren. *Arbeitszeitflexibilität* wird von den Erwerbstätigen wertgeschätzt und gewünscht (vgl. Baltes, Briggs, Huff, Wright & Neuma, 1999). Hinsichtlich des Konflikterlebens zwischen Beruf und Familie ist die Befundlage allerdings gemischt: Parasuraman, Purohit und Godshalk (1996) berichten von einer Konfliktminderung, andere Autoren finden hier keine Zusammenhänge (z. B. Wiese, 2004). Dies mag damit zusammenhängen, dass die Arbeitszeitflexibilisierung nur für bestimmte Arbeitnehmende konfliktmindernd wirkt, für andere aber eher konfliktfördernd, da die zeitlichen Grenzen zwischen

Berufs- und Familienleben unklarer werden. Fenzl und Resch (2005) weisen darauf hin, dass zeitliche Flexibilität nicht automatisch mit leichter Koordinierbarkeit gleichzusetzen ist, denn gerade eine geringe zeitliche Bindung kann auch einen erhöhten Planungsaufwand zur Folge haben und für Paare die Synchronisation von gemeinsamer Zeit erschweren (vgl. auch Kapitel 7).

Vielfach diskutiert werden auch *Telearbeitsformen*. Wie bereits in Kapitel 5 dargestellt scheinen alternierende Telearbeitsformen – d.h. eine Form der Telearbeit, bei der die Tätigkeit nur zeitweise außerhalb der zentralen Betriebsstätte ausgeführt wird – sowie insbesondere wohnortnahe Telearbeitszentren mit Blick auf die Integration von Beruf und Familie Chancen zu bieten. Eine ausschließliche Tätigkeit in der häuslichen Umgebung birgt hingegen auch Gefahren für die Life Domain Balance wie z.B. Entgrenzung mit Blick auf das Privatleben, professionelle Isolierung, Gesundheitsbeeinträchtigung infolge einer mangelhaften ergonomischen Gestaltung des Arbeitsplatzes.

Manche Unternehmen bieten eigene *Beurlaubungsoptionen* für Mitarbeitende mit Familienpflichten an. Dies kann einzelne zusätzliche Urlaubstage betreffen, aber auch die Möglichkeit, sich nach der Geburt eines Kindes für längere Zeit beurlauben zu lassen. Letzteres ist nur dann eine betriebliche Maßnahme, wenn Unternehmen nicht bereits staatlicherseits zu solchen Beurlaubungen verpflichtet sind bzw. wenn die von Unternehmensseite angebotene Beurlaubungsdauer oder -vergütung über das gesetzlich vorgeschriebene Maß hinaus geht. So haben etwa in Deutschland („Elternzeit") und Österreich („Karenz") sowohl Mütter als auch Väter nach der Geburt eines Kindes einen rechtlichen Anspruch auf eine Beurlaubung von bis zu drei Jahren. Anders gestaltet sich die Situation in der Schweiz. Eine Beurlaubung ist hier von Gesetzgeberseite nur für Mütter vorgesehen („Mutterschaftsurlaub") und umfasst lediglich 16 Wochen. Beurlaubungen ermöglichen es, sich bei Arbeitsplatzgarantie zeitweise ganz der Familie zu widmen. Damit sind sie familienfreundlich. Mit Blick auf die Vereinbarkeit von Familie und Beruf werden aber schnell auch potenzielle Probleme sichtbar, denn längere Auszeiten können die weitere berufliche Entwicklung gefährden. So zeigen sowohl US-amerikanische als auch europäische Untersuchungen, dass berufliche Auszeiten im Sinne einer vergleichsweise negativen Gehaltsentwicklung und einer verringerten Wahrscheinlichkeit von Beförderungen negative Folgen für die Karriere haben können, (z.B.

Gangl & Ziefle, 2009; Judiesch & Lyness, 1999). Gründe für eine Auszeit können unterschiedlicher Art sein: Geburt eines Kindes, Pflege älterer Familienangehöriger, Krankheit, Militärdienst, Wunsch nach einem Sabbatical etc. Judiesch und Lyness (1999) sind der Frage nachgegangen, ob Familien- versus Gesundheitsgründe für einen zeitweisen Ausstieg in unterschiedlichem Ausmaß mit den negativen objektiven Karrierekonsequenzen verbunden sind. Dies war nicht der Fall. Insgesamt sind die negativen Effekte auf die Gehaltsentwicklung am größten, wenn nach einer Auszeit eine Tätigkeit bei einem anderen Arbeitgeber aufgenommen wird (Jacobsen & Levin, 1995; Schneer & Reitman, 1997). Aus humankapitaltheoretischer Sicht (Becker, 1975) lässt sich argumentieren, dass in diesem Fall zu den allgemeinen professionsspezifischen Verlusten in Know-How und professioneller Netzwerkeinbindung noch Verluste in organisationsspezifischem Wissen hinzukommen.

Gerade die familiären Auszeiten tragen zur Entstehung diskontinuierlicher Berufsverläufe bei, die charakteristisch für weibliche Erwerbsbiographien sind. Durch solche diskontinuierlichen Berufsverläufe werden Frauen in andere Tätigkeitsfelder als Männer geführt (horizontale Arbeitsmarktsegregation) und gelangen innerhalb gleicher Tätigkeiten seltener in Führungspositionen (vertikale Segregation; vgl. Hohner & Hoff, 2008). Dabei sind allerdings branchenspezifische Konsequenzen beruflicher Auszeiten ins Visier zu nehmen. Wiese (2005) hat Personalverantwortliche aus dem Öffentlichen Dienst und der Privatwirtschaft gebeten, die potenziellen beruflichen Folgen einer ein- bzw. dreijährigen beruflichen Auszeit für weibliche Führungskräfte einzuschätzen. Bei dreijähriger Beurlaubung wurde von einem signifikant höheren Risiko negativer beruflicher Konsequenzen (z.B. Gehaltentwicklung, Übertragung von Projekt- und Personalverantwortung) ausgegangen als bei einjähriger Auszeit. Dies traf sowohl für den Öffentlichen Dienst zu als auch für die Privatwirtschaft, jedoch wurde bei dreijähriger Auszeit in der Privatwirtschaft von stärkeren negativen Konsequenzen ausgegangen als im Öffentlichen Dienst. Für die Karriereentwicklung sind also Versuche des kontinuierlichen Nebeneinanders von Beruf und Familie günstiger als längere Auszeiten, verbunden dann allerdings mit den täglichen Problemen der Vereinbarkeit der Lebensbereiche.

Vorübergehende *Teilzeitbeschäftigungen* stellen hier eine Lösung dar, da sie eine kontinuierliche Präsenz im Unternehmen sicherstellen.

Dies entspricht auch der Sicht von Personalverantwortlichen. Diese würden weiblichen Führungskräften in der Familiengründungsphase empfehlen, sich um einen zügigen Wiedereinstieg ins Berufsleben zu bemühen, was beispielsweise durch eine zeitweise Teilzeittätigkeit realisierbar sei (Wiese, 2005).

Eine dauerhafte Teilzeitbeschäftigung dürfte allerdings wiederum Karrieregefahren bergen (vgl. Warren, 2004), wobei selbstverständlich auch nicht jede Teilzeitkraft eine Karriere im engeren Sinne, also eine berufliche Statusverbesserung anstrebt. Tatsächlich gibt es zwischen langen Arbeitsstunden und objektiven Karrierefortschritten eine positive Beziehung (z.B. Judge, Cable, Boudreau & Bretz, 1995). Lange Arbeitszeiten haben dabei auch eine symbolische Bedeutung, weil sie als Indikatoren hohen beruflichen Commitments betrachtet werden. Eine solche „Face-time"-Kultur (Lizotte, 2001) stellt daher eine Barriere für die Karriereentwicklung derjenigen dar, die sich für eine Teilzeiterwerbstätigkeit entscheiden. Neben der Dauer der Teilzeitbeschäftigung in der individuellen Erwerbsbiographie muss auch der Umfang der Teilzeittätigkeit berücksichtigt werden. Vollzeitnahe Teilzeitformen (z.B. 75%-Stellen) führen in dieser Hinsicht vermutlich zu geringeren Problemen als vollzeitferne Teilzeitmodelle (z.B. 25%-Stellen). Allerdings können Minimalpensen gerade auch für Frauen die Möglichkeit eines schnellen Einstiegs nach der Geburt eines Kindes beinhalten. Denkbar sind Modelle, bei denen das Pensum dann sukzessive gesteigert wird.

Eines der größten Themen der familienorientierten Personalpolitik ist die unternehmensunterstützte *Kinderbetreuung*. Dabei werden allerdings die häufig geforderten Betriebskindergärten nur relativ selten realisiert, was angesichts der Einrichtungskosten sowie der laufenden Kosten nicht verwundert. Gerade für kleinere Unternehmen ist diese Maßnahme deshalb in der Regel nicht praktikabel. Ein weiterer Nachteil von Betriebskindergärten ist überdies, dass diese häufig nicht im Wohnquartier der Familie liegen, was den Aufbau von Freundschaften zwischen den Kindern und von wohnungsnahen unterstützenden Elternnetzwerken erschwert. Allerdings gibt es Alternativen wie z.B. Belegplätze in externen Kindertagesstätten, betreuungsbezogene Vermittlungsangebote oder individuelle finanzielle Zuschüsse zur Kinderbetreuung. Erfolgversprechend erscheinen außerdem Initiativen, in denen sich mehrere Organisationen zusammenschließen. Beispiele dafür finden sich in in Kasten 10.2 und 10.3.

Praxisbeispiel „Fluggi-Land", Frankfurt/Main **Kasten 10.2**

Fluggi-Land - Flexible Kindernotbetreuung

Seit September 2002 ist Fluggi-Land Frankfurt/Main in Betrieb. Ziel ist es, Arbeitnehmer/innen in akuten Notfällen durch Kinderbetreuungsangebote zu unterstützen. Fluggi-Land ist also kein Ersatz für den Kindergarten oder -hort, sondern es geht um kurzfristige und kurzzeitige Kinderbetreuung. Besonderes Augenmerk wird auf flexible Betreuungslösungen gerichtet, die auch Arbeitszeiten am frühen Morgen, am Abend oder an den Wochenenden ermöglichen, wie sie bei Tätigkeiten an Flughäfen häufig erforderlich sind.

Das Angebot gilt für Kinder im Alter von 1 bis 12 Jahren. Eltern können darauf an 365 Tagen im Jahr, also auch an Sonn- und Feiertagen, von 6.00 Uhr bis 22.00 Uhr zugreifen. Darüber hinaus werden Ferienfreizeiten für Schulkinder ab 6 Jahre angeboten.

Für die Nutzung des Fluggi-Land ist es erforderlich, dass der Arbeitgeber einen Kooperationsvertrag mit der Medical Airport Service GmbH abschließt.

Nähere Informationen finden sich unter http://www.medical-gmbh.de/Fluggi-Land.300.0.html.

Praxisbeispiel Stiftung Kinderbetreuung im Hochschulraum Zürich (kihz) **Kasten 10.3**

Stiftung Kinderbetreuung im Hochschulraum Zürich (kihz)

Gegründet wurde die Stiftung im Jahr 2002 gemeinsam von der Universität Zürich und der ETH Zürich.

Die Stiftung ...

- führt sechs eigene Kindertagesstätten in verschiedenen Stadtteilen
- bietet Ferienbetreuung an
- vermittelt Tagesmütter und Nannys
- vermittelt Babysitter für einzelne Tage und Abende, wenn z.B. auswärtige Wissenschaftler/innen sich mit Kindern in Zürich aufhalten
- organisiert bei wissenschaftlichen Kongressen eine mobile Kinderbetreuung

Darüber hinaus hält die Stiftung für Hochschulangehörige und -verwaltung ein eigenes Informationsangebote bereit und steht für individuelle Beratung zur Verfügung, sie unterstützt und vernetzt andere Betreuungsangebote im Hochschulraum Zürich und initiiert innovative Projekte im Bereich der Frühpädagogik.

Nähere Informationen finden sich unter http://www.kihz.ethz.ch/.

10.1.1 Effekte des betrieblichen Vereinbarkeitsengagements

Unternehmen betrachten ihr Engagement im Bereich der besseren Vereinbarkeit von Beruf und Familie vermehrt als Ausdruck ihrer gesellschaftlichen Verantwortung. Zugleich hoffen sie, auf diesem Wege Fehlzeiten und Krankenstand zu reduzieren, die Mitarbeitermotivation und -zufriedenheit zu stärken, das interne und externe Unternehmensimage zu verbessern, qualifizierte Fachkräfte zu gewinnen und dauerhaft zu binden u.a.m. (vgl. Bundesministeriums für Familie, Senioren, Frauen und Jugend, 2003). Bezogen auf austauschtheoretische Annahmen wird z.B. erwartet, dass Mitarbeitende in solchen Unternehmen ein hohes Arbeitsengagement zeigen und bereit sind, sich besonders für die Organisationsbelange einzusetzen (vgl. Gmür & Schwerdt, 2005).

Eine empirische Prüfung der Frage, ob eine familienunterstützende Personalpolitik die in sie gesetzten Hoffnungen tatsächlich erfüllt, ist nicht einfach zu realisieren. Streng genommen müssten Vergleichsdaten aus der Zeit vor und nach der Einführung spezifischer Maßnahmen vorliegen. Außerdem dürften zur gleichen Zeit nicht noch andere betriebliche Maßnahmen implementiert worden sein, die ebenfalls zu den erwarteten Positiveffekten hätten führen können. Soll es überdies um eine Wirtschaftlichkeitsprüfung gehen, muss eine monetäre Bewertung der Messgrößen möglich sein. Nicht alle der nachfolgend genannten Arbeiten können solche strengen Kriterien erfüllen. Dies ändert aber nichts an der grundsätzlich positiven Befundlage, die auf die betriebswirtschaftlich günstigen Wirkungen eines familienunterstützenden Personalmanagements verweist.

So liegen Arbeiten vor, die zeigen, dass Maßnahmen wie flexible Arbeitszeiten, Teilzeitarbeitsplätze, Job sharing oder Kinderbetreuungsangebote positive Effekte auf die *organisationale Bindung* haben (z.B. Caspar & Buffardi, 2004; Grover & Crooker, 1995). Die betriebswirtschaftliche Forschung liefert überdies erste Daten zur *produktivitätssteigernden Wirkung* derartiger Maßnahmen (vgl. zusammenfassend Gmür & Schwerdt, 2005). Vandenberg, Richardson und Eastman (1999) berichten von einer positiven Wirkung auf die Eigenkapitalrate („return on equity“). Simerly und Tomkiewicz (1997) fanden ebenfalls positive Effekte. Ihr Kriterium war die über fünf Jahre gemittelte Kapitalrendite („return on investment“). Einschränkend sei allerdings angemerkt, dass die Autoren in ihren Analysen die Verfügbarkeit von firmeninternen Programmen zur Vereinbarkeit von Beruf und Familie gemeinsam mit anderen innerbetrieblichen Initiativen wie Altersvorsorgeplänen oder Gewinnbeteiligung betrachtet und keine separate Schätzung der Vereinbarkeitsmaßnahmen vorgenommen haben.

Für Deutschland hat die Prognos AG im Auftrag des Bundesministeriums für Familie, Senioren, Frauen und Jugend (2003) die betriebswirtschaftlichen Effekte familienfreundlicher Maßnahmen beziffert. Auf der Grundlage von Controllingdaten aus zehn mittelständischen Beispielbetrieben und weiterführenden Modellrechnungen wurden die Wirkungen familienfreundlicher Maßnahmen untersucht. Der betriebswirtschaftliche Nutzen übersteigt demnach die Investitionen deutlich, wobei vor allem Überbrückungs-, Fluktuations- und Wiedereingliederungskosten nachhaltig gesenkt werden.

Allerdings weisen Erfahrungsberichte auch auf *Implementierungs- und Akzeptanzprobleme* hin. Beispielsweise kann es sein, dass Mitarbeitende befürchten, der eigenen Karriere durch die Inanspruchnahme spezifischer Angebote zu schaden (Finkel, Olswang & She, 1994). Entsprechend betonen Thompson, Thomas und Maier (1992), dass die positiven Effekte von Maßnahmen, die auf eine Erleichterung der Vereinbarkeit von Beruf und Familie zielen, durch die Wahrnehmung einer wenig unterstützenden Organisationskultur deutlich unterminiert werden können. Nach Thompson, Beauvais und Lyness (1999) ist eine *familienunterstützende Organisationskultur* eine von den Unternehmensangehörigen geteilte Wahrnehmung des Ausmaßes, in dem eine Organisation die Integration von Berufs- und Familienleben wertschätzt und unterstützt. Zu den wesentlichen Facetten zählen die Autoren die Unterstützung durch Unternehmensleitung und unmittelbare Vorgesetzte bei familiären Angelegenheiten, familienverträgliche Arbeitszeiten und das Ausbleiben negativer Karrierekonsequenzen, wenn familienunterstützende Maßnahmen in Anspruch genommen werden. Eine derartige Unterstützung verweist auf die wichtige Rolle der sozialen Unterstützung im Arbeitsumfeld. Tatsächlich geht eine hohe Unterstützung durch Arbeitskolleginnen oder -kollegen, Vorgesetzte und Mentorinnen/ Mentoren mit einem verringerten Konflikterleben zwichen Beruf und Familie einher (z.B. Goff, Mount & Jamison, 1990; Nielson, Carlson & Lankau, 2001), wobei immer wieder die zentrale Rolle der unmittelbaren Vorgesetzten betont wird (z.B.

Allen, 2001). Vorgesetzte sind einerseits in ihrer eigenen Life Domain Balance Vorbild, andererseits sind sie sowohl zentrale Träger als auch Multiplikatoren einer familienunterstützenden Personalpolitik. Sie verfügen darüber hinaus in der Regel über Entscheidungsspielräume, die es ihnen erlauben mit ihren Angestellten nach individuellen Lösungsmöglichkeiten für die Vereinbarkeit von Beruf und Familie zu suchen. So überrascht es nicht, dass Personalverantwortliche weiblichen Mitarbeiterinnen in der Familiengründungsphase empfehlen, das Gespräch mit dem Vorgesetzten zu suchen, um gemeinsam zu klären, wie sich die Vorstellungen des Unternehmens mit denen der (zukünftigen) Mutter vereinbaren lassen (Wiese, 2005).

10.1.2 Das Audit Beruf & Familie®

Einige Firmen lassen sich ihr familienbezogenes Engagement im Rahmen von Auditierungen zertifizieren, um es so gleichzeitig für die interne und externe Unternehmenskommunikation zu nutzen. So wurde in Deutschland auf Initiative und im Auftrag der Gemeinnützigen Hertie-Stiftung das Audit Beruf & Familie® (www.beruf-und-familie.de; vgl. auch Becker, 2003) entwickelt, welches mittlerweile von vielen Unternehmen der Privatwirtschaft sowie Einrichtungen des Öffentlichen Dienstes genutzt wird. Dieses Audit unterstützt Unternehmen, bedarfsgerechte Maßnahmen zu finden und zu implementieren.

Ein geschulter externer Experte bzw. eine Expertin begleitet den gesamten Auditierungsprozess und arbeitet dabei mit einer betriebsinternen Projektgruppe zusammen. Die Beteiligung von Vertretern aller Statusebenen an der Auditierungsprojektgruppe stellt sicher, dass die Belange aller relevanten Bereiche des Unternehmens berücksichtigt werden. Der Ablauf des Zertifizierungsprozesses ist in Abbildung 10.1 dargestellt.

Die Projektgruppe erarbeitet zusammen mit dem externen Experten zunächst den Status quo der angebotenen Maßnahmen zur Vereinbarkeit von Beruf und Familie und trägt mögliche unternehmensspezifische Zielvorstellungen für eine zukünftige familienbewusste Personalpolitik zusammen (Strategieworkshop). Dies geschieht auf der Grundlage eines in acht Handlungsfelder unterteilten Kriterienkatalogs:

Ablaufschema des Audits Beruf & Familie® **Abbildung 10.1**

1. Arbeitszeit (z.B. Gleitzeit);
2. Arbeitsabläufe und Arbeitsinhalte (z.B. flexible Verteilung von Arbeitsaufträgen durch multifunktionalen Personaleinsatz) ;
3. Arbeitsort (z.B. alternierende Telearbeit);
4. Informations- und Kommunikationspolitik (z.B. Broschüren);
5. Führungskompetenz (z.B. Schulungen);
6. Personalentwicklung (z.B. Berücksichtigung der familiären Situation bei der Laufbahnplanung);
7. Entgeltbestandteile/geldwerte Leistungen (z.B. Zuschüsse zur Kinderbetreuung);
8. Service für Familien (z.B. Belegplätze in Kindertagesstätten).

Nach Auswertung des Status Quo erarbeitet die Projektgruppe mit Hilfe des externen Beraters weiterführende Ziele und konkrete Maßnahmen zur Verbesserung der Vereinbarkeit von Beruf und Familie (Auditierungsworkshop). Die Geschäftsführung des Unternehmens verpflichtet sich, diese Ziele umzusetzen. Der externe Berater bzw. die Beraterin dokumentiert die Durchführung des Audits Beruf & Familie® und schlägt das Unternehmen zur Grundzertifizierung vor. Mit der Zielvereinbarung beginnt das Unternehmen einen kontinuierlichen Verbesserungsprozess. Eine Re-Auditierung nach drei Jahren überprüft, inwieweit die Ziele erreicht wurden. Einmal jährlich werden die entsprechenden Zertifikate zum Audit Beruf & Familie® im Rahmen einer öffentlichen Veranstaltung verliehen. Dies stellt sicher, dass auch die Öffentlichkeit vom familienunterstützenden Engagement eines Unternehmens erfährt.

10.2 Fazit

In diesem Kapitel wurden verschiedene betriebliche Maßnahmen zu Stärkung der Life Domain Balance vorgestellt. Auch wenn hier der Schwerpunkt auf familienunterstützenden Strategien lag, gehen mögliche betriebliche Maßnahmen zur Unterstützung der Life Domain Balance selbstverständlich über diese hinaus. Sie umfassen beispielsweise auch die Gesundheitsförderung, die alternsgerechte Arbeitsgestaltung und die Unterstützung lebenslangen Lernens.

Einzelne Maßnahmen führen aber nicht per se zu einer verbesserten Life Domain Balance. So schaffen Maßnahmen der Flexibilisierung von Arbeitszeit und Arbeitsort zwar neue Freiräume für die Vereinbarkeit von beruflichem und außerberuflichem Bereich, können aber durch eine zunehmende Entgrenzung der Lebenssphären auch zu neuen Belastungen führen. Außerdem ist zwischen den kurzfristigen und den langfristigen Auswirkungen der Inanspruchnahme spezifischer Maßnahmen zu unterscheiden. So können familienbedingte Beurlaubungen für Mütter und Väter unmittelbar entlastend wirken, langfristig aber die eigene berufliche Entwicklung gefährden. Einer der Gründe dafür ist, dass die Unternehmenskultur nicht selten den von den Personalabteilungen der Unternehmen entworfenen Angeboten hinterher hinkt, so dass Personen, welche spezifische Maßnahmen nutzen, bisweilen auf Widerstände stoßen. Zu bedenken ist auch, dass Maßnahmen wie Gleitzeitarbeit, Zeitkontenmodell und Job sharing einen Abstimmungsbedarf in Arbeitsteams erfordern. Es sind also auch Beschäftigte von diesen Maßnahmen mit betroffen, die diese selbst gar nicht in Anspruch nehmen. Damit wird die Frage der organisationalen Akzeptanz zum Thema. Diese Akzeptanz ist sicher einfacher zu erreichen, wenn es vielfältige Angebote für verschiedene Gruppen von Beschäftigten gibt. Während für viele jüngere Beschäftigte z.B. die Frage der Kinderbetreuung wichtig sein dürfte, treten bei älteren Beschäftigten möglicherweise der Erhalt der Beschäftigungsfähigkeit oder Verpflichtungen gegenüber pflegebedürftigen Familienangehörigen in den Vordergrund.

Eine Personalpolitik, die in nachhaltiger Weise die Chancen für eine Life Domain Balance erhöhen möchte, setzt in manchen Fällen einen Perspektivenwechsel hinsichtlich des Bildes von den Mitarbeitenden und der gesellschaftlichen Verantwortung von Unternehmen voraus. Mitarbeitende werden dann nicht mehr auf ihre Funktion als Arbeitskraft reduziert, sondern als Personen mit unterschiedlichen Lebensentwürfen und Lebenssituationen wahrgenommen und wertgeschätzt (vgl. Bundesministerium für Familie, Senioren, Frauen und Jugend, 2005). Die Übernahme gesellschaftlicher Verantwortung, die auch unter dem Begriff der Corporate Social Responsibility diskutiert wird, umfasst ein breites Themenspektrum des freiwilligen, d.h. über gesetzliche Vorgaben hinausgehenden Engagements, das neben dem Umwelt- und Klimaschutz und dem Einsatz für Wissenschaft und Bildung insbesondere auch das Engagement im Bereich der Chancengleichheit, des Gesundheitsmanagements und der Vereinbarkeit von Beruf und Familie umfasst (vgl. Kapitel 11). Unternehmen stehen hier vor der Herausforderung, Konzepte zu entwickeln, die einerseits Betroffenengruppen zu gute kommen, andererseits aber auch zu den betrieblichen Interessen und ökonomischen Möglichkeiten passen. Hilfreich kann es dabei sein, wenn Unternehmen sich zu Netzwerken zusammenschließen, die sich gemeinsam spezifischen Themen der Corporate Social Responsibility annähern. Insbesondere mit Blick auf die Vereinbarkeit von Beruf und Familie sind überdies vielerorts Zusammenschlüsse von öffentlichen Verbänden bzw. Kommunen und Arbeitgebern entstanden, die gemeinsame Plattformen zur Diskussion und Förderung der Vereinbarkeit von Beruf und Familie anbieten (z.B. www.familienplattform.ch).

Wie dieses Kapitel gezeigt hat, können Unternehmen von ihrem Engagement für eine verbesserte Life Domain Balance auch ökonomische Vorteile schöpfen. Aber nicht nur die Unternehmen profitieren: Eine vom Bundesministerium für Familie, Senioren, Frauen und Jugend (2005) in Auftrag gegebene makroökonomische Modellrechnung zeigte, dass Maßnahmen zur Unterstützung der Life Domain Balance eine höhere Erwerbsbeteiligung und damit höhere Haushaltseinkommen und höhere Konsumausgaben, niedrigere Sozialversicherungsbeiträge (insbes. Krankenversicherung, Arbeitslosenversicherung) sowie eine höhere Geburtenrate erwarten lassen. Es besteht also die berechtigte Hoffnung, dass Unternehmensstrategien im Bereich der Life Domain Balance nicht nur auf der betrieblichen Ebene wirksam sind, sondern langfristig auch positive gesamtgesellschaftliche und volkswirtschaftliche Implikationen haben werden.

Corporate Social Responsibility und weiter reichende Initiativen

Kapitel 11

11.0 Ein Blick zurück

Sigmund Freud hat in seinem Essay über das Unbehagen in der Kultur (1930; 1992, S. 78) – in einer Fußnote – zur Bedeutung der Berufsarbeit angemerkt: „Keine andere Technik der Lebensführung bindet den Einzelnen so fest an die Realität als die Betonung der Arbeit, die ihn wenigstens in ein Stück der Realität, in die menschliche Gemeinschaft sicher einfügt."

Später wies Marie Jahoda (1983, S. 160) darauf hin, dass die positiven psychologischen Effekte der Erwerbstätigkeit „nicht an eine Vierzigstundenwoche gebunden" seien. Kaum rezipiert nannte sie „die Verkürzung der Tages-, Jahres- und Lebensarbeitszeit auf lange Sicht die konstruktivste Massnahme, sofern neue Technologien tatsächlich den Arbeitsaufwand verringern werden, der erforderlich ist, um der Bevölkerung einen respektablen Lebensstandard zu sichern." Damit stellt sich nicht zuletzt die Frage nach den Möglichkeiten und Wirkungen von Arbeitszeitmodellen zur Beschäftigungssicherung.

In der ersten Hälfte der 1960er Jahre wurde in den USA allerdings auch schon das Konzept eines vom Staat garantierten Mindesteinkommens zur Diskussion gestellt (Theobald 1963, 1966). Gemeint ist „an income sufficient to allow the individual to live with dignity whether or not he holds a conventional market-supported job ... " (Theobald 1963, p. 203). Zum Leben in Würde gehört nach Theobalds Auffassung die Freiheit, eigene Entscheidungen zu treffen, abweichender Meinung zu sein und für das einzustehen, was man für richtig hält, aber auch die Möglichkeit der Beteiligung an sinnvollen – und sozial nicht dysfunktionalen – Tätigkeiten. Dementsprechend ist für den Psychoanalytiker Fromm, der sich in dem von Theobald herausgegebenen Buch „The Guaranteed Income" mit den psychologischen Aspekten des garantierten Mindesteinkommens beschäftigt, der wichtigste Grund für dessen Akzeptanz, „that it might drastically enhance the freedom of the individual" (Fromm 1966, p. 183).

11.1 Die unternehmerische Verantwortung

Mit Corporate Social Responsibility ist der Beitrag angesprochen, den Unternehmen im Sinne der Übernahme gesellschaftlicher Verantwortung für die bei ihnen Beschäftigten und die Allgemeinheit leisten. Dabei kann es sich um soziale Beiträge z.B. zur Beschäftigungssicherung ebenso handeln wie um ökologische Beiträge zum Schutz der Umwelt oder ökonomische Beiträge zur Gründung von Stiftungen mit gesellschaftlich relevantem Auftrag. So hat z.B. der Schweizerische Arbeitgeberverband gemeinsam mit der Stiftung Pro Familia Schweiz eine Informationsplattform für Familie und Beruf installiert, auf der es u.a. heißt: „Die Vereinbarkeit von Familie und Beruf ist eine der wichtigsten Herausforderungen der Arbeitswelt von morgen und der sie gestaltenden Arbeitnehmerinnen und Arbeitnehmer. Der Schweizerische Arbeitgeberverband und Pro Familia wollen mit der Familienpolitischen Plattform in diesem Fragenkreis Informationen und Hilfe anbieten.“ Die Institutionen zeichnen Unternehmen aus, die sich entsprechend gesellschaftlich engagieren. Ein Beispiel dafür ist in Kasten 11.1 wiedergegeben. Dabei handelt es sich um ein Unternehmen, das u.a. Messer, Uhren und Reisegepäck herstellt und dessen Aktien zu 90 Prozent verschiedenen Stiftungen gehören.

Kasten 11.1

Das gesellschaftliche Engagement von Victorinox (nach Angaben der Plattform für Familie und Beruf, www.familienplattform.ch/familienplattform/index.htm)

Von den 950 Mitarbeitenden arbeiten über 220 in *Teilzeit*, davon 35 Männer. Bei den Teilzeit arbeitenden Männer handelt es sich um solche, die vor allem auch Familienarbeit wahrnehmen wollen. Unter ihnen sind sowohl Ingenieure wie Produktionsmitarbeiter.

Im *Job-Sharing* sind zur Zeit 18 Stellen von Frauen besetzt.

Seit über 50 Jahren bietet Victorinox *Heimarbeit für Frauen* an. Trotz den hohen Kosten wird Heimarbeit für 80 Stellen aufrecht erhalten, damit sich Mütter um Kindererziehung und Hausarbeit kümmern können und gleichwohl einer Erwerbstätigkeit nachgehen können.

Finanzielle Massnahmen: Die Familienzulage beträgt Fr. 100.- pro Monat und wird 14x pro Jahr ausbezahlt. Betriebliche Erhöhung der kantonalen Kinderzulage von Fr. 2'400.- pro Jahr auf Fr. 3'780.- pro Kind/Jahr. Bezahlter Schwangerschaftsurlaub bis zu 6 Monate (je nach Anstellungsdauer).

Grosszügige *Einkaufsvergünstigungen* für Mitarbeitende und deren Familienangehörige.

Finanzielle Unterstützung von Einzelpersonen und Familien in Notlagen durch Personalfürsorgefonds

Bau von betriebseigenen Wohnungen in nächster Nähe zum Betriebsareal und Abgabe dieser Wohnungen zu *vergünstigten Mietzinsen*

Betriebseigene Sparkasse mit *Vorzugszins für Mitarbeitende*

Betriebseigene Pensionskasse seit über 40 Jahren (25 Jahre vor Obligatorium eingeführt)

Betreuungsmassnahmen: Krankenkassenberatung und Betreuung im Haus, vergünstigte Angebote durch Kollektivversicherung für Mitarbeitende und deren Familien.

Pensionierungskurse für angehende Rentner und deren Partner

Innerbetrieblicher Beratungs- und Betreuungsdienst hinsichtlich Pensionierung, Budget, Krankenkasse, Darlehen und Gesundheit.

Andere Unternehmensbeispiele finden sich in dem vom Staatssekretariat für Wirtschaft (2007) herausgegebenen „KMU-Handbuch Beruf und Familie". Seit Beginn der 1990er Jahre werden in verschiedenen europäischen Ländern aber auch Arbeitszeitmodelle diskutiert und realisiert, deren Ziel es ist, die vorhandene oder allenfalls neu zu schaffende Arbeit auf mehr Personen zu verteilen und damit Entlassungen zu vermeiden bzw. Neueinstellungen zu ermöglichen.

11.2 Arbeitszeitmodelle zur Beschäftigungssicherung

Wie Teriet (1995) zu Recht angemerkt hat, kann es dafür kein Universalmodell geben. Die diskutierten und realisierten Modelle betreffen Arbeitszeitverkürzungen tatsächlich in unterschiedlichster Form: als Teilzeitarbeit, Umwandlung von Überstundenentgelt und Inkonvenienzzulagen für Schicht-, Nacht- und Wochenendarbeit in Freizeitguthaben, Lebensarbeitszeit und Zeitkonten mit der Möglichkeit des Abrufs von angesparter Zeit während der gesamten Erwerbslebenszeit, Verkürzungen der Wochen- und Jahresarbeitszeiten, Generationenstafetten mit einem allmählichen „Hineinwachsen"

Jüngerer und einem allmählichen „Hinauswachsen" Älterer, rotierende Arbeitslosigkeit oder Solidaritätsmodell, rotierende Bildungsurlaube oder Altersteilzeit und gleitender Übergang in den Ruhestand. Abgesehen von einem möglichst weitgehenden Abbau der Überstunden und der Umwandlung monetärer Überzeit-, Wochenend- und Schichtarbeitszuschläge in Freizeitguthaben – womit allein eine große Anzahl zusätzlicher Arbeitsplätze geschaffen werden könnte – bieten sich also sehr unterschiedliche Modelle an, von denen einige im folgenden kurz skizziert werden sollen.

11.2.1 Arbeitszeitmodelle in Deutschland

Das erste Modell lässt sich als Lebensarbeitszeit mit Zeit-Konten beschreiben. Dieses Modell ist vor allem durch Hewlett-Packard in Deutschland bekannt geworden, wird aber auch in anderen Unternehmen praktiziert. Das Modell geht davon aus, dass ein Teil der vertraglich zu leistenden Arbeitsstunden nicht ausbezahlt, sondern als Freizeitguthaben angelegt wird. Angenommen, die tarifvertraglich vereinbarte Arbeitszeit beträgt 37 Wochenstunden, die vom Betrieb „benötigte" – und in einer Betriebsvereinbarung verabredete – Zeit 40 Wochenstunden. Die Differenz von drei Wochenstunden gilt als Vorarbeitszeit und wird auf einem individuellen Freizeitkonto gutgeschrieben. Die Zeitgutschriften können als freie Stunden, halbe oder ganze freie Tage, Wochenend- oder Urlaubsverlängerung bezogen, aber auch für Langzeiturlaube (Sabbaticals) bzw. einen vorzeitigen oder gleitenden Übergang in den Ruhestand angespart werden. Erfahrungen zeigen, dass die Zeitgutschriften in Abhängigkeit vom Lebensalter unterschiedlich genutzt werden (Schuler, 1993). Ein Beschäftigungseffekt ist allerdings nur zu erwarten, wenn die Zeitentnahme zu länger dauernder betrieblicher Abwesenheit führt.

Das zweite Modell betrifft die erhebliche Verkürzung der Arbeitszeit. Das bekannteste Beispiel ist sicher die Verkürzung der wöchentlichen Arbeitszeit von 36 auf 28.8 Stunden, verbunden mit der Einführung der 4-Tage-Woche in den deutschen Werken der VW AG. Anstatt 30'000 Beschäftigte zu entlassen, einigten sich die Sozialpartner in nur fünf Verhandlungsrunden innerhalb von zwei Wochen auf dieses Modell. Dafür gab es verschiedene Gründe (vgl. Kasten 11.2).

Arbeitszeitverkürzung anstatt Massenentlassung (aus: Promberger et al., 1996a).

Kasten 11.2

„Gegen eine radikale Lösung des Beschäftigungsproblems durch Massenentlassungen sprachen eine Reihe von Gründen: Zum einen hätten betriebsbedingte Massenentlassungen einen eindeutigen Bruch mit der betriebspolitischen 'political culture' der innerbetrieblichen Austauschbeziehungen bedeutet ... das gute Verhältnis zwischen Arbeitnehmervertretung und Management ist wiederholt als ein positiver Produktivitätsfaktor für das Unternehmen herausgestrichen worden. Massenentlassungen hätten den breiten Basiskonsens ... sicherlich in Frage gestellt – mit letztlich unkalkulierbaren Konfliktkosten für das Management.

Zweitens war absehbar, dass das Unternehmen über die notwendige Sozialauswahl bei Massenentlassungen mit einer Verschlechterung der Belegschaftsstruktur konfrontiert gewesen wäre; im Zuge einer solchen Massnahme hätte man mit relativer Sicherheit zahlreiche jüngere Beschäftigte verloren, die für den Erfolg einer zukunftsgerichteten Unternehmensstrategie besonders wichtig gewesen wären ... .

Zusätzlich wäre auch diese Strategie, das Beschäftigungsproblem anzugehen, mit beträchtlichen Kosten verbunden gewesen. Legt man die bisherigen Standards zugrunde, wären bei der Entlassung von 30´000 Beschäftigten zunächst und kurzfristig Sozialplankosten in Milliardenhöhe angefallen, wohingegen der Entlastungseffekt erst mittelfristig spürbar geworden wäre" (Promberger, Rosdücher, Seifert & Trinczek, 1996a, 39).

In den von Promberger, Rosdücher, Seifert und Trinczek im Frühjahr 1996 durchgeführten Belegschaftsbefragungen gaben viele Beschäftigte an, „dass die kürzeren Arbeitstage wesentlich weniger anstrengend seien, obwohl sich teilweise das Stundenpensum erhöht habe" (Promberger et al., 1996a, S. 81). Die Autoren schließen daraus, dass aufgrund kürzerer Schichtzeiten ausgeruhtere Beschäftigte zu höherer Produktivität beitragen. Allerdings lässt sich auch die Gefahr der Arbeitsverdichtung nicht übersehen. Interessant ist schließlich, dass die Zufriedenheit mit dieser Regelung in den unteren Lohngruppen größer war als in den oberen. Der Zusammenhang von Einkommensverlust und Akzeptanz der Arbeitszeitverkürzung wird offenbar von anderen Einflussgrößen überlagert: „Am unteren Ende der Einkommensskala durch die hoch bewertete Beschäftigungssicherung, am oberen durch die negativ wahrgenommenen Folgen der 28.8-Stunden-Woche, und hier vor allem die höhere Leistungsverdichtung im Angestelltenbereich" (Promberger et al., 1996b, S. 207). Ergebnisse von Erhebungen an den Standorten Wolfsburg, Emden und Braunschweig zeigten, dass 52,8% der befragten Beschäftigten „möchten, dass die Arbeitszeit bleibt, wie sie gegenwärtig ist", „46% würden sich wieder längere Arbeitszeiten (und damit ein höheres Einkommen) wünschen" (Promberger & Trinczek 1995, S. 4). Die restlichen 1,2% würden eine weitere Verkürzung der Arbeitszeit begrüßen (vgl. im einzelnen auch Promberger et al. 1996b; Jürgens & Reinecke 1998). Von besonderem Interesse sind schließlich die von Jürgens berichteten familiären Auswirkungen der 28.8-Sunden-Woche.

Am Beispiel der – nicht repräsentativen und rein qualitativen – Studie von Jürgens und Reinecke über Auswirkungen der Reduzierung der Wochenarbeitszeit in deutschen VW-Werken von 36 auf 28,8 Stunden an vier Wochentagen lässt sich zeigen, welche arbeitspsychologisch höchst bedeutsamen Wirkungen von einer so erheblichen Verkürzung der Arbeitszeit erwartet werden können, sofern diese verlässlich und die zeitliche Verortung kalkulierbar ist. Neben der belegbaren Beschäftigungswirkung und besseren Möglichkeiten der Kompensation der Schichtarbeitsfolgen durch längere Regenerationsphasen eröffnen sich hier auch Perspektiven für eine „andere" Gesellschaft: „Die Dominanz der Erwerbsarbeit könnte relativiert, Familien- und Erwerbsarbeit zwischen Frauen und Männern anders als bisher verteilt und der Gestaltungsspielraum für den privaten Lebensbereich insgesamt vergrößert werden" (Jürgens und Reinecke, 1998, S. 215). In der Studie konnte gezeigt werden, dass eine über längere Zeit erlebbare, kalkulierbare Verkürzung der Arbeitszeit „die Vereinbarkeit von Familien- und Erwerbsleben deutlich erleichtert hat" (a.a.O.); dabei ergeben sich, wie kaum anders zu erwarten, typenspezifische Muster. So konnten für einige aktivere Vaterrollen, für andere auch Ansätze zu veränderten Arbeitsteilungen zwischen den Geschlechtern belegt werden (Jürgens 2001).

Teriet (1995, S. 222) hat in diesem Zusammenhang auf einen psychologisch interessanten Sachverhalt aufmerksam gemacht. Teilzeitarbeit – als erfolgversprechende Variante beschäftigungsorientierter Arbeitszeitregelungen – hat in vielen Unternehmen noch immer einen negativen Beigeschmack. „Ein VW-Mitarbeiter mit einer 28.8-Stundenwoche steht demgegenüber als 'Vollzeitkraft' im Sinne des Tarifvertrages unangefochten da."

In dem zum 1.1.1996 in Kraft getretenen Tarifvertrag war darüber hinaus die Abgeltung von Mehrarbeit durch bezahlte Freistellungen vereinbart worden. Dafür wurde ein „Beschäftigungsscheck" etabliert (vgl. Kasten 11.3).

Kasten 11.3

Der Volkswagen-Beschäftigungsscheck (aus: Hartz 1996)

„Bei dem 'Volkswagen-Beschäftigungsscheck' handelt es sich um ein Zeit-Wertpapier. Die Verzinsung erfolgt durch Tariferhöhungen. Bei Entnahme von Freizeit mit dem 'Volkswagen-Beschäftigungsscheck' wird für die Monatsvergütung immer der aktuelle Wert zum Zeitpunkt der Freizeitentnahme zugrunde gelegt. Das gilt auch für Beschäftigungsschecks, die Jahre zuvor ausgestellt wurden. Damit ist sichergestellt, dass der Beschäftigungsscheck keinem Wertverlust unterliegt" (Hartz, 1996, S. 127).

Das dritte Modell lässt sich am ehesten als Stafettenmodell bezeichnen (vgl. auch Kapitel 10). So enthält die Palette der von VW in Deutschland angebotenen Möglichkeiten der zeitlichen Strukturierung des Arbeitslebens seit dem 1.1.1996 zusätzlich eine „Stafette der Generationen": Mit Zustimmung des Unternehmens können ältere Beschäftigte in drei Schritten – von 24 über 20 bis auf 18 Wochenstunden – in den Ruhestand „gleiten" und während dieser Zeit durchschnittlich 85 Prozent ihres Vollzeiteinkommens beziehen.* Umgekehrt werden bei VW Ausgebildete nach der Abschlussprüfung grundsätzlich übernommen, haben aber für zwei Jahre zunächst nur einen Anspruch auf 20, für die folgenden eineinhalb Jahre auf 24 Wochenarbeitsstunden. Nach den Angaben von Promberger et al. (1996a, S. 69) schätzen betriebliche Experten, dass das zunächst in Kraft gesetzte Modell des sukzessiven „Hineinwachsens" der Ausgebildeten „seit 1995 etwa die Hälfte (ca. 1'400) aller ausgelernten Auszubildenden für kürzere oder längere Zeit" betroffen hat. Promberger et al. (a.a.O.) machen in diesem Zusammenhang eine interessante Rechnung auf:

* Mit dem gleitenden Übergang in den Ruhestand kann nicht zuletzt der abrupte Lebensbruch vermieden werden, der in der Schweiz mit dem treffenden Begriff „Altersgouillotine" bezeichnet wird. In dieser Hinsicht ist auch der Trend zur Frühpensionierung – nach Lehr (1988, S. 34) für viele Menschen „eine Danaer-Geschenk" – keineswegs unbedenklich, vor allem wenn die frühere Pensionierung unfreiwillig erfolgt und als Kontrollverlust erlebt wird. Tatsächlich sind auch die bisher vorliegenden Erfahrungen mit dem gleitenden Übergang in den Ruhestand überwiegend positiv (Delsen & Reday-Mulvey, 1996).

„Arbeiten 1'400 Beschäftigte ein Jahr lang nur 20 statt 28.8 Stunden pro Woche, so entspräche dies einem Beschäftigungs- bzw. Arbeitsplatzsicherungseffekt von rund 430 Vollzeitarbeitsplätzen (bei 28.8 Stunden/Woche) in einem ganzen Jahr."

Das vierte Modell umfasst eine Reihe von Ansätzen, deren Gemeinsamkeit darin besteht, dass sie eine Art rotierender Arbeitslosigkeit vorsehen. So ist etwa in Dänemark mit dem 1. Januar 1994 ein so genanntes Urlaubsgesetz in Kraft getreten, das jeder und jedem seit mindestens drei Jahren in einer festen Anstellung Beschäftigten das Recht auf ein Jahr bezahlter Freistellung von der Erwerbstätigkeit gibt. Die Finanzierung wird von der staatlichen Arbeitslosenkasse übernommen, sofern während dieser Zeit eine arbeitslose Person eingestellt wird. In der Zwischenzeit wurde das Gesetz dahingehend korrigiert, dass die freigestellten Personen sich während dieser Zeit an Aus- bzw. Weiterbildungsmaßnahmen beteiligen müssen. Damit wird die wiederholt eingeforderte Berücksichtigung von Maßnahmen der Kompetenzentwicklung in Zusammenhang mit Verkürzungen bzw. Umverteilungen von Erwerbsarbeit systematisch Gegenstand des Modells. Weitere Überlegungen betreffen ein „Vier-statt-drei"-Modell: Drei Erwerbstätige teilen ihre Vollzeitstellen mit einem bzw. einer Arbeitslosen; die drei Saläre und die monatliche Arbeitslosenentschädigung werden zu gleichen Teilen auf alle vier Personen, für die jeweils jede vierte Arbeitswoche frei ist, aufgeteilt (Höcker, 2001).

Das *fünfte Modell* betrifft eine spezifische Form der Altersteilzeit. In der Schweiz können Beschäftigte im Bauhauptgewerbe, die 60 Jahre oder älter sind, ihre Arbeitszeit bis zum Eintritt in den Ruhestand auf 50 Prozent reduzieren, bei einer Lohnminderung von 10 Prozent. 10 Prozent werden vom Arbeitgeber übernommen und 30 Prozent von der Arbeitslosenversicherung. Die Unternehmen müssen pro zwei Fälle von Altersteilzeit eine neue Lehrstelle schaffen oder pro vier Fälle von Altersteilzeit eine arbeitslose Person einstellen. Damit sich auch kleine Unternehmen daran beteiligen können, sind Poollösungen möglich.

Eine spezifische Form der staatlichen Unterstützung bietet das *sechste Modell*. Im Juni 1996 hat die französische Nationalversammlung ein Gesetz verabschiedet, das einen neuen Weg zur Beschäftigungssicherung und -erweiterung bietet. Unternehmen, die die Arbeitszeit ihrer Belegschaft um mindestens 10 Prozent reduzieren und dafür die Zahl der Beschäftigten um mindestens 10 Prozent erhöhen, müssen im ersten Jahr 50 Prozent und während der folgenden sechs Jahre je 40 bis 30 Prozent weniger Sozialabgaben leisten. Damit werden die Lohnnebenkosten in einem bemerkenswerten Umfang reduziert. Dies geht mit einer Umschichtung der Staatsausgaben einher, nach dem Prinzip: Es ist sinnvoller, Arbeit zu subventionieren anstatt Arbeitslosigkeit. Offenbar werden die Möglichkeiten dieses Gesetzes bereits von einer beachtlichen Anzahl Unternehmen unterschiedlichster Größenklassen in Anspruch genommen (Schüpbach, Zölch & Soll, 2001). Wegen der Reduzierung der Sozialabgaben sind dabei die Verkürzungen der Arbeitszeit, zum Beispiel von 39 auf 32 Stunden, nicht notwendigerweise mit proportionalen Lohneinbussen verbunden.

11.2.2 Beschäftigungsorientierte Arbeitszeitmodelle in der Schweiz

In der Schweiz wird seit Mitte der 1990er Jahre eine Reihe von beschäftigungsorientierten Arbeitszeitmodellen realisiert. Sie dienen teils der Vermeidung von Entlassungen, teils der Schaffung zusätzlicher Beschäftigungs- bzw. Ausbildungsmöglichkeiten. Da sich die Arbeitsmarktsituation zwischenzeitlich verändert hatte und die Zahl der Arbeitslosen zurückgegangen war, stellte sich an einigen Orten schließlich die Frage, ob solche Modelle möglicherweise auch im Sinne des Personalmarketing genutzt werden können.

Eines der ersten Beispiele für *Arbeitszeitverkürzungen statt Entlassungen* wurde in der Druckvorstufe der TA-Media realisiert (vgl. Ulich, 2001). Anstatt – in Zusammenhang mit technologischen Neuerungen und Veränderungen der Auftragslage – zehn Prozent der rund 170 Beschäftigten zu kündigen, wurde gemeinsam mit einer aus Arbeitgeber- und Arbeitnehmervertretern gebildeten Arbeitsgruppe ein Beschäftigungssicherungsmodell erarbeitet, das für alle Beschäftigten eine Reduzierung der Arbeitszeit um zehn Prozent vorsah, bei einer Lohneinbusse von 6.66 Prozent und einer Laufzeit der Vereinbarung mit Kündigungsschutz für die Jahre 1995 und 1996. Für die Reduzierung der Arbeitszeit von 40 auf 36 Wochenstunden wurden Optionen angeboten, die von 0.8 Stunden pro Tag über einen halben Tag pro Woche bis zu viereinhalb Wochen Zusatzferien im Jahr reichten. In einer von der wissenschaftlichen Begleitung gewünschten und durchgeführten Befragung wurde das Modell von 74 Prozent der in der Druckvorstufe Beschäftigten gut geheißen und zum 1. Januar 1995 für alle eingeführt. Vor Ablauf der Kündigungsschutzfrist Ende 1996 wurde eine zweite Befragung durchgeführt, die sich auf die Erfahrungen und die daraus resultierenden Wünsche für die weitere Entwicklung bezog. Dazu wurde den Beschäftigten das Angebot gemacht, die reduzierte Arbeitszeit beizubehalten oder sogar noch weiter zu reduzieren, nunmehr allerdings mit voller, d.h. proportionaler Lohneinbusse. 53 Prozent machten von diesem Angebot Gebrauch: 27 Prozent entschieden sich 1997 für eine gegenüber 1994 auf 93.3 Prozent reduzierte Arbeitszeit, 15 Prozent für eine auf 90 Prozent reduzierte Arbeitszeit und 11 Prozent für Wochenarbeitszeiten zwischen 40 und 80 Prozent der „Normalarbeitszeit". Damit bestätigt sich die Erkenntnis, dass die Erfahrungen mit größeren Freizeiträumen bei einem erheblichen Teil der Beschäftigten offensichtlich zu deren besonderer Wertschätzung führen.

Die unterschiedlichen Bevorzugungen bestätigen zugleich eine frühere Beobachtung von Teriet (1987, S. 16): „... aus individueller Sicht der Arbeitnehmer lässt sich ein wachsendes Bedürfnis nach Zeitsouveränität und damit nach individuelleren Gestaltungs- und Einflussmöglichkeiten im Hinblick auf die Fixierung von Dauer und Lage der persönlichen Arbeitszeiten in den Bezugszeiträumen des Tages, der Woche, des Monats, des Jahres und des Arbeitslebens konstatieren."

Anders als bei der TA-Media ging es bei den Modellen, die die Schweizerische Post realisierte, um zusätzliche Beschäftigungsmöglichkeiten durch das Solidaritätsmodell und zusätzliche Ausbildungsmöglichkeiten durch das Lehrlingsmodell (Peter, Portmann & Ulich, 2001). Orientiert am Beispiel der Müllabfuhr in der dänischen Stadt Arhus (Höcker, 2001), das der vom Generaldirektor der Post eingesetzten Expertengruppe neben einer Reihe anderer Modelle im Jahre 1997 vorgestellt wurde, sammelte die Post erste Erfahrungen mit dem von ihr so bezeichneten Solidaritätsmodell. Dieses sieht vor, dass je drei bei der Post bereits beschäftigte Personen ihre Arbeitszeit um 25 Prozent reduzieren und eine vierte, bisher arbeitslose Person in ihre Gruppe aufnehmen. Die Reduzierung der Arbeitszeit wurde so realisiert, dass jede der vier Personen – im Rotationsverfahren – jede vierte Woche arbeitslos war und für diese Zeit aus der Arbeitslosenversicherung entschädigt wurde. Das bedeutet, dass die Reduzierung der Arbeitszeit um 25 Prozent mit einer tatsächlichen Lohnverminderung von maximal 10 Prozent verbunden war, bei vorliegenden Unterstützungsverpflichtungen sogar nur 7 Prozent. Dies wurde möglich durch die Neufassung des Arbeitslosenversicherungsgesetzes (AVIG), das mit dem Artikel 110a einen eigentlichen „Pilot"-Artikel erhielt. Dieser sollte erlauben, Pilotprojekte zu unterstützen, die dazu dienen, Erfahrungen mit neuen arbeitsmarktlichen Maßnahmen zu gewinnen. Deshalb waren Umfang und Zeitraum der Realisierung der staatlich unterstützten Maßnahmen jeweils begrenzt. Die Post hatte sich dazu verpflichtet, die zusätzlich eingestellten Personen nach Ablauf der Pilotphase, d.h. nach 12 oder 18 Monaten, weiterzubeschäftigen oder an andere Arbeitgeber zu vermitteln.

Angeregt durch das Stafettenmodell von VW wurde bei der Post ein weiteres Modell realisiert, das zu einer raschen und deutlichen Zunahme des eingestellten Lernpersonals führt. Für das Jahr 1998 wurden nach dem Konzept „Weiterbeschäftigung nach der Lehre zu 75 Prozent für 2 bis 3 Jahre" anstelle der für die Lehrberufe Postangestellte/r bzw. kaufmännische/r Angestellte/r budgetierten 369 Lehrlinge tatsächlich 416 Lehrlinge angestellt. Das sind 47 Personen oder 13 Prozent mehr als ursprünglich geplant. Wenngleich das selbst gesetzte Ziel der Post höher lag, zeigt dieser Ansatz doch, dass es möglich ist, die Anzahl der Lehrstellen durch attraktive Modelle zu erhöhen. Interessant ist dieses Modell für junge Menschen offensichtlich, weil es ihnen einerseits nach Abschluss der Lehre eine sichere Anstellung bietet, diese Anstellung andererseits aber für zwei bis drei Jahre mit jährlich drei Monaten Freizeit verbunden ist. Der von den Gewerkschaften stammende Vorschlag, das Salär in dieser Zeit nicht auf die neun „Arbeitsmonate" zu verteilen, sondern gleichmäßig auf alle zwölf Monate des Jahres, erscheint in diesem Zusammenhang durchaus sinnvoll.

Im Januar 1997 ließ sich auch die Regierung des Kantons Zürich über beschäftigungswirksame Arbeitszeitmodelle informieren. Im Anschluss daran erteilte sie dem Personalamt den Auftrag, *„neue Arbeitszeitmodelle für die Kantonale Verwaltung* zu prüfen, welche der Beschäftigungsfrage Rechnung tragen sollen". Aufgrund der Vorschläge der zu diesem Zweck eingesetzten Arbeitsgruppe wurden durch Regierungsratsbeschluss die folgenden Modelle entweder definitiv oder versuchs- bzw. bereichsweise eingeführt:

> am Arbeitsplatz nicht funktioniert, dann auch nicht auf Unternehmensebene. Dinge, die den Arbeitsplatz im einzelnen betreffen, sind z.B. die Anschaffung eines Arbeitsgerätes oder einer Maschine, dann auch Wechsel des Arbeitsplatzes, Zuweisung oder Wegnahme von Arbeitskräften bis hin zur Ernennung des oder der Vorgesetzten" (Hoppmann, 2007, S. 172).

Zur Mitbestimmung auf Unternehmensebene äußert sich Hoppmann wie folgt:

> „Die Mitbestimmung auf der Unternehmensebene geht davon aus, dass die Mitarbeitenden, die den Gewinn erwirtschaften, auch die Produktion, die das Zustandekommen des Gewinns ermöglicht, beeinflussen und sich an den erforderlichen Unternehmensentscheiden beteiligen sollen. Dies geschieht durch einen paritätisch zusammengesetzten *Wirtschaftsausschuss,* in dem der Geschäftsführer, vier Abteilungsleiter und fünf Belegschaftsvertreter/innen (Mitglieder des Betriebsrates) je eine Stimme haben" (a.a.O., S. 173).

Was die im Wirtschaftsausschuss zu treffenden Entscheidungen betrifft, bestätigt Hoppmann (a.a.O.) im Jahr 2007 prinzipiell die in Kasten 11.4 wiedergegebenen, im Jahr 1981 publizierten Festlegungen:

> „Es geht um Verkaufs- und Investitionsplanung, Bauvorhaben, neue Planstellen, Rationalisierungen und Umstrukturierungen, Beteiligungen an anderen Firmen, Veräußerung von Geschäftsanteilen und sonstige Fragen, die für die Mitarbeitenden von Bedeutung sind. Auch die Bestellung oder Abberufung des Geschäftsführers, die durch den Stiftungsvorstand erfolgt, bedarf der Zustimmung des Wirtschaftsausschusses."

Zur Frage der Gewinnbeteiligung findet sich in dem Interview von 2007 die folgende Aussage:

> Der verteilbare Gewinn wird wie folgt berechnet: Vom Reingewinn wird zunächst eine 6-prozentige Eigenkapitalverzinsung abgezogen, die dem Unternehmen (Stiftung) als Grundgewinn bleibt. Der Rest wird je zur Hälfte zwischen dem Unternehmen und den Mitarbeitern geteilt. Der Mitarbeiteranteil wird zur Hälfte bar ausgezahlt, zur anderen Hälfte bis zum Ausscheiden aus dem Betrieb auf einem persönlichen Investivkonto angespart, das ebenfalls zu 6 Prozent verzinst wird" (a.a.O., S 171f.).

Und zur neuesten Entwicklung stellt er u.a. fest:

> „Im Augenblick kann ich berichten, dass mein Nachfolger und seine MitarbeiterInnen sehr produktiv und zuversichtlich mit der momentanen Autokrise umgehen. Wir haben in den letzten beiden Jahren zwei weitere Kollegenfirmen, die in Konkursproblemen steckten, übernommen. Dabei wurde besonders positiv vermerkt, dass kein Arbeitsplatz verloren ging und die Mitarbeitenden mit Engagement unsere Mitwirkungsspezialitäten übernommen haben. Dann haben wir mehrere italienische Fabrikate mit Erfolg in unsere Modellpalette aufgenommen. Und insgesamt hat sich das Betriebsklima positiv weiter entwickelt, während in der Branche eine größere Panik zu verspüren war" (Hoppmann, mündliche Mitteilung vom 25. Juli 2009).

Die positive Entwicklung des Betriebsklimas lässt sich auch daran erkennen, dass 2007 „annähernd die Hälfte“ der Mitarbeitenden „das 25. Arbeitsjubiläum feiern" konnten und die durchschnittliche Dauer der Betriebszugehörigkeit bei 22 Jahren lag (Hoppmann, 2007, S. 172).

11.4 Weiter reichende Initiativen

Über die auf einzelne Unternehmen bezogenen Maßnahmen hinaus ist in den vergangenen Jahren eine Reihe von weiter reichenden Initiativen bekannt geworden. Dazu gehören die von der Europäischen Union geförderten regionalen Beschäftigungsbündnisse oder die Reintegration Langzeitarbeitsloser in den ersten Arbeitsmarkt durch so genannte Sozialfirmen, aber auch die grundlegenden Feldexperimente zur Einkommensicherung.

11.4.1 Regionale Bündnisse

In der zweiten Hälfte der 1990er Jahre wurden über den Sozialfonds der Europäischen Union in rund neunzig Regionen regionale Beschäftigungsbündnisse gefördert, darunter auch das „Regionale Beschäftigungsbündnis Bremen und Bremerhaven“. Im Rahmen dieses Bündnisses sollten u.a. Unternehmen durch die Publikation neuer Arbeitszeitmodelle dazu angeregt werden, ebenfalls alternative Arbeitszeitmodelle zu realisieren. Außerdem sollten Dienstleistungen für hauswirtschaftliche Tätigkeiten dazu beitragen, stabile Arbeitsplätze für bis dahin arbeitslose Frauen zu schaffen. Ausländische Selbstständige werden darin unterstützt, Ausbildungsplätze zu schaffen. Ein Projekt „Jobrotation" sollte die Machbarkeit und Wirksamkeit eines „Stellvertretermodells" in KMU erproben: „Zuvor Arbeitslose übernehmen vorübergehend die Aufgaben von Stammkräften, die sich während dieer Zeit weiterqualifizieren" (Senator für Arbeit, 1999, S. 60). Und für schwer vermittelbare Arbeitslose soll durch entsprechende Aktivitäten „sozialverträglicher Zeitarbeitsagenturen" ein verbesserter Zugang zum ersten Arbeitsmarkt ermöglicht werden.

In der Veröffentlichung über „Neue Arbeitszeitmodelle in Bremen und Bremerhaven" (Senator für Arbeit, 1999) wird über eine Reihe von Unternehmen berichtet, in denen beschäftigungsorientierte Arbeitszeitmodelle realisiert wurden, darunter Teilzeitarbeit, Alterszeit mit teilweisem Lohnausgleich, Arbeitszeitverkürzungen, vier Tage arbeiten – zwei Tage frei, Arbeitszeitkonten mit Gleitzeitregelung, Job sharing, Zeitguthaben mit Insolvenzschutz. Ein Angebot, während der Familienpause bzw. des Erziehungsurlaubs im begrenzten Umfang betriebliche Arbeitsaufgaben zu übernehmen, soll dem Erhalt der beruflichen Qualifikation dienen und später einen raschen Wiedereinstieg ermöglichen.

Während die Aktivitäten der am Regionalen Beschäftigungsbündnis Bremen und Bremerhaven beteiligten Unternehmen auf die Vermeidung von Entlassungen durch beschäftigungswirksame Arbeitszeitmodelle fokussieren, geht es bei der Stiftung für Arbeit in St. Gallen um die Reintegration Langzeiterwerbsloser in den ersten Arbeitsmarkt (Blattmann & Merz, 2010). Die Stiftung wurde 1997 von der Stadt St. Gallen gemeinsam mit Gewerkschaften, Gewerbeverband, Parteien und Kirchen gegründet. Anfang 2009 wurde die operative Tätigkeit in die so genannte Dock St. Gallen AG überführt; inzwischen wurden weitere Tochterfirmen – die Dock Arbon, Dock Zürich und Dock Winterthur – gegründet. Diese Gruppe so genannter „Sozialfirmen" gilt inzwischen als sehr leistungsfähig und hatte Mitte 2009 bereits rund 700 Beschäftigte. Da die Reintegration der Langzeiterwerbslosen in den ersten Arbeitsmarkt das wichtigste Ziel der Sozialfirmen ist, müssen sie dafür besorgt sein, die bei ihnen Beschäftigten „wieder an die Anforderungen des Ersten Arbeitsmarktes heranzuführen. Wenn sie dies geschafft haben, müssen sie ihr Personal sofort wieder loslassen können" (Blattmann & März, 2010, S. 47).

Ein darüber hinaus gehendes, interregionales Bündnis ist neuerdings in einer Kooperation zweier Kantone in der Schweiz entstanden: „Den Regierungen der Kantone Basel-Stadt und Zürich ist die Förderung der Vereinbarkeit von Beruf und Familie ein Anliegen: In Zürich ist die Vereinbarkeit von Beruf und Familie als Legislaturziel für die Periode 2007–2011 aufgenommen worden, in Basel bildet das Programm ‚Familienfreundliche Wirtschaftsregion Basel' seit 2006 eine Schwerpunktmassnahme im Legislaturplan. Die beiden Kantone stehen – zusammen mit ihren Fachstellen für Gleichstellung von Frauen und Männern – in engem Austausch zum Thema Vereinbarkeit" (Direktion, 2010, S.1). In beiden Kantonen wurde im September 2009 eine telefonische Befragung über die Realisierung familienfreundlicher Maßnahmen durchgeführt (Gerlach, Laß & Dinkel, 2009). An der repräsentativen Erhebung beteiligten sich im Kanton Basel-Stadt insgesamt 323 und im Kanton Zürich 434 Unternehmen unterschiedlicher Größenklassen. Zu den interessanten Ergebnissen der Erhebung gehört u.a., dass „Unternehmen mit Frauen in Führungspositionen ... ihren Mitarbeitenden mehr familienfreundliche Massnahmen und Angebote zur Verfügung" stellen (Direktion, 2010, S. 6).

Einige grundsätzliche Ausführungen zur Einbettung der Konzepte finden sich im entsprechenden Forschungsbericht (Kasten 11.5).

In der Medienmitteilung der Direktion der Justiz und des Innern des Kantons Zürich wird schließlich darauf hingewiesen, dass der Kanton als Unterstützung für Unternehmen eine Informations- und Kontakplattform zur Vereinbarkeit von Beruf und Familie lanciere (s. www.vereinbarkeit.zh.ch).

Kasten 11.5 *Familienfreundliche Unternehmen in den Kantonen Basel-Stadt und Zürich (aus Gerlach, Laß & Dinke,l 2009).*

„Der **Regierungsrat des Kantons Basel-Stadt** hat 2006 das *Programm familienfreundliche Wirtschaftsregion Basel* als eine Schwerpunktmassnahme in den Legislaturplan aufgenommen. Ausgangspunkt war die Kosten-Nutzen-Analyse familienfreundlicher Unternehmenspolitik für die Wirtschaftsregion Basel, welche 2005 durchgeführt wurde (Prognos 2005b). Diese Analyse errechnete eine Rendite von 8% für familienfreundliche Massnahmen aufgrund von Einsparungen bei den Personalgewinnungskosten. Die Fachstelle Gleichstellung von Frauen und Männern ist mit der Umsetzung der Schwerpunktmassnahme beauftragt. Auf ihre Initiative hin entstand 2006 der ***Round Table familienfreundliche Wirtschaftsregion Basel***, dem 16 Basler Wirtschaftsverbände, Unternehmen und Verwaltungsstellen angehören. Ziel des Round Table als Public Private Think-Tank ist es, Basel als familienfreundliche Wirtschaftsregion zu positionieren, bekannt zu machen und in Unternehmen das Wissen darüber zu verankern, dass sich betriebliche Familienfreundlichkeit auch aus ökonomischer Perspektive lohnt. Dazu organisiert der Round Table Fachtagungen und Workshops (Round Table familienfreundliche Wirtschaftsregion Basel 2009)“ (Gerlach et al., S.13).

„Der ***Regierungsrat des Kantons Zürich*** hat sich für die Legislatur 2007-2011 zum Ziel gesetzt, die Vereinbarkeit von Beruf und Familie in Unternehmen zu verbessern und Impulse zur Förderung neuer Arbeits- und Lebensmodelle im Kanton zu geben. Verantwortlich für die Umsetzung der Legislaturziele ist unter anderen die Fachstelle für Gleichstellung von Frau und Mann des Kantons Zürich (FFG). Die FFG verfolgt diese Ziele in vier Handlungsfeldern: familienergänzende Kinderbetreuung, Steuer- und Sozialleistungssystem, familienfreundliche Unternehmen und Sensibilisierung der Bevölkerung. Für das Handlungsfeld „familienfreundliche Unternehmen“ hat der Regierungsrat eine ***Promotorin und einen Promotor der Vereinbarkeit von Beruf und Familie in Unternehmen*** gewählt, welche Familienfreundlichkeit als Erfolgsfaktor in der Privatwirtschaft bekannt machen sollen. Bis 2011 werden sie bei Firmen, Arbeitgebendenverbänden und in den Medien des Kantons Zürich die Vorteile und mögliche Massnahmen zur Vereinbarkeit von Beruf und Familie besser bekannt machen (Fachstelle für Gleichstellung von Frau und Mann des Kantons Zürich 2009)" (Gerlach et al., S.15).

11.4.2 Einkommensexperimente

Im hier vorliegenden Zusammenhang ist auch die Frage nach den Wirkungen eines Mindesteinkommens relevant, die – wie im „Blick zurück“ erwähnt – in der ersten Hälfte der 1960er Jahre intensiv diskutiert wurde. Ein solches Einkommen dürfte schließlich die Möglichkeiten des Balancierens verschiedener Lebensbereiche für viele Menschen deutlich verändern.

Bereits 1967 setzte der amerikanische Präsident Johnson eine aus Unternehmens- und Gewerkschaftsvertretern sowie Persönlichkeiten des öffentlichen Lebens bestehende Kommission ein, deren nach zwei Jahren vorgelegtes Ergebnis das Postulat eines garantierten Mindesteinkommens eindeutig unterstützte. Der darauf basierende „Family Assistance Plan" der Nixon-Administration wurde 1969 im Repräsentantenhaus angenommen, vom Senat aber abgelehnt.

In diesem Zusammenhang ist das groß angelegte SIME/DIME-Feldexperiment zu ewähnen, mit dem in den Jahren 1971 bis 1979 in Seattle (**S**eattle **I**ncome **M**aintenance **E**xperiment) und Denver (**D**enver **I**ncome **M**aintenance **E**xperiment) die Auswirkungen einer negativen Einkommenssteuer auf den Umfang der Erwerbstätigkeit und die Stabilität der familialen Beziehungen untersucht wurde (Hunt, 1985, 1991). Die negative Einkommenssteuer (Negative Income Tax = NIT) wurde für einige Teilstichproben für die Dauer von drei Jahren, für andere für die Dauer von fünf Jahren garantiert. Einer weiteren Teilstichprobe wurde eine Garantie von zwanzig Jahren schließlich abgekauft. Eine der grundlegenden Fragen lautete: Würde der Mensch, „wenn der Staat ihn mit einem Garantieeinkommen ausstattete, ... wie die Theorie vorhersagt, dann die rationale Wahl treffen, weniger zu arbeiten, da seine Freizeit ihn weniger kostete? Und wenn dem so wäre, wieviel weniger würde er arbeiten? Oder würde er, aus dem einen oder anderen Grund, soviel arbeiten wie zuvor und somit zeigen, daß diese grundlegende Annahme über das wirtschaftliche Verhalten der Menschen falsch ist?" (Hunt, 1991, 267f.). Da das Experiment in erster Linie der Erarbeitung von Grundlagen zur Armutsbekämpfung dienen sollte, waren in den Stichproben besser bezahlte – und damit mit einer gewissen Wahrscheinlichkeit inhaltlich anspruchsvollere – Beschäftigungen nicht vertreten. Immerhin zeigte sich für „Schwarze und Chicano-Männer", daß sie den Umfang ihrer Erwerbstätigkeit deutlicher reduzierten als weiße Männer. „Vielleicht war das Nichtarbeiten für sie attraktiver, da sie schlechtere Arbeitsmöglichkeiten haben als weiße Männer" (Hunt 1991, S. 300).

Zu den unerwarteten – und von einem Teil der Medien offenbar übertriebenen und in den Vordergrund gerückten – Ergebnissen gehört eine Zunahme der Scheidungsraten in den NIT-Familien. Eine der möglichen Erklärungen dafür ist, dass durch die negative Einkommenssteuer „Frauen in schlecht funktionierenden Lebensgemeinschaften ermöglicht wird, diesen zu entfliehen" (Hunt, 1991, S. 302). Damit werden zugleich – hier ursprünglich nicht intendierte – mögliche emanzipatorische Effekte derartiger Maßnahmen erkennbar.

Ähnliche „Income Maintenance Experiments" waren während der Jahre 1968 bis 1972 in vier Städten des Staates New Jersey (Kershaw & Fair 1976) und von 1971 bis 1974 in Gary, Indiana (Kelley & Singer, 1971) durchgeführt worden.* Hier sollte die Frage beantwortet werden, inwieweit Arbeiter aus armen Familien durch ein Mindesteinkommen dazu angeregt würden weniger zu arbeiten. Spezifische Auswertungen zeigen u.a., „that the NIT experiments were effective in reducing a child's risk of being at poverty" (Salkind & Haskins, 1982, p. 165).

Als Alternative wird in jüngster Zeit vermehrt wieder ein erwerbsunabhängiges Grundeinkommen oder Bürgergeld diskutiert bzw. gefordert (neuerdings: Straubhaar, 2010). Giarini und Liedtke (1998) nennen in ihrem Bericht an den Club of Rome „Wie wir arbeiten werden" vielfältige Vorzüge einer solchen Lösung, mit der zugleich die staatlichen Sozialversicherungs- und Steuersysteme zusammengefasst und vereinfacht werden könnten: materielle Unabhängigkeit, insbesondere auch der Frauen von den Männern und der Arbeitnehmer von den Arbeitgebern, Steigerung der individuellen Risikobereitschaft und Innovationsfreudigkeit, Arbeitsmotivation anstatt materieller Anreize als Hauptkriterium bei der Stellenauswahl, leichtere Durchsetzung technologischer Veränderungen wegen der geringeren Notwendigkeit des Erhalts von Stellen und Förderung der Wahrnehmung gesellschaftlich nützlicher Tätigkeiten wie etwa die Sorge für die eigenen Eltern. Schließlich könnten mehrere Personen ihre Grundeinkommen eine Zeit lang zusammenlegen und damit die Gründung eines gemeinsamen Unternehmens erleichtern. Die Autoren halten die Aussicht auf die Etablierung eines derartigen Grundeinkommens für zunehmend wahrscheinlich

---

* In Iowa und South Carolina wurden außerdem sogenannte „Rural Income Maintenance Experiments" durchgeführt (Maynard 1977).

und die Einführung einer negativen Einkommenssteuer für eine praktikable organisatorische Lösung (vgl. dazu auch Dahrendorf, 1992; Hengsbach, 1997). Mit der Einführung eines Grundeinkommens bzw. Bürgergeldes werden die Dominanz der Erwerbsarbeit und die Marginalisierung anderer Lebenstätigkeiten in Frage gestellt.* Die Realisierung einer solchen Politik stellt „in Aussicht, daß auf Basis individueller Entscheidungen *nützliche Tätigkeiten außerhalb der Erwerbsarbeit* wieder Anerkennung und Bedeutung bekommen" (Senghaas-Knobloch, 1998, S. 23). Das heißt, dass so auch grundlegend neue Formen einer Lebensbalance entstehen könnten.

In diesem Zusammenhang ist eine frühere Stellungnahme der beiden großen christlichen Kirchen in Deutschland „Für eine Zukunft in Solidarität und Gerechtigkeit" (EKD und DBK, 1997) bemerkenswert. Sie enthält einerseits ein klares Bekenntnis zum „Menschenrecht auf Arbeit" als unmittelbarem „Ausdruck der Menschenwürde" (a.a.O., S. 62), unterstützt andererseits ebenso eindeutig den Grundgedanken vom „Teilen der Erwerbsarbeit ... in der Diskussion um die Bekämpfung der Arbeitslosigkeit" (a.a.O., S. 70) und folgert schließlich, dass es darauf ankomme, „die Dominanz der Erwerbsarbeit zu überwinden und die verschiedenen Formen von Arbeit gesellschaftlich anzuerkennen und zu unterstützen" (a.a.O., S. 72).

Insbesondere für soziale Netzwerke gilt, dass sie u.U. Funktionen übernehmen können, die wir üblicherweise der Erwerbsarbeit zuschreiben. Nach Heinze und Keupp (1997, S. 71) sind soziale Netzwerke nämlich „Orte bzw. Gelegenheitsstrukturen

- für die Vermittlung von Information und sozialer Kontakte,
- für affektive, kognitive und materielle Unterstützungen,
- für die Organisation von Anerkennung und die Entwicklung von Identität,
- für soziale Kontrolle und
- für gruppenbezogenes Handeln und gemeinschaftliches, solidarisches Engagement".

Heinze und Keupp verstehen das so beschriebene Beziehungsgeflecht als „soziales Kapital..., das einer Person zur Verfügung steht

* Allerdings ist die Frage umstritten, ob ein Grundeinkommen an bestimmte Konditionen wie etwa die Beteiligung an „Bürgerarbeit" gebunden werden soll (vgl. etwa Gorz, 1980, 1983).

bzw. das sie im Laufe ihrer Biographie erwirbt und gestaltet" (a.a.O.). Sie machen aber auch darauf aufmerksam, dass dieses „soziale Kapital ungleich verteilt ist".

Wenn man – wie z.B. Beck (1997), Bergmann (1997) oder Giarini und Liedtke (1998) in je unterschiedlicher Form – für die zukünftige Entwicklung von einem Mehrschichtenmodell mit einer Kombination von Erwerbsarbeit, gemeinnützigen produktiven Tätigkeiten und Eigenarbeit ausgeht, dann stellt sich nicht zuletzt auch die Frage der Bewertung der gemeinnützigen Tätigkeiten. Da eine monetäre Bewertung nach ihrem Beitrag zu einer wie auch immer gearteten ökonomischen Wertschöpfung nicht in Betracht kommt und deshalb die Gefahr entsprechend geringer Wertschätzung und Attraktivität besteht, ist nach anderen Kriterien der Bewertung zu suchen. Hier sollte ein Konzept sozialer Wertschöpfung geeignet sein, derartige Tätigkeiten nach ihrem gesellschaftlichen Nutzen zu beurteilen. Erste Diskussionen über „social audits" bzw. einen „Human Development Enterprise (HDE) Index" (Standing, 1996) lassen erkennen, dass ein solches Konzept – in bewusster Analogie zur ökonomischen Wertschöpfung – auch für die Bewertung von Unternehmen in Betracht zu ziehen ist.

11.5 Fazit

Vorliegende Erfahrungen mit der Implementierung und Evaluation unterschiedlicher beschäftigungsorientierter Arbeitszeitmodelle bestätigen insbesondere einen bemerkenswerten Wandel der Einstellungen zur Vermehrung der frei verfügbaren Zeit bei einer Reihe der beteiligten Personen.

Einige Überlegungen zur Umschichtung von Staatsausgaben zum Zwecke der Existenz- und Beschäftigungssicherung sind mit Zukunftsentwürfen verbunden, in denen Erwerbsarbeit und andere Formen von Arbeit einen neuen Stellenwert erhalten. Solche Überlegungen machen deutlich, dass sich der Stellenwert der Erwerbsarbeit im menschlichen Lebenszusammenhang möglicherweise grundlegend ändern wird. Damit bedarf die von Friedmann (1959) und Jahoda (1983) gestellte Frage nach den Möglichkeiten der Übernahme psychologischer Funktionen der Erwerbsarbeit durch andere (Arbeits-)Tätigkeiten dringend einer Antwort.

Lessons learned

Kapitel 12

Die subjektive Lebensqualität wird wesentlich davon bestimmt, wie gut es gelingt, die – je nach Lebensphase unterschiedlichen – Anforderungen und Bedürfnisse in verschiedenen Lebensbereichen wie Beruf, Partnerschaft, Familie, bürgerliches Engagement oder Freizeit in Einklang zu bringen. Es ist diese Abstimmung verschiedener Bedürfnisse und Anforderungen in unterschiedlichen Lebensbereichen, welche die Life Domain Balance nicht zu einem passiven Widerfahrnis, sondern zu einem zu gestaltenden lebenslangen Prozess macht, an dem persönliche Aktivitäten ebenso beteiligt sind beziehungsweise beteiligt sein sollten wie strukturelle Rahmenbedingungen in Unternehmen und Gesellschaft. Damit wird zugleich deutlich, dass Life Domain Balance keinesfalls ein „Luxus-Problem" Einzelner darstellt. Vielmehr geht es zwar um das individuelle Wohlbefinden und die persönliche Lebensqualität, aber auch um die Kulturen von Unternehmen, die auf motivierte und leistungsfähige Mitarbeitende angewiesen sind und auf einer noch allgemeineren Ebene um das gesellschaftliche Gemeinwohl in einer global vernetzten Welt (vgl. Klumb & Gemmiti, in Druck).

Auch wenn wir uns von dem Begriff „Work Life Balance" distanzieren – weil Arbeit schließlich ein Teil des Lebens ist und es folglich nicht um eine Balance zwischen Arbeit und Leben gehen kann – ist Arbeit in unserer Gesellschaft eine „Domain", der ein zentraler Stellenwert zukommt. Und Erwerbsarbeit ist nicht einfach nur mit Mühsal und Belastung assoziiert; sie kann schließlich auch persönlichkeits- und gesundheitsförderlich gestaltet sein, Lern- und Entwicklungschancen beinhalten und als sinnvoller gesellschaftlicher Beitrag erlebt werden.

In jedem Falle ist sie eine wichtige Komponente der Life Domain Balance und verdient deshalb besondere Beachtung.

Auch wenn Arbeit mehr ist als Erwerbsarbeit und in großem Umfang sogar außerhalb derselben geleistet wird, kommt der Erwerbsarbeit doch eine besondere Bedeutung zu. So hat Dahrendorf (2007, S. 64) in seinem Buch „Auf der Suche nach einer neuen Ordnung" darauf aufmerksam gemacht, „dass wir noch nicht wissen, was eigentlich dem individuellen Leben und dem Gemeinwesen Struktur gibt, wenn die Berufstätigkeit in Normalarbeitsverhältnissen das nicht mehr leistet."

Die von Friedmann (1959) vor rund einem halben Jahrhundert und von Jahoda (1983) vor rund einem viertel Jahrhundert gestellte Frage, welche anderen Tätigkeiten allenfalls die Funktionen der Erwerbstätigkeit übernehmen können,* ist noch immer nicht beantwortet und möglicherweise auch nicht für alle in gleicher Weise beantwortbar.

Es ist offensichtlich, dass für eine zufriedenstellende Life Domain Balance nicht einfach der Umfang der Zeit entscheidend ist, die man mit oder in verschiedenen Lebensbereichen verbringt, sondern vielmehr die Qualität der Erlebnisse und Anforderungen.

Besondere Herausforderungen an die Life Domain Balance ergeben sich aus den modernen technologischen und ökonomischen Rahmenbedingungen der Erwerbsarbeit. Technologische Entwicklungen machen die Grenze zwischen Erwerbsarbeit und außerberuflichen Lebensbereichen durchlässiger. Moderne Telekommunikation und das Internet ermöglichen es, immer und überall zu arbeiten. Die Erwerbstätigen sind dadurch in ihrer eigenen Lebensgestaltung zeitlich und räumlich autonomer, aber zugleich auch für die Arbeitswelt grenzenloser verfügbar. So bieten Flexibilisierungen Chancen, bergen aber auch Risiken für die Life Domain Balance und die Lebensqualität.

Mit der Internationalisierung der Märkte sind Konkurrenz und Innovationsdruck gewachsen. Ökonomisch bedingte Unternehmensverschlankungen konfrontieren die verbliebenen Beschäftigten teilweise mit einem deutlich höheren Arbeitsaufkommen, das manchmal nur bewältigt werden kann, indem Aufgaben weniger sorgsam erledigt werden oder indem länger gearbeitet wird. Nicht wenige Beschäftigte versuchen in solchen Situationen, ihre Arbeitsaufgaben durch gesteigerte Anstrengung zu bewältigen. Diese zusätzliche Anstrengung erhöht wiederum den Erholungsbedarf.

Offensichtlich genügt es nicht, den Beschäftigten für die Erledigung ihrer Arbeitsaufgaben nur mehr Freiheit einzuräumen. Sofern es sich dabei nicht um Formen geregelter Autonomie handelt, in denen auch die möglichen Folgen und die Grenzen selbstständigen Handelns aufgezeigt werden, kann ein solches Vorgehen vielmehr zu erheblicher Ausdehnung der Arbeitszeit, zum Verzicht auf

---

* Vgl. den „Blick zurück" zu Kapitel 6.

Pausen und zur verstärkten Ausbeutung der eigenen Arbeitskraft führen (vgl. Glißmann & Peters, 2001). Dass mehr Autonomie und Flexibilität nicht automatisch zu einer verbesserten Life Domain Balance beitragen, zeigt sich nicht zuletzt am Beispiel von Führungskräften, die zwar über vergleichsweise große Tätigkeitsspielräume verfügen, aber gleichzeitig unter einem hohen Leistungsdruck stehen. Sie nutzen ihre Flexibilität nicht selten, um noch mehr zu arbeiten und auf Pausen zu verzichten (vgl. Perlow, 1998). Gerade überlange Arbeitszeiten aber können den adaptiven Zyklus von Belastung und Erholung erheblich beeinträchtigen.

Um negative Beanspruchungsfolgen zu vermindern, werden personenbezogene Maßnahmen der Stressbewältigung wie z.B. die Vermittlung von Entspannungstechniken eingesetzt. Damit werden aber keine nachhaltigen Veränderungen auf der organisationalen Ebene bewirkt, die für eine Life Domain Balance ausschlaggebend sein können. Doch auch die Einführung organisationaler Maßnahmen zur Vereinbarkeit von Berufs- und Privatleben bewirkt nicht in jedem Fall eine verbesserte Life Domain Balance. So führt beispielsweise das Vorhandensein firmeninterner familienunterstützender Programme allein nicht zu einer Verbesserung der Vereinbarkeit von Beruf und Familie. Dazu müssen diese Maßnahmen auch ohne nachteilige Konsequenzen für die Betroffenen genutzt werden können. Dem steht aber nicht selten eine über längere Zeit gewachsene Organisationskultur entgegen, in der beispielsweise die reine „Face-Time“ als wichtiger Indikator des beruflichen Engagements gilt.

Aus einer Life Domain Balance Perspektive geht es im übrigen nicht allein um die Frage des unmittelbaren Alltagserlebens, sondern insbesondere auch um biographisch relevante Entscheidungen und die längerfristigen Folgen einer geglückten oder verfehlten Balance. So kann sich für den Einzelnen durchaus die Frage stellen, ob es sich lohnt, sich auf Dauer bestimmten Stressoren auszusetzen. Schließlich kann man davon ausgehen, dass ein subjektiv erlebtes Ungleichgewicht zwischen der Aufwendung von Zeit und Energie auf der einen Seite und Erträgen wie Arbeitsplatzsicherheit, monetärer Entlohnung, Entwicklungsmöglichkeiten, sozialer Wertschätzung und gegebenenfalls auch Freiräumen für die Vereinbarkeit von beruflichen und außerberuflichen Tätigkeiten nicht nur die Gesundheit (vgl. Siegrist, 2002), sondern auch die Life Domain Balance erheblich beeinträchtigen kann.

Für eine Life Domain Balance, wie wir sie verstehen, sind entwicklungsförderliche und als sinnvoll erlebte Arbeitstätigkeiten, ein ausgewogenes, d.h. den persönlichen Bedürfnissen entsprechendes und beeinflussbares Verhältnis von Arbeits- und Nichtarbeitszeiten, unterstützende soziale Beziehungen und das Gefühl einer für die Lebensbewältigung ausreichenden Gesundheit von zentraler Bedeutung. Dass Unternehmen und Gemeinden ebenso wie soziale Netzwerke unterschiedlichster Art dazu einen Beitrag leisten können, ist offensichtlich.

Schließlich dürfen wir nicht vergessen, dass eine Situation, welche die Life Domain Balance in besonderem Maße beeinträchtigt, für Personen im Erwerbsalter – und teilweise auch noch darüber hinaus – diejenige ist, ungewollt ohne bezahlte Arbeit zu sein.

Im übrigen gilt die bereits im Vorwort zitierte Äußerung von Campbell (1972, p. 442): „The quality of life must be in the eye of the beholder." Dabei geht es häufig nicht so sehr um eine einmal erreichte Balance als vielmehr um das immer wieder erneute Balancieren, z.B. in den verschiedenen Phasen der Lebensspanne. Wir gehen jedenfalls davon aus, dass Prozesse und Ergebnisse des Balancierens für unsere Lebensqualität zentral sind bzw. dass eine subjektiv als gelungen erlebte Balance durchaus als Ausdruck einer hohen Lebensqualität verstanden werden kann. Nicht verzichtbar erscheinen uns allerdings ein Minimum an Lebensfreude und ein Erleben menschlicher Würde, das heißt der Achtung durch andere, die nicht an das Vorhandensein bestimmter materieller Ressourcen gebunden ist.

Literaturverzeichnis

A

Abele, A. E. (2005). Ziele, Selbstkonzept und Work-Life-Balance bei der Längerfristigen Lebensgestaltung. Befunde der Erlanger Längsschnittstudie BELA-E mit Akademikerinnen und Akademikern. *Zeitschrift für Arbeits- und Organisationspsychologie, 49*, 176-186.

Abraham, E. (1993). *Arbeitstätigkeit, Lebenslauf und Pensionierung.* Münster: Waxmann.

Abraham, E. & Hoefelmayr-Fischer, K. E. (1982). Auswirkungen der früheren Arbeitstätigkeit auf den Ruhestand. *Zeitschrift für Sozialisationsforschung und Erziehungssoziologie, 2*, 53-72.

Abt, H. G. & Braun, J. (2000). Zugangswege zu Bereichen und Formen des freiwilligen Engagements. In J. Braun & H. Klages (Hrsg.), *Zugangswege zum freiwilligen Engagement und Engagementpotenzial in den neuen und alten Bundesländern* (S. 199-287). Stuttgart: Kohlhammer.

Albach, H. & Freund, W. 1989). *Generationenwechsel und Unternehmenskontinuität.* Gütersloh: Bertelsmann.

Allen, T. D. (2001). Family-supportive work environments: The role of organizational perceptions. *Journal of Vocational Behavior, 58*, 414-435.

Allen, T. D., Eby, L. T., Poteet, M. L., Lentz, E. & Lima, L. (2004). Career benefits associated with mentoring for protégés: A meta-analysis. *Journal of Applied Psychology, 89*, 127-136.

Allen, T. D., Herst, D. E. L., Bruck, C. S. & Sutton, M. (2000). Consequences associated with work-family conflict: A review and agenda for future research. *Journal of Occupational Health Psychology, 5*, 278-308.

Allmer, H. (1994). Psychophysische Erholungseffekte von Bewegung und Entspannung. In R. Wieland-Eckelmann, H. Allmer, K. W. Kallus & J. H. Otto (Hrsg.), *Erholungsforschung. Beiträge der Emotionspsychologie, Sportpsychologie und Arbeitspsychologie* (S. 68-100). Weinheim: Psychologie Verlags Union.

Allmer, H. (1996). *Erholung und Gesundheit.* Göttingen: Hogrefe.

Amelsvoort, L. G. P. M., Kant, I. J., Bültmann, U. & Swaen (2003). Need for recovery after work and the subsequent risk of cardiovascular disease in a working population. *Occupational and Environmental Medicine, 60*, 88-92.

Amstad, F. T., Jacobshagen, N. & Semmer, N. K. (2009). Not only business in mind: the effect of multiple role centrality on the relationship on work-family conflict and bournout among managers. Submitted for publication. Bern: Psychologisches Institut der Universität.

Anbuhl, S. & Müller-Heydenreich, A. (2000). Neue Unternehmer gesucht! Generationenwechsel in mittelständischen Familienunternehmen. *Wirtschaftspsychologie*, 7, 8-19.

Anderson, E. A. & Spruill, J. W. (1993). The dual-career commuter family: A lifestyle on the move. *Marriage & Family Review, 19*, 131-147.

Argyris, C. (1959). The individual and organization: an empirical test. *Administrative Science Quarterly 4*, 145-167.

Arn, Ch. (2000). HausArbeitsEthik*: Strukturelle Probleme und Handlungsmöglichkeiten rund um die Haus- und Familienarbeit in sozialethischer Perspektive.* Chur: Rüegger.

Aronsson, G. & Gustafsson, K. (2005). Vacation – still an issue of workers protection? An empirical study of vacation on recuperation. *International Journal of Health Sciences, 35*, 143-169.

Ashforth, B. E., Kreiner, G. E. & Fugate, M. (2000). All in a day's work: Boundaries and micro role transitions. *Academy of Management Review, 25,* 472-491.

B

Bachmann, R. & Bieri, O. (2000). *Neue Freiwillige finden*. Bereitschaft, Motive, Erwartungen. Luzern: Caritas Verlag.

Bailey, D. E. & Kurland N. B. (2002). A review of telework research: Findings, new directions, and lessons for the study of modern work. *Journal of Organizational Behavior 23*, 383-400.

Baillod, J. (1993). Konkrete Erfahrungen statt Ideologie. Vorgesetzte beurteilen die Effizienz von Teilzeitarbeit. *Personal,* Heft 12, 556-559.

Baillod, J. (1997). Bewertung flexibler Arbeitszeitsysteme. In J. Baillod, F. Davatz, Ch. Luchsinger,. M. Stamatiadis & E. Ulich (1997). *Zeitenwende Arbeitszeit. Wie Unternehmen die Arbeitszeit flexibilisieren* (S. 29-76). Zürich: vdf Hochschulverlag.

Baillod, J. (2001). Teilzeitarbeit und Job Sharing in Führungspositionen. In E. Ulich (Hrsg.). *Beschäftigungswirksame Arbeitszeitmodelle* (S. 287-329). Schriftenreihe Mensch, Technik, Organisation, Band 29. Zürich: vdf Hochschulverlag.

Baillod, J. (Hrsg.). (2002). *Chance Teilzeitarbeit. Argumente und Materialien für Verantwortliche.* Schriftenreihe Arbeitswelt (Hrsg. A. Alioth), Band 18. Zürich: vdf Hochschulverlag.

Baillod, J., Davatz, F., Luchsinger, Ch., Stamatiadis, M. & Ulich, E. (1997). *Zeitenwende Arbeitszeit. Wie Unternehmen die Arbeitszeit flexibilisieren.* Schriftenreihe Mensch, Technik, Organisation (Hrsg. E. Ulich), Band 17. Zürich: vdf Hochschulverlag.

Baillod, J., Roos, P. & Zehnder, C .A. (2006). *Zwischen Hardware und Softskills.* Zürich: Kaufmännischer Verband Zürich und Schweizerischer Verband für Berufsberatung.

Baillod, J. & Stamatiadis, M. (1997). Gestaltungsmöglichkeiten der Arbeitszeit – Beispiele aus der Schweiz. In J. Baillod, F. Davatz, Ch. Luchsinger, M. Stamatiadis & E. Ulich (1997). *Zeitenwende Arbeitszeit. Wie Unternehmen die Arbeitszeit flexibilisieren* (S. 77-205). Zürich: vdf Hochschulverlag.

Bailyn, L. (1989). Toward the perfect workplace ? *Communications of the ACM 32,* 460-471.

Baitsch, C. (1985). Kompetenzentwicklung und partizipative Arbeitsgestaltung. *Europäische Hochschulschriften.* Reihe VI, Psychologie, Band 162. Frankfurt/M.: Lang.

Baitsch, C., Katz, C., Spinas, P. & Ulich, E. (1991). *Computerunterstützte Büroarbeit.* Ein Leitfaden für Organisation und Gestaltung. 2. Aufl.. Zürich: Verlag der Fachvereine.

Baitsch, C. & Schilling, A. (1990). Zum Umgang mit identitätsbedrohender Arbeit. *Psychosozial 43*, 26-39.

Bakker, A. B., Killmer, C. H., Siegrist, J. & Schaufeli, W. B. (2000). Effort-reward imbalance and burnout among nurses. *Journal of Advanced Nursing, 31*, 884-891.

Baltes, B. B., Briggs, T. E., Huff, J. W., Wright, J. A. & Neuman, G. A. (1999). Flexible and compressed workweek schedules: A meta-analysis of their effects on work-related criteria. *Journal of Applied Psychology, 84*, 496–513.

Baltes, P. B. & Baltes, M. M. (1990) Psychological perspectives on successful aging: The model of selective optimization with compensation. In P. B. Baltes & M. M. Baltes (Eds.), *Successful aging: Perspectives from the behavioral sciences* (pp. 1-34). Cambridge: Cambridge University Press.

Baruch, Y. (2001). The status of research on teleworking and an agenda for future research. *International Journal of Management Review, 3*, 113-129.

Beck, U. (1995). Solidarischer Individualismus. In *Süddeutsche Zeitung*, 1.3.1995.

Beck, U. (1997). *Erwerbsarbeit durch Bürgerarbeit ergänzen.* In: Kommission für Zukunftsfragen der Freistaaten Sachsen und Bayern, Erwerbstätigkeit und Arbeitslosigkeit in Deutschland. Teil III: Maßnahmen zur Verbesserung der Beschäftigungslage (S. 146-168). Bonn: Institut für Wirtschaft und Gesellschaft.

Becker, G. (1975). *Human capital* (2nd ed.). New York: National Bureau of Economic Research.

Becker, G. S. (1998). *A treatise on the family* (4th ed.). Cambridge: Harvard University Press.

Becker, S. (2003). Strategien einer familienorientierten Personalpolitik. *Personal*, Heft 11, 22-24.

Beermann, B. (2010). *Nacht- und Schichtarbeit.* In B. Badura, H. Schröder, J. Klose & K. Macco (Hrsg.), Fehlzeiten-Report 2009. Arbeit und Psyche: Belastungen reduzieren – Wohlbefinden fördern (S. 71-82). Berlin/Heidelberg: Springer.

Behrens, J. (2004). Betriebliche Strategien und demographische Folgen. Die komprimierte Berufsphase. *Arbeit*, 3, 248-263.

Belitz, W. (Hrsg.) (1998). „Vorwärts und nicht vergessen ..." *Das Reformunternehmen Hoppmann 1961-1997*. Hille: Ursel Busch Fachverlag.

Berger, B. G. & Owen, D. R. (1988). Stress reduction and mood enhancement in four exercise modes: Swimming, body conditioning, hatha yoga, and fencing. *Research Quarterly for Exercise and Sport, 59,* 148-159.

Berger, B. G. & Owen, D. R. (1992). Preliminary analysis of a causal relationship between swimming and stress reduction: Intense exercise may negate the effects. *International Journal of Sport Psychology, 23,* 70-85.

Bergmann, B. (2010). Sozialisierungsprozesse bei der Arbeit. In U. Kleinbeck & K.-H. Schmidt (Hrsg.). *Arbeitspsychologie* (S. 387-323). Enzyklopädie der Psychologie, Themenbereich D, Serie III, Band 1. Göttingen: Hogrefe.

Bergmann, B., Eisfeldt, D., Prescher, C. & Seeringer, Ch. (2006). Innovationen – eine Bestandsaufnahme bei Erwerbstätigen. *Zeitschrift für Arbeitswisenschaft 60,* 17-26.

Bergmann, F. (1997). Die neue Arbeit. *Gewerkschaftliche Monatshefte, 48,* 524-534.

Bergström, G., Bodin, L., Hagberg, J., Lindh, T., Aronsson, G. & Josephson, M. (2009). Does sickness presenteeism have an impact on future general health. *Int. Arch. of Occupational and Environmental Health 82,* 1179-1190.

BertelsmannStiftung (2007). Umfrage: *Mehrheit der Deutschen arbeitet auch im Krankheitsfall.* Pressemeldung vom 03.07.2007. Gütersloh.

Bernard, H. (2004). Facetten und Einfluss lernförderlicher Arbeitsplatzgestaltung. In Gesellschaft für Arbeitswissenschaft (Hrsg.), *Arbeit und Gesundheit in effizienten Arbeitssystemen* (S. 495-498). Dortmund: GfA-Press.

Bettelheim, B. (1987). *Ein Leben für Kinder: Erziehung in unserer Zeit.* 4. Auflage. Stuttgart: Deutsche Verlagsanstalt.

Biedenkopf, K. (1998). Diskussionsbeitrag in W. Belitz (Hrsg), „Vorwärts und nicht vergessen ...“ *Das Reformunternehmen Hoppmann 1961-1997.* Hille: Ursel Busch Fachverlag.

Bispinck, R. & Schneider, R. (1983). *Arbeitszeitverkürzung und Humanisierung der Arbeit.* In WSI-Materialien Arbeitszeitverkürzung (S. 79-113). Düsseldorf: Wirtschafts- und Sozial-wissenschaftliches Institut des DGB.

Blattmann, L. & Merz, D. (2010). *Sozialfirmen.* Plädoyer für eine unternehmerische Arbeitsintegration. Zürich: rüffer & rub.

Blickle, G. (2000). Mentor-Protegé-Beziehungen in Organisationen. *Zeitschrift für Arbeits- und.Organisationspsychologie, 44*, 168-178.

Blickle, G. & Schneider, P. B. (2010). Anpassungs- und Veränderungsbereitschaft. In U. Kleinbeck & K.-H. Schmidt (Hrsg.). *Arbeitspsychologie* (S.431-470). Enzyklopädie der Psychologie, Themenbereich D, Serie III, Band 1. Göttingen: Hogrefe.

Böhm, S., Herrmann, Ch. & Trinczek, R. (2002). Löst Vertrauensarbeitszeit das Problem der Vereinbarkeit von Familie und Beruf? *WSI-Mitteilungen 8,* 435- 441.

Bolte, K. M. (1983). Subjektorientierte Soziologie – Plädoyer für eine Forschungsperspektive. In K. M. Bolte & E. Treutner (Hrsg.), *Subjektorientierte Arbeits- und Berufssoziologie* (S. 12-36). Frankfurt/M.: Campus.

Bosch, R. (1932). Die Verhinderung künftiger Krisen der Weltwirtschaft. Abgedruckt in: Sei Mensch und ehre Menschenwürde. *Aufsätze, Reden und Gedanken von Robert Bosch* (1950). Bosch Schriftenreihe, Folge 1. Stuttgart: Archiv Robert Bosch.

Bosma, H., Peter, R., Siegrist, J. & Marmot, M. (1998). Two Alternative Job Stress Models and the Risk of Coronary Heart Disease. *American Journal of Public Health, 88 (1),* 68-74.

Boucsein, W. & Thum, M. (1997). Design of work/rest schedules for computer work based on psychophysiological recovery measures. *International Journal of Industrial Ergonomics, 20,* 51-57.

Breitenstein, F. & Lang-von Wins, T. (2005). Der Rückzug des Seniorunternehmers. *Wirtschaftspsychologie, 7,* 86-98.

Brendgens, U. & Braun J. (2000). Freiwilliges Engagement der Seniorinnen und Senioren. In B. von Rosenbladt (Hrsg.), *Freiwilliges Engagement in Deutschland* (S. 156-166). Stuttgart: Kohlhammer.

Brödner, P. (1985). *Fabrik 2000.* Alternative Entwicklungspfade in die Zukunft der Fabrik. Berlin: Edition Sigma Bohn.

Bruch, H., Kunze, F. & Böhm, S. (2010). *Generationen erfolgreich führen.* Konzepte und Praxiserfahrungen zum Management des demographischen Wandels. Wiesbaden: Gabler.

Brucks, U. (1998). *Arbeitspsychologie personenbezogener Dienstleistungen.* Schriften zur Arbeitspsychologie, Band 56. Bern: Huber.

Bruggemann, A. (1974). Zur Unterscheidung verschiedener Formen von „Arbeitszufriedenheit". *Arbeit und Leistung, 28*, 281-284.

Bruggemann, A. (1979). Erfahrungen mit wichtigen Variablen und einigen Effekten beruflicher Sozialisation in einem Projekt zur „Humanisierung des Arbeitslebens". In P. Groskurth (Hrsg.), *Arbeit und Persönlichkeit* (S. 146-175). Reinbeck: Rowohlt.

Bruggemann, A. (1980). *Zur Entwicklung von Einstellungen und sozialem Verhalten in den untersuchten teilautonomen Gruppen.* BMFT-Forschungsbericht HA 80–018.

Bruggemann, A., Groskurth, P. & Ulich, E. (1975). *Arbeitszufriedenheit.* Schriften zur Arbeitspsychologie (Hrsg. E. Ulich), Band 17. Bern: Huber.

Bühler, M. (2006). *Erfolgsfaktoren bei der Unternehmensnachfolge im Kfz-Gewerbe.* Unveröffentlichte Diplomarbeit, Hochschule für Wirtschaft und Umwelt Nürtingen-Geislingen.

Bürgisser, M. (2006). *Egalitäre Rollenteilung.* Erfahrungen und Entwicklungen im Zeitverlauf. Zürich: Rüegger.

Bürgisser, M. (1996). *Modell Halbe-Halbe.* Partnerschaftliche Arbeitsteilung in Familie und Beruf. Zürich: Werd Verlag.

Büssing, A. (1995). Autonomie und Flexibilität in der Arbeitszeitgestaltung. In A. Büssing, & H. Seifert, (Hrsg.) (1995). Sozialverträgliche Arbeitszeitgestaltung (S. 81-102). München: Rainer Hampp.

Büssing, A. (1998). Teleworking and quality of life. In P. Jackson & J. van der Wielen (Eds.), From Telecommuting to the Virtual Organisation (pp. 78-97). London: Routledge.

Büssing, A. (1999). Telearbeit. In C. Graf Hoyos & D. Frey (Hrsg.), *Arbeits- und Organisationspsychologie. Ein Lehrbuch* (S. 225-236). Weinheim: Psychologie Verlags Union.

Büssing, A. & Aumann, S. (1996). Telearbeit aus arbeitspsychologischer Sicht. Untersuchung von Telearbeit anhand von Kriterien humaner Arbeit. *Arbeit, 5*, 133-153.

Büssing, A. & Aumann, S. (1997). Telezentren – die bessere Form der Telearbeit. *Zeitschrift für Arbeitswissenschaft, 51*, 240-250.

Büssing, A. & Broome, P. (1999). Telearbeit. Zeitflexibel in die Informationsgesellschaft. In A. Büssing & H. Seifert (Hrsg.), *Die „Stechuhr" hat ausgedient* (S. 99-126). Berlin: edition sigma.

Büssing, A., Drodofsky, A. & Hegendörfer, K. (2003). *Telearbeit und Qualität des Arbeitslebens – Ein Leitfaden zur Analyse, Bewertung und Gestaltung*. Göttingen: Hogrefe.

Büssing, A. & Konradt, U. (2006). Telearbeit. In Zimolong, B. & Konradt, U. (Hrsg.), *Ingenieurpsychologie*. Enzyklopädie der Psychologie, Band D/III,2 (S.871- 906). Göttingen: Hogrefe.

Büssing, A. & Seifert, H. (Hrsg.) (1995). *Sozialverträgliche Arbeitszeitgestaltung* . München: Rainer Hampp.

Bundesanstalt für Arbeitsschutz und Arbeitsmedizin (2007). *Volkswirtschaftliche Kosten durch Arbeitsunfähigkeit 2005*. Verfügbar unter http://www.baua.de/nn_5846/sid_002DA686AAA635E17E6E39FAEAFBC528/de/Informationen-fuer-die-Praxis/Statistiken/Arbeitsunfaehigkeit/pdf/Kosten-2005.pdf [24.03.2008].

Bundesministerium für Familie, Senioren, Frauen und Jugend (2003). *Betriebswirtschaftliche Effekte familienfreundlicher Maßnahmen*. Berlin: BMFSFJ.

Bundesministerium für Familie, Senioren, Frauen und Jugend (2005). *Freiwilliges Engagement in Deutschland 1999-2004*. Kurzfassung. Berlin: BMFSFJ.

Bundesministerium für Familie, Senioren, Frauen und Jugend (2005). *Work Life Balance. Motor für wirtschaftliches Wachstum und gesellschaftliche Stabilität*. Analyse der volkswirtschaftlichen Effekte – Zusammenfassung der Ergebnisse. Berlin: BMFSFJ.

Bundesministerium für Wirtschaft und Arbeit (2005). Bericht der Bundesregierung zu der Entschließung des Bundesrates zum Gesetz über Teilzeitarbeit und befristete Arbeitsverträge und zur Änderung und Aufhebung arbeitsrechtlicher Bestimmungen. *Bundesratsdrucksache 683/05*.

Buser, M. & Poschet, L. (2002). Mobile Arbeit in vielfältiger Ausprägung. In L. Rey (Hrsg.). *Mobile Arbeit in der Schweiz* (S. 77- 123). Zürich: vdf Hochschulverlag.

C

Campbell, A. (1972). Aspiration, satisfaction and fullfilment. In A. Campbell & Ph. Converse (Eds.), *The Human Meaning of Social Change* (pp. 441-446). New York: Russel Sage Foundation.

Campbell, A., Keen, C., Norman, G. & Oakshott, R. (1977). *Worker-Owners: The Mondragon achievement.* London: Anglo-German Foundation for the Study of Industrial Society.

Carlson, D. S. (1999). Personality and role variables as predictors of three forms of work-family conflict. *Journal of Vocational Behavior, 55*, 236-253.

Carlson, D. S. & Perrewé, P. L. (1999). The role of social support in the stressor-strain relationship: An examination of work-family conflict. *Journal of Management, 25*, 513-540.

Caspar, W.-J. & Buffardi, L. C. (2004). Work-life benefits and job pursuit intentions: The role of anticipated organizational support. *Journal of Vocational Behavior, 65*, 391–410.

CEC Commission of the European Communities (1989). Science, Technology and Societies: *European Priorities. Results and Recommandations of the FAST II Programme,* a Summary Report. Brussel: Directorate-General Science, Research and Development.

Champoux, J.E. (1978). Perceptions of work and nonwork. A reexamination of compensatory and spillover models. *Sociology of Work and Occcupations 5*, 402-422.

Chapman, A. J., Sheehy, N. P., Heywood, S., Dooley, B. & Collins, S. C. (1995). The organizational implications of teleworking. In C. L. Cooper & I. T. Robertson (Eds.). *International Review of Industrial and Organizational Psychology , Vol. X* (pp. 229-248). Chichester: Wiley.

Clark, S. C. (2000). Work/family border theory: A new theory of work/family balance. *Human Relations, 53*, 747-770.

Clary, E. G. & Snyder, M. (1999). The motivations to volunteer: Theoretical and practical considerations. *Current Directions in Psychological Science, 8,* 156- 159.

Clegg, C. & Corbett, M. (1987). Research and development into Humanizing advanced manufacturing technology. In T. Wall, C. Clegg & N. Kemp (Eds.), *The Human Side of Advanced Manufacturing Technology* (pp. 173-195). Chichester: Wiley.

Cohen, S. & Wills, T. A. (1985). Stress, social support, and the buffering hypothesis. *Psychological Bulletin, 98,* 310-357.

Coleman, D. (1993). Leisure based social support, leisure dispositions and health. *Journal of Leisure Research, 25,* 350-361.

Coltrane, S. (2000). Research on household labor. Modeling and measuring the social embededness of routine family work. *Journal of Marriage and the Family, 62,* 1208-1233.

Corbett, M. (1987). Computer-aided manufacturing and the design of shopfloor jobs: towards a new research perspective in occupational psychology. In M. Frese, E. Ulich & W. Dzida (Eds.), *Psychological Issues of Human-Computer-Interaction in the Workplace* (pp. 23-40). Amsterdam: North Holland.

Cropley, M. & Purvis, L. J. M. (2003). Job strain and rumination about work issues during leisure time: A diary study. *European Journal of Work and Organizational Psychology, 12,* 195-207.

Crouter, A. C. (1984). Spillover from family to work: The neglected side of the work- family interface. *Human Relations, 37,* 425-444.

D

Dahrendorf, R. (1992). *Der moderne soziale Konflikt.* München: Piper.

Dahrendorf, R. (2007). *Auf der Suche nach einer neuen Ordnung.* 4. Auflage. München: C.H.Beck.

DAK-Gesundheitsreport. Krankenstand sinkt deutlich – Psychische Erkrankungen steigen dramatisch. *Basi infoprint 2,* 10-12.

Daumenlang, K. & Dreesmann, H. ((1989). Arbeit und Freizeit. In E. Roth (Hrsg.). *Organisationspsychologie* (S. 143-154). Enzyklopädie der Psychologie, Themenbereich D, Serie III, Band 3. Göttingen: Hogrefe.

Davatz, F. (1997). Verbreitung von Arbeitszeitmodellen in der Schweiz. In J. Baillod, F. Davatz, Ch. Luchsinger, M. Stamatiadis & E. Ulich (1997). *Zeitenwende Arbeitszeit.* Wie Unternehmen die Arbeitszeit flexibilisieren (S. 207-231). Zürich: vdf Hochschulverlag.

Dean, K., Colomer, C. & Pérez-Hoyos, S. (1995). Research on lifestyles and health: Searching for meaning. *Social Science and Medicine, 41,* 845-855.

De Croon, E. M., Sluiter, J. K. & Frings-Dresen, M. H. W. (2003). Need for recovery after work predicts sickness absence: A two-year prospective cohort study in truck drivers. *Journal of Psychosomatic Research, 55,* 331–339.

De Jong, T. M. (2001a). Abschied vom Patriarchen. *Psychologie Heute, Heft 8,* 46- 49.

De Jong, T. M. (2001b). Nur Tennis und Golf reichen nicht. *Psychologie Heute, Heft 8,* 50-51.

Dege, W. & Dege, W. (1983). *Das Ruhrgebiet* (3. berichtigte Aufl.). Berlin: Gebrüder Borntraeger.

Delsen, L. & Reday-Mulvaey, G. (1996). *Gradual Retirement in the OECD-Countries.* Aldershot: Avebury Books.

Demerouti, E., Bakker, A. B. & Bulters, A. J. (2004). The loss spiral of work pressure, work-home interference and exhaustion: Reciprocal relations in a three-wave study. *Journal of Vocational Behavior, 64,* 131-149.

Deutsches Institut für Normung: Sicherheit von Maschinen – Ergonomische Gestaltungsgrundsätze – Teil 2: *Wechselwirkungen zwischen der Gestaltung von Maschinen und den Arbeitsaufgaben;* Deutsche Fassung EN 614-2:2000+A1:2008. Berlin: Beuth.

Dilling, H. & Freyberger, H. (2010). *Taschenführer zur ICD-10-Klassifikation psychischer Störungen.* 5. Auflage. Bern: Huber.

Dörre, K. (2006). Prekäre Arbeit. Unsichere Beschäftigungsverhältnisse und ihre sozialen Folgen. *Arbeit 15,* S. 181-193.

Dostal, W. (1985). Telearbeit. Anmerkungen zur Arbeitsmarktrelevanz dezentraler Informationstätigkeit. *Mitteilungen aus der Arbeitsmarkt- und Berufsforschung, Nr. 4,* 467-480.

Dostal, W. (2001). Neue Beschäftigungsverhältnisse und Arbeitsmarkt. In H. Reichhold, A. Löhr & G. Blickle (Hrsg.), *Wirtschaftsbürger oder Marktopfer* (S. 63-84). Mering: Hampp.

Dreher, G. F. & Ash, R. A. (1990). A comparative study of mentoring among men and women in managerial, professional, and technical positions. *Journal of Applied Psychology,75,* 539-546.

Dürrenberger, G. & Jaeger, C. (1993). *Dezentrale Arbeitsplätze – Eine Investition in die Zukunft.* Basel: Helbing und Lichtenhahn.

Dumazedier, J. (1960). Current problems of the sociology of leisure.. *International Social Science Journal 12,* 522-532.

E

Eby, L. T., Casper, W. J., Lockwood, A., Bordeaux, Ch. & Brinley, A. (2005). Work and family research in IO/OB: Content analysis and review of the literature (1980-2002). *Journal of Vocational Behavior, 66,* 124-197.

Einsiedler, W. (2005). *Kleinkindforschung und Kleinkindbetreuung.* In http://www.familienhandbuch.de/cmain/f_Fachbeitrag/a_Kindheitsforschung/s_1815.html.

Efimoff, W. W. & Zibakowa, E. (1926). Ermüdungsmessungen und Pausenregelung im Dienste der Arbeitsrationalisierung. I. Steigerung der Arbeitsleistung durch Einführung von Kurzpausen bei Metallbearbeitung. *Industrielle Psychotechnik 3,* 46-50.

Eidgenössische Koordinationskommmission für Familienfragen EKFF (2004). Schlussfolgerungen, Grundsätze und Empfehlungen der EKFF. In EKFF (Hrsg.). *Zeit für Familien.* Beiträge zur Vereinbarkeit von Familien- und Erwerbsalltag aus familienpolitischer Sicht (S. 129-141). Bern: EKFF.

Eidgenössisches Volkswirtschaftsdepartement (2005). *Betriebs-wirtschaftliche Kosten-Nutzen-Analyse familienfreundlicher Unternehmenspolitik.* Bern: EVD.

Eliasberg, W. (1926a). Richtungen und Entwicklungen der Arbeitswissenschaft mit besonderer Berücksichtigung der Psychopathologie und Psychotherapie der abhängigen Arbeit. *Zeitschrift für die gesamte Neurologie und Psychiatrie, 102*, 250-281.

Eliasberg, W. (1926b). Richtungen und Entwicklungstendenzen in der Arbeitswissenschaft. *Archiv für Sozialwissenschaft und Sozialpolitik, 55,* 66-101 und 687-732.

Emery, F. E. (1976). Organisation responsibility for individual development. *National Labour Institute Bulletin 2*, 322-326.

Emery, F. E. & Thorsrud, E. (1976). *Democracy at Work.* Leiden: Martinus Nijhoff.

Emery, F. E. & Thorsrud, E. (1982). *Industrielle Demokratie.* Bericht über das norwegische Programm der industriellen Demokratie. Schriften zur Arbeitspsychologie (Hrsg. E. Ulich), Band 25. Bern: Huber.

European Foundation for the Improvement of Living and Working Conditions (2007). *Managing musculoskeletal disorders.* Dublin: Eurofound.

Ewers, E., Hoff, E.-H., Geffers, J., Petersen, O. & Schraps, U. (2006). *Arbeit als Lebensinhalt? Neue Formen der Lebensgestaltung bei Beschäftigten im IT-Bereich.* Münster: Waxmann.

Ewers, E. Hoff, E.-H. & Schraps, U. (2006). Neue Formen arbeitszenrierter Lebensgestaltung von IT-Beschäftigten. In E. Ewers, E.-H. Hoff, J. Geffers, O. Petersen & U. Schraps (Hrsg.), *Arbeit als Lebensinhalt? Neue Formen der Beschäftigung im IT-Bereich* (S. 172-198). Münster: Waxmann.

F

Feldman, D. C., Folks, W. R. & Turnley, W. H. (1999). Mentor-protegé diversity and ist impact on international internship experiences. *Journal of Organizational Behavior, 20*, 597-611.

Fenzl, C. & Resch, M. (2005). Zur Analyse der Koordination von Tätigkeitssystemen. *Zeitschrift für Arbeits- und Organisationspsychologie, 49,* 220–231.

Finkel, S. K., Olswang, S. & She, N. (1994). Childbirth, tenure, and promotion for women faculty. *Review of Higher Education, 17,* 259–270.

Frei, F. (1993). Partizipation und Selbstregulation bei CIM: das «Baugruppenprojekt» bei Alcatel STR. In G. Cyranek & E. Ulich (Hrsg.), *CIM – Herausforderung an Mensch, Technik, Organisation* (S. 321–338). Schriftenreihe Mensch, Technik, Organisation (Hrsg. E. Ulich), Band 1. Zürich: Verlag der Fachvereine, Stuttgart: Teubner.

Frei, F., Hugentobler, M., Alioth, A., Duell, W. & Ruch, L. (1993). *Die kompetente Organisation.* Zürich: Verlag der Fachvereine, Stuttgart: Schäffer/Poeschel.

Frerichs, F. (1998). *Älterwerden im Betrieb.* Beschäftigungs-chancen und -risiken im demografischen Wandel. Opladen: Westdeutscher Verlag.

Freud, S. (1930). *Das Unbehagen in der Kultur.* Abgedruckt in: Abriss der Psychoanalyse – Das Unbehagen in der Kultur. Frankfurt/M.: Fischer, 1992.

Friedmann, G. (1952). *Der Mensch in der mechanisierten Produktion.* Köln: Bund-Verlag.

Friedmann, G. (1953). *Zukunft der Arbeit.* Köln: Bund-Verlag.

Friedmann, G. (1959). *Grenzen der Arbeitsteilung.* Frankfurt/M.: Europäische Verlagsanstalt.

Frieling, E. und Arbeitsgruppe (2004). Wandel der Arbeitswelt. Handlungsbedarf und Massnahmen zur Förderung der betrieblichen Gesundheitspolitik. In Bertelsmann Stiftung, Hans-Böckler-Stiftung (Hrsg.), *Zukunftsfähige betriebliche Gesundheitspolitik.* Ergebnisse der Arbeitsgruppen. Gütersloh: Bertelsmann Stiftung.

Frieling, E. & Sonntag, K. (1999). *Lehrbuch Arbeitspsychologie* (2. vollst. überarb. und erw. Aufl.). Bern: Huber.

Fritz, C. & Sonnentag, S. (2005). Recovery, health, and job performance: Effects of weekend experiences. *Journal of Occupational Health Psychology, 10,* 187-199.

Fritz, C. & Sonnentag, S. (2006). Recovery, well-being, and performance-related outcomes: The role of workload and vacation experiences. *Journal of Applied Psychology, 91,* 936-945.

Fritze, A., Krattiger, B. & Götz, E. (2004). *Studie zum Schweizerischen Sozialzeitausweis.* Olten: Fachhochschule Solothurn Nordwestschweiz.

Fromm, E. (1966). The psychological aspects of the guaranteed income. In R.Theobald (Ed.), *The Guaranteed Income* (pp. 183-193). New York: Doubleday.

Frone, M. R., Yardley, J. K. & Markel, K. S. (1997). Developing and testing an integrative model of the work–family interface. *Journal of Vocational Behavior, 50*, 145-167.

Fthenakis, W. E. u.a. (2003). *Auf den Anfang kommt es an*! Gutachten für das Bundesministerium für Familie, Senioren, Frauen und Jugend. Weinheim: Beltz.

Fuchs, T. (2009). Stellschrauben der Arbeitszufriedenheit. In L. Schröder & H.-J. Urban (Hrsg.), *Gute Arbeit* (S. 208-220). Frankfurt/M.: Bund-Verlag.

Fuchs, T. (2009). Vereinbarkeit von beruflichem und privatem Leben – im Spiegel der Arbeits- und Einkommensbedingungen. In L. Schröder & H.-J. Urban (Hrsg.), *Gute Arbeit.* Handlungsfelder für Betriebe, Politik und Gewerkschaften. Ausgabe 2009 (S.236-247). Frankfurt/M.: Bund-Verlag.

Füllekrug, B. (2008). Arbeitszeitkonforme und prozessorientierte Dienstmodelle für Ärzte an einem Universitätsklinikum: Das deutsche Krankenhaus vor dem Paradigmenwechsel. In S. Nickel, B. Füllekrug & A. Trojan (Hrsg.), *Arbeitszeitgestaltung im ärztlichen Dienst und Funktionsdienst des Krankenhauses.* Herausforderungen, Modelle, Erfahrungen (S. 5-66). München: Rainer Hampp.

Fujino, K., Terashima, T., Azuma, M., Tsuchiya, N. & Kubo, K. (1986). The neaar future office environment in the C&C era – C&C satellite office. *NEC Research & Development 4*, 1-7.

G

Galinsky, T. L., Swanson, N. G., Sauter, S. L., Hurrell, J. J. & Schleifer, L. M. (2000). A field study of supplementary rest breaks for data-entry operators. *Ergonomics, 43*, 622-638.

Gangl, M. & Ziefle, A. (2009). Motherhood, labor force behavior, and women's careers: An empirical assessment of the wage penalty for motherhood in Britain, Germany, and the United States. *Demography, 46,* 341-369.

Gareis, K. (2006). New Work Environments: An Overview of Available Evidence on Success Factors and Impacts. *empirica report 7,* 2006.

Garhammer, M. (1994). *Balanceakt Zeit.* Auswirkungen von flexiblen Arbeitszeiten auf Alltag, Freizeit und Familie. Berlin: edition sigma.

Garhammer, M. (1997). Teleheimarbeit und Telecommuting: ein deutsch-amerikanischer Vergleich über kulturelle Bedingun-gen und soziale Auswirkungen einer neuen Arbeitsform. *Zeitschrift für Arbeitswissenschaft, 51,* 232-239.

Gash, V. (2008). Preference or constraint? Part-time workers' transitions in Denmark, France, and the United Kingdom. *Work, Employment, and Society, 22,* 655-674.

Gerhards, J. & Rössel, J. (2003). *Das Ernährungsverhalten Jugendlicher im Kontext ihrer Lebensstile.* Eine empirische Studie. Köln: Bundeszentrale für gesundheitliche Aufklärung.

Gerlach, I., Laß, I. & Dinkel, S. (2009). *Familienfreundlichkeit von Unternehmen in den Kantonen Basel-Stadt und Zürich.* Münster/ Berlin: Forschungszentrum Familienbewusste Personalpolitik.

Gerlmaier, A. (2004). Projektarbeit in der Wissensökonomie und ihre Auswirkungen auf die Work Life Balance. In M. Kastner (Hrsg.), *Die Zukunft der Work Life Balance* (S. 282-304). Kröning: Asanger.

Gertz, H.-J. & Berwig, M. (2008). Ist die Lebensqualität von Demenzpatienten messbar? Ein kritischer Diskussionsbeitrag. *Der Nervenarzt 79,* 1023-1035.

Geser, H. (1987). Milizverwaltung und professionelle Verwaltung auf Gemeindeebene. In R. Germann et al. (Hrsg.), *Handbuch Politisches System der Schweiz* (Band 3; S. 171–200). Bern: Haupt.

Giarini, O. & Liedtke, P. M. (1998). *Wie wir arbeiten werden.* Der neue Bericht an den Club of Rome. Hamburg: Hoffmann & Campe.

Ginto, J. (2007). Der „dritte Weg" von Mondragon. NW-Gespräch von W. Spieler mit J. Ginto. *Neue Wege, 101,* 319-327.

Glaser, W. R. & Glaser, M. (1995). *Telearbeit in der Praxis.* Psychologische Erfahrungen mit ausserbetrieblichen Arbeitsstätten bei der IBM Deutschland. Berlin: Luchterhand.

Glißmann, W. (2000). *Ökonomisierung der ‹Ressource Ich›* – die Instrumentalisierung des Denkens in der neuen Arbeitsorganisation. Denkanstösse – IG Metaller in der IBM, Mai, 5–24.

Glißmann, W. (2001a). Mechanismen sozialer Ausgrenzung. In W. Glissmann & K. Peters (Hrsg.), *Mehr Druck durch mehr Freiheit.* Die neue Autonomie in der Arbeit und ihre paradoxen Folgen (S. 60–80). Hamburg: VSA.

Glißmann, W. (2001b). Ökonomik der Masslosigkeit. In W. Glissmann & K. Peters (Hrsg.), *Mehr Druck durch mehr Freiheit.* Die neue Autonomie in der Arbeit und ihre paradoxen Folgen (S. 129–142). Hamburg: VSA.

Glißmann, W. & Peters, K. (2001). *Mehr Druck durch mehr Freiheit.* Die neue Autonomie in der Arbeit und ihre paradoxen Folgen. Hamburg: VSA.

Gmür, M. & Schwerdt, B. (2005). Der Beitrag des Personalmanagements zum Unternehmenserfolg. Eine Metaanalyse nach 20 Jahren Erfolgsforschung. *Zeitschrift für Personal-forschung, 9,* 221–251.

Goff, S. J., Mount, M. K. & Jamison, R. L. (1990). Employer supported child care, work/family conflict, and absenteeism: A field study. *Personnel Psychology, 43*, 793-809.

Goldberg, W. A., Prause, J., Lucas-Thompson, R. & Himsel, A. (2008). Maternal employment and children's achievement in context: A meta-analysis of four decades of research. *Psychological Bulletin, 134,* 77-108.

Goldmann, M. & Richter, G. (1991). *Beruf und Familie: endlich vereinbar ? Teleheimarbeit von Frauen*. Dortmund: Montania.

Gorz, A. (1980). *Abschied vom Proletariat.* Frankfurt/M.: Europäische Verlagsanstalt.

Gorz, A. (1980). *Das goldene Zeitalter der Arbeitslosigkeit.* (Französisches Original 1978). Anhang zu: Abschied vom Proletariat. Frankfurt: Europäische Verlagsanstalt.

Gorz, A. (1983). *Wege ins Paradies.* Berlin: Rotbuch Verlag.

Graf, O. (1922). Über lohnendste Arbeitspausen bei geistiger Arbeit. *Psychologische Arbeiten 7,* 548-611.

Graf, O. (1927). Die Arbeitspause in Theorie und Praxis. *Psychologische Arbeiten, 9,* 563-681.

Graf, O. (1956). *Sicherheit durch Freizeit und Pause.* Verhandlungen der Deutschen Gesellschaft für Arbeitsschutz 4, (S. 256-268). Darmstadt: Steinkopff.

Graf, O. (1961). Arbeitszeit und Arbeitspausen. In A. Mayer & B. Herwig (Hrsg.), *Betriebspsychologie* (S. 95-117). Handbuch der Psychologie, Band 9. Göttingen: Hogrefe.

Graf, O., Rutenfranz, J. & Ulich, E. (1970). *Arbeitszeit und Arbeitspausen.* In A. Mayer & B. Herwig (Hrsg.), Betriebspsychologie (S. 244-277). Handbuch der Psychologie, Band 9, (2. Aufl.). Göttingen: Hogrefe.

Granel, M. (1980). Zusammengefasster Abschlussbericht der Volkswagenwerk AG zum Forschungsvorhaben Vergleich von Arbeitsstrukturen in derAggregatefertigung. In Bundesminister für Forschung und Technologie (Hrsg.), *Gruppenarbeit in der Motorenmontage* (S. 13-54). Schriftenreihe Humanisierung des Arbeitslebens, Band 3. Frankfurt: Campus.

Grant-Vallone, E. J. & Donaldson, S. I. (2001). Consequences of work-family conflict on employee well-being over time. *Work and Stress, 15,* 214-226.

Greenhaus, J. H. & Beutell, N. J. (1985). Sources of conflict between work and family roles. *Academy of Management Review, 10,* 76-88.

Greenhaus, J. H., Collins, K. M. & Shaw, J. D. (2003). The relation between work-family balance and quality of life. *Journal of Vocational Behavior, 63,* 510-531.

Greenhaus, J. H. & Parasuraman, S. (1999). Research on work, family, and gender: Current status and future directions. In G.N. Powell (Ed.), *Handbook of Gender and Work* (pp. 391-412).

Greenhaus, J. H. & Powell, G. N. (2005). When work and family are allies: A theory of work-family enrichment. *Academy of Management Review, 31,* 72-92.

Gross, H. (1980). Dual career couples who live apart: Two types. *Journal of Marriage and the Family, 42*, 567-576.

Grover, S. L. & Crooker, K. J. (1995). Who appreciates family-responsive human resource policies: The impact of family-friendly policies on the organizational attachment of parents and nonparents. *Personnel Psychology, 48*, 271-288.

Grzywacz, J. G., Almeida, D. M. & McDonald, D. A. (2000). Work-family spillover and daily reports of work and family stress in the adult labor force. *Family Relations, 51*, 28-36.

Grzywacz, J. G. & Marks, N. F. (2000). Reconceptualizing the work-family interface: An ecological perspective on the correlates of positive and negative spillover between work and family. *Journal of Occupational Health Psychology, 5,* 111-126.

Güntert, S. T. & Wehner, T. (2005). Wie motivierend ist frei-gemeinnützige Arbeit? In Gesellschaft für Arbeitswissenschaft (Hrsg.), *Personalmanagement und Arbeitsgestaltung*. Bericht zum 51. Kongress der Gesellschaft für Arbeitswissenschaft (S. 121-124). Dortmund: GfA Press.

Guest, D. & Conway, N. (1998). *Fairness at work and the psychological contract.* London: CIPD.

Guest, D. & Conway, N. (2000). *The psychological contract in the public sector.* London: CIPD.

Guiterrez-Johnson, A. G. & Whyte, W. F. (1977) The Mondragon system of worker cooperatives. *Industrial and Labor Relations Review 31*, 18-30.

Gump, B. B. & Matthews, K. A. (2000). Are vacations good for your health? The 9-year mortality after multiple risk factor intervention trial. *Psychosomatic Medicine, 62*, 608-612.

H

Habermas, J. (1958). Soziologische Notizen zum Verhältnis von Arbeit und Freizeit. In G. Funke (Hrsg.), *Konkrete Vernunft*. Festschrift für E. Rothacker (S. 219-231). Bonn: Bouvier.

Habig, H. & Berninghaus, J. (2004). *Die Nachfolge im Familienunternehmen ganzheitlich regeln* (2. Aufl.). Heidelberg: Springer.

Hacker, W. (1976). Zu Wechselbeziehungen zwischen Arbeitsbedingungen und der Persönlichkeitsentwicklung. *Pädagogik, 31*, Beiheft 1, 28-34.

Hacker, W. (1996). Erwerbsarbeit der Zukunft – Zukunft der Erwerbsarbeit: Zusammenfassende arbeitswissenschaftliche Aspekte und weiterführende. Aufgaben. In W. Hacker (Hrsg.). *Erwerbsarbeit der Zukunft – auch für „Ältere"?* (S. 175-193). Schriftenreihe Mensch, Technik, Organisation (Hrsg. E. Ulich), Band 9. Zürich: vdf Hochschulverlag.

Hacker, W. (2003). Entwicklung von Qualifizierungsmaßnahmen im Alterungsprozess. In P. Stein & H. Loebe (Hrsg.), *Qualifizierung und Beschäftigung. Argumente und Materialien zum Zeitgeschehen,* Band 38 (S. 18-22). München: Hanns-Seidel-Stiftung.

Hacker, W. (2004). Leistungs- und Lernfähigkeiten älterer Menschen. In M. v. Cranach, H.-D. Schneider, E. Ulich & R. Winkler (Hrsg.), *Ältere Menschen in Unternehmen* (S. 163-172). Bern: Haupt.

Hacker, W. (2010). *Arbeitsgegenstand Mensch: Psychologie dialogisch-interaktiver Erwerbsarbeit.* Ein Lehrbuch. Lengerich: Pabst.

Hacker, W., Raum, H., Rentsch, M. & Völker, K. (1987). *Bildschirmarbeit – Arbeitswissenschaftliche Empfehlungen.* Berlin: Die Wirtschaft.

Hackman, J. R. & Oldham, G. R. (1975). Development oft he Job Diagnostic Survey. *Journal of Applied Psychology, 60*, 159-170.

Haerder, M. (2009). Auswahlverfahren der Universitäten. Studenten in der Testmühle. http://www.wiwo.de/karriere/studenten-in-der-testmuehle- 390632/print/; heruntergeladen am 28.12.2009.

Hammer, L. B., Cullen, J. C., Neal, M. B., Sinclair, R. R. & Shafiro, M. V. (2005). The longitudinal effects of work-family conflict and positive spillover on depressive symptoms among dual-earner couples. *Journal of Occupational Health Psychology, 10*, 138-154.

Hämmig, O., Gutzwiller, F. & Bauer, G. (2009), Work-life conflict and associations with work- and nonwork-related factors and with physical and mental health outcomes: a nationally representative cross-sectional study in Switzerland. *BMC Public Health 9*, 435.

Handler, W. C. (1992). The succession experience of the next generation. *Family Business Research, 5,* 283-307.

Hansen, C. D. & Andersen, J. H. (2009) Sick at work—a risk factor for long-term sickness absence at a later date? *Journal of Epidemiology and Community Health 2009,63,* 397-402 .

Hartz, P. (1996). *Das atmende Unternehmen*. Frankfurt: Campus.

Hauf, C.-H. & Müller, R. A. E. (1974). Multiple job holding and leisure time. *European Review of Agricultural Economics, 2,* 87-93.

Havighurst, R. J. (1948). *Developmental tasks and education*. New York: David McKay.

Havighurst, R. J. & Feigenbaum, K. (1959). Leisure and life style. *American Journal of Sociology 64,* 396-404.

Hecker, K. & Grunwald, W. (1981). Über die Beziehung zwischen Arbeits- und Freizeitzufriedenheit. *Soziale Welt 32,* 353-368.

Heinze, R. & Keupp, H. (1997). *Gesellschaftliche Bedeutung von Tätigkeiten ausserhalb der Erwerbsarbeit.* Gutachten für die „Kommission für Zukunftsfragen" der Freistaaten Bayern und Sachsen. München: Institut für Praxisforschung und Projektberatung.

Helfmann, B. (2003). *Chancen und Risiken täglich verkürzter Erwerbsarbeit für Gesundheit und Familie.* Ein 24-Stunden-Belastungs-Beanspruchungs-Vergleich. München: Rainer Hampp.

Hengsbach, F. (1997). Ein neuer Gesellschaftsvertrag in den Zeiten der Globalisierung. In: W. Fricke (Hrsg.), *Jahrbuch Arbeit und Technik* 1997, (S. 182-195). Bonn: Dietz.

Herbst, P. (1975). The Product of Work is People. In L. E. Davis & A. B. Cherns (Eds.), *The Quality of Working Life,* vol. 1: Problems, Prospects and the State of the Art (pp. 439-442). New York: Free Press.

Hill, E. J., Ferris, M. & Märtinson, V. (2003). Does it matter where you work? A comparison of how three work venues (traditional office, virtual office, and home office) influence aspects of work and personal/family life. *Journal of Vocational Behavior, 63,* 220-241.

Hobfoll, S. E. (1998). *Stress, culture, and community: The psychology and physiology of stress*. New York: Plenum Press.

Hochschild, A. (1979), Emotion work, feeling rules and social structure. *American Journal of Sociology, 85, 551-557.*

Höcker, H. (2001). Arbeitsumverteilung, Qualifizierung, Organisationsentwicklung und Jobrotation in Dänemark. In E. Ulich (Hrsg.). *Beschäftigungswirksame Arbeitszeitmodelle* (S. 165-211). Schriftenreihe Mensch, Technik, Organisation, Band 29. Zürich: vdf Hochschulverlag.

Hoff, E.-H. (1992). *Arbeit, Freizeit und Persönlichkeit.* Wissenschaftliche und alltägliche Vorstellungsmuster (2. überarb. Aufl.). Heidelberg: Asanger.

Hoff, E.-H. (2006). Lebensgestaltung, Zielkonflikte und Bewältigungskompetenzen. Theoretische Überlegungen zur Entwicklung junger Erwachsener im Wandel der Arbeitsgesellschaft. In E. Ewers, E.-H. Hoff, J. Geffers, O. Petersen & U. Schraps (Hrsg.), *Arbeit als Lebensinhalt? Neue Formen der Beschäftigung im IT-Bereich* (S. 252-274). Münster: Waxmann.

Hoff, E.-H. (im Druck). Alte und neue Formen der Lebensgestaltung. Segmentation, Integration und Entgrenzung von Berufs- und Privatleben. In K. Jurczyk & M. Oechsle (Hrsg.), Das Private neu denken. Münster: Verlag Westfälisches Dampfboot.

Hoff, E.-H., Grote, S., Dettmer, S., Hohner, H.-U. & Olos, L. (2005). Work-Life-Balance: berufliche und private Lebens-gestaltung von Frauen und Männern in hoch qualifizierten Berufen. *Zeitschrift für Arbeits- und Organisationspsychologie, 49,* 196-207.

Hofmann-Lun, I., Schönfeld, S. & Tschirner, N. (1999). *Mentoring für Frauen.* Eine Evaluation verschiedener Mentoring-Programme, Ergebnisbericht. München: Deutsches Jugendinstitut.

Hohner, H.-U. & Hoff, E.-H. (2008). Berufliche Entwicklung und Laufbahnberatung. In F. Petermann & W. Schneider (Hrsg.), *Angewandte Entwicklungspsychologie.* Enzyklopädie der Psychologie (S. 827-857). Göttingen: Hogrefe.

Holenweger, T. & Conrad, H. (Hrsg.)(1998). *Arbeit und Zeit.* Neue Arbeitszeitmodelle aus der Praxis. Zürich: Kontrast.

Holti, R. & Stern, E. (1986). *Distance working, origins – diffusion – prospects.* Publication No. EUR 10692 EN. Brussels: Commission of the European Communities.

Höpflinger, F., Beck, A., Grob, M. & Lüthi, A. (2006). *Arbeit und Karriere: Wie es nach 50 weitergeht*. Eine Befragung von Personalverantwortlichen in 804 Schweizer Unternehmen. Zürich: Avenir Suisse.

Hoppmann, K. & Stötzel, B. (1981). *Demokratie am Arbeitsplatz*. Ein Modellversuch zur Mitwirkung von Arbeitnehmern an betrieblichen Entscheidungsprozessen. In Bundesminister für Forschung und Technologie (Hrsg.), Schriftenreihe Humanisierung des Arbeitslebens, Band 20. Frankfurt: Campus.

Hoppmann-König, K. (2006). *Mehr Gerechtigkeit wagen*. Autobiographische Collage. Bochumer Forum zur Geschichte des sozialen Protestantismus (Hrsg. G. Brakelmann, N. Friedrich & T. Jänichen). Band 7. Berlin: LIT Verlag.

Hoppmann-König, K. (2007). Mitbestimmung muss gelernt werden. NW-Gespräch von W. Spieler mit Klaus Hoppmann-König. *Neue Wege 101*, S. 169-176.

Hornberger, S. & Weisheit, J. (1999). Telearbeit und Vereinbarkeit von Beruf und Familie. In A. Büssing & H. Seifert (Hrsg.), *Die „Stechuhr" hat ausgedient* (S. 127-145). Berlin: edition sigma.

Hunnicut, B. (1988). *Work without End*: Abandoning Shorter Hours fort he Right to Work. Philadelphia (zitiert nach Rifkin 1996[2]).

Hunnicut, B. (o.J.). *The Death of Kellog's Six-Hour-Day*. University of Iowa (zitiert nach Rifkin 1996[2]).

Hunt, M. (1985). *Profiles of Social Research. The Scientific Study of Social Interactions*. New York: Russell Sage Foundation. Dtsch. Übers. (1991): Die Praxis der Sozialforschung. Reportagen aus dem Alltag einer Wissenschaft. Frankfurt/M.: Campus.

I

Institut für Mittelstandsforschung (IfM) Bonn (2005). *Unternehmensübertragungen 2005 nach Übertragungsursachen und Beschäftigung*. http://www.ifm-bonn.org/ergebnis/nachfolge-abb2.htm, Bonn, 28.10.2005.

International Council for the Quality of Working Life (Ed.) (1979). *Working on the Quality of Working Life*. Leiden: Nijhoff

International Labour Office Geneva (2004). *Multiple job-holding*. Information Sheet No. WT-19.

J

Jackson, P. & van der Wielen, J. (Eds.). (1998). Teleworking: International Perspectives – From Telecommuting to the Virtual Organization. London: Routledge.

Jacobsen, J. P. & Levin, L. M. (1995). Effects of intermittent labor force attachment on women's earnings. *Monthly Labor Review, 118*, 14-19.

Jacobshagen, N., Amstad, F. T., Semmer, N. K. & Kuster, M. (2005). Work-Family-Balance im Topmanagement. Konflikt zwischen Arbeit und Familie als Mediator der Beziehung zwischen Stressoren und Befinden. *Zeitschrift für Arbeits- und Organisationspsychologie, 49*, 208–219.

Jaeger, C., Bieri, L. & Dürrenberger, G. (1987). *Telearbeit – von der Fiktion zur Innovation.* Reihe Arbeitswelt (Hrsg. A. Alioth), Band 4. Zürich: Verlag der Fachvereine.

Jahoda, M. (1983). *Wieviel Arbeit braucht der Mensch*? Arbeit und Arbeitslosigkeit im 20.Jahrhundert. Weinheim: Beltz.

Janßen, D. & Nachreiner, F. (2005). Auswirkungen flexibler Arbeitszeiten in Abhängigkeit von ihrer Vorhersehbarkeit. In Gesellschaft für Arbeitswissenschaft (Hrsg.). *Personalmanagement und Arbeitsgestaltung.* Bericht zum 51. Kongress der Gesellschaft für Arbeitswissenschaft (S.305-308). Dortmund: GfA-Press.

Jiménez, P. (2002). Specific influences of job satisfaction and work characteristics on the intention to quit: Results of different studies. *Psychologische Beiträge, 44* (4), 569- 603.

Jiménez, P. (2006). Arbeitszufriedenheit als Mittlervariable in homöostatischen Feedbackprozessen. Eine kybernetische Perspektive. In L. Fischer(Hrsg.). *Arbeitszufriedenheit.* Konzepte und empirische Befunde. 2. Auflage (S. 160-186). Göttingen: Hogrefe.

Judge, T. A., Cable, D. M., Boudreau, J. W. & Bretz, R. D., Jr. (1995). An empirical investigation of the predictors of executive career success. *Personnel Psychology, 48*, 485-519.

Judiesch, M. K. & Lyness, K. S. (1999). Left behind? The impact of leaves of absence on managers' career success. *Academy of Management Journal, 42*, 641-651.

Jürgens, K. (2000). Das Modell Volkswagen – Beschäftigte auf dem Weg in die atmende Fabrik. *Zeitschrift für Arbeitswissenschaft, 54*, 89-96.

Jürgens, K. (2001). Volkswagen – Exportschlager in Sachen Arbeitszeit? In E. Ulich (Hrsg.), *Beschäftigungswirksame Arbeitszeitmodelle* (S.41-63). Schriftenreihe Mensch, Technik, Organisation (Hrsg. E. Ulich), Band 29. Zürich: vdf Hochschulverlag.

Jürgens, K. & Reinecke, K. (1998). Zwischen Volks- und Kinderwagen. Auswirkungen der 28,8-Stunden-Woche bei der VW AG auf die familiale Lebensführung von Industriearbeitern. Berlin: edition sigma.

Jurczyk, K. (2004). Familie in einer neuen Erwerbswelt – Herausforderungen für eine nachhaltige Familienpolitik. In EKFF (Hrsg.). *Zeit für Familien.* Beiträge zur Vereinbarkeit von Familien- und Erwerbsalltag aus familienpolitischer Sicht (S. 107-128).). Bern: EKFF.

Jurczyk, K. (2008). Vereinbarkeit von Beruf und Familie heute – mehr Risiken als Chancen? *Impulse. Newsletter zur Gesundheitsförderung 2008, 3*, S. 3-4.

K

Kadishi, B. (2001). *Schlüsselkompetenzen wirksam erfassen: Personalselektion ohne Diskriminierung*. Altstätten: Tobler.

Kammermeyer-Mueller, J. D. & Judge, T. A. (2008). A quantitative review of mentoring research: Test of a model. *Journal of Vocational Behavior, 72*, 269- 283.

Katz, C., Ruch, L., Betschart, H. & Ulich, E. (1987). *Arbeit im Büro von morgen.* Technologie, Organisation, Arbeitsinhalte und Qualifikationsanforderungen. Zürich: Verlag des Schweizerischen Kaufmännischen Verbandes.

Keese, D. (2002). Geschlechtstypische Nachfolgeprobleme in kleinen und mittleren Unternehmen. *Wirtschaftspsychologie aktuell, Heft 4,* 34-38.

Kelly, T. F. & Singer, L. (1971). The Gary Income Maintenance Experiment: Plans and Progress. *The American Economic Review,61, 2,* 30-38.

Kershaw, D. & Fair, J. (1976). *The New Jersey Income Maintenance Experiment.* Vol.1. New York: Academic Press.

Kettschau, I. (1996). *Hausarbeit, Familie und Gesellschaft* – Anforderungen und Leistungen. Vortrag an der FernUniversität Gesamthochschule Hagen, März 1996.

Keynes, J. M. (1956). Wirtschaftliche Möglichkeiten für unsere Enkelkinder. Deutsche Übersetzung eines 1930 in Nation und Athenäum erschienenen Beitrages. In J. M Keynes (1956). *Politik und Wirtschaft, Männer und Probleme* (S.263-272). Tübingen: Mohr.

Kinnunen, U. & Pulkkinen, L. (2001). Linking job characteristics of parenting behavior via job-related affect. In J. R. M. Gereris (Ed.), *Dynamics of Parenting* (pp. 233-249).

Kivimäki, M., Head, J., Ferrie, J.E., Hemingway, H., Shipley, J., Vahtera, J. & Marmot, M.G. (2005) Working While Ill as a Risk Factor for Serious Coronary Events: The Whitehall II Study. *American Journal of Public Health 2005,95,* 98–102.

Klages, H. (2000). Engagementpotenzial in Deutschland. In J. Braun & H. Klages (Hrsg.), *Zugangswege zum freiwilligen Engagement und Engagementpotenzial in den neuen und alten Bundesländern* (S. 114-198). Stuttgart: Kohlhammer.

Klemens, S., Wieland, R. & Krajewski, J. (2004). *Fähigkeits- und führungsbezogene Risikofaktoren in der IT-Branche.* In Gesellschaft für Arbeitswissenschaft (Hrsg.), Dokumentation des 50. Arbeitswissenschaftlichen Kongresses vom 24. bis 26. März 2004 in Zürich (S. 295-300). Dortmund: GfA-Press.

Klemp, A. & Klemp, J. (1976). *Arbeitsverteilung und Freizeitgestaltung.* Schriften der Kommission für wirtschaftlichen und sozialen Wandel, Band 39. Göttingen: Otto Schwartz.

Klumb, P. L. & Gemmiti, M. (im Druck). Harmonisierung von Berufs- und Privatleben: Vorsicht vor schnellen Lösungen. In E. Bamberg, A. Ducki & A.-M. Metz, (Hrsg.), *Betriebliche Gesundheitsförderung und Gesundheitsmanagement*. Göttingen: Hogrefe.

Knauth, P. (1997). *Besser leben mit Schichtarbeit.* Hilfen für Schichtarbeiterinnen und Schichtarbeiter (3. Aufl.). Essen: Bundesverband der Betriebskrankenkassen.

Knauth, P. (2009). Wahlarbeitszeit – ein Zukunftsmodell. *Zeitschrift für Arbeitswissenschaft, 62*, 123-125.

Knauth, P. & Rutenfranz, J., (1987). Arbeitszeitgestaltung. In U. Kleinbeck & J. Rutenfranz (Hrsg.), *Arbeitspsychologie* (S. 533-576). Enzyklopädie der Psychologie, Serie III, Band 1. Göttingen: Hogrefe.

Knesebeck, v. d. O., Joksimovic, L., Dragano, N. & Siegrist, J. (2004). Belastungen am Arbeitsplatz und in der Familie: Die Auswirkungen von „Spillover"-Effekten auf depressive Symptome. In M. Kastner (Hrsg.), *Die Zukunft der Work Life Balance* (S. 261-281). Kröning: Asanger.

Kommission für Zukunftsfragen der Freistaaten Sachsen und Bayern (1997). Erwerbstätigkeit und Arbeitslosigkeit in Deutschland. Teil III: *Maßnahmen zur Verbeserung der Beschäftigungslage.* Bonn: Institut für Wirtschaft und Gesellschaft.

Kondratieff, N. (1926). Die langen Wellen der Konjunktur. *Archiv für Sozialwissenschaft und Sozialpolitik, 56*, 573-609.

Konrad, A. M. & Mangel, R. (2000). The impact of work-life programs in firm productivity. *Strategic Management Journal, 21*, 1225-1237.

Konradt, U. & Hertel, G. (2007). *Telekooperation und virtuelle Teamarbeit.* München: Oldenbourg Wisenschaftsverlag.

Konradt, U., Schmook, R. & Mälecke, M. (2000). Implementation of telework and impacts on individuals, organizations, and families: A critical review of the literature. In C.L. Cooper & I.T. Robertson (Eds.), *International Review of Industrial and Organizational Psychology*, Vol. XV (pp. 63-99). Chichester: Wiley.

Konradt. U. & Wilm, A. (1999). Gesundheitsförderung an Telearbeitsplätzen: Durchführung von Gesundheitszirkeln. *Zeitschrift für Gesundheitswissenschaft, 7,* 267-285.

Kordey, N. & Schubert, T. (2001). Telearbeit von Frauen in der Europäischen Union: Ein Überblick in Daten. In: G. Winker (Hrsg.), *Telearbeit und Lebensqualität.* Zur Vereinbarung von Beruf und Familie (S. 93-120). Frankfurt/M.: Campus.

Kornhauser, A. (1965). *Mental Health of the Industrial Worker*: A Detroit Study. New York: Wiley.

Krajewski, J. & Wieland, R. (2003). Silent Room – die andere Mittagspause im Call Center. *Wirtschaftspsychologie aktuell, 4,* 50-53.

Krause, A., Schüpbach, H., Ulich, E. & Wülser, W. (2008). *Arbeitsort Schule.* Organisations- und arbeitspsychologische Perspektiven. Wiesbaden: Gabler.

Krause, E. (1933). Leistungssteigerung durch Arbeitswechsel. *Industrielle Psychotechnik, 10,* 97-106.

Kruse, A. & Packebusch, L. (2006). Alter(n)sgerechte Arbeitsgestaltung. In B. Zimolong & U. Konradt (Hrsg.). *Ingenieurpsychologie* (S.425-458). Enzyklopädie der Psychologie, Serie III, Band 2. Göttingen: Hogrefe.

Kuark, J. K. (2002). TopSharing: Jobsharing in Führungspositionen. In S. Manchen & Udris (Hrsg.) Themenheft „Management und Geschlecht". *Wirtschaftspsychologie 4,* 70-77.

Kuark, J. K. & Locher, H. U. (1999). „Jobsharing – Topsharing. Führung ist nicht teilbar oder doch?". *Magazin der Universität Zürich Nr. 3 und Bulletin der ETH Zürich Nr. 275,* 46-47.

Külp, B. & Müller, R. (1973). Alternative Verwendungsmöglichkeiten wachsender Freizeit. *Schriften der Kommission für wirtschaftlichen und sozialen Wandel,* Band 4. Göttingen: Otto.

Künzler, J. (1994). *Familiale Arbeitsteilung.* Die Beteiligung von Männern an der Hausarbeit. Bielefeld: Kleine.

Küpper, B. & Bierhoff, H. (1999). Liebe Deinen Nächsten, sei hilfreich ... Hilfe ehrenamtlicher Helfer im Zusammenhang mit Motiven und Religiosität. *Zeitschrift für Differentielle und Diagnostische Psychologie, 20* , 217-230.

Kuhnert, P. (2004). Work Life Balance trotz Arbeitslosigkeit und instabiler Beschäftigung? Paradoxie oder neue Chance? In M. Kastner (Hrsg.), *Die Zukunft der Work Life Balance* (S. 141-194). Kröning: Asanger.

Kuhnert, P. & Kastner, M. (2002). Neue Wege in Beschäftigung – Gesundheitsförderung bei Arbeitslosigkeit (S. 373-406). In B. Röhrle (Hrsg.), *Prävention und Gesundheitsförderung* (Band 2; S. 373-406). Tübingen: dgvt-Verlag.

L

Lackowski, A. (1984). Fallstudie 43. Teilzeitarbeit – Ein Weg zur Flexibilisierung der Arbeitszeit. In B. Pressmar: *Arbeitszeitverkürzung* (S. 143-160). Schriften zur Unternehmensführung (Hrsg. H. Jacob), Band 31. Wiesbaden: Gabler.

Lademann, J., Mertesacker, H. & Gebhardt, B. (2006). Psychische Erkrankungen im Fokus der Gesundheitsreporte der Krankenkassen. *Psychotherapeutenjournal, 2*, 123-129.

Lambert, S. J. (1990). Processes linking work and family: A critical review and research agenda. *Human Relations, 43*, 239-257.

Landrigan, C. P., Rothschild, J. M., et al. (2004). Effects of Reducing Interns' Work Hours on Serious Medical errors in Intensive Care Units. *The New England Journal of Medicine, 351* (18), 1838-1848.

Lang-von Wins, T. (2004). *Der Unternehmer. Arbeits- und organisationspsychologische Grundlagen*. Berlin: Springer.

Lang-von Wins, T., Mohr, G. & v. Rosenstiel, L. (2004). Kritische Laufbahnübergänge: Erwerbslosigkeit, Wiedereingliederung und Übergang in den Ruhestand. In H. Schuler (Hrsg.), *Organisationspsychologie – Grundlagen und Personalpsychologie* (S. 1113-1189). Enzyklopädie der Psychologie, Themenbereich D, Serie III, Band 3. Göttingen: Hogrefe.

Lehr, U. (1974). Der Mensch und seine Freizeit. In R. Schmitz-Scherzer (Hrsg.), Freizeit. Frankfurt/M.: Akademische Verlagsgesellschaft. (Auszugsweiser Nachdruck aus Lehr, U. (1961). Freizeit aus psychologischer Sicht. In: *Der Mensch und seine Freizeit* (S. 29-48). Berliner Landesausschuss für gesundheitliche Volksbelehrung.

Lenhardt, G. (2006). Deutsche Zerrbilder amerikanischer Hochschulen. *Die Hochschule (Heft 1),* 149-169.

Lenhardt, U., Kuhn, J. & Reusch, J. (2010). Anhang Die Arbeitswelt von heute. Daten, Schwerpunkte, Trends. In L. Schröder & H.-J. Urban (Hrsg.), *Gute Arbeit.* Handlungsfelder für Betriebe, Politik und Gewerkschaften. Ausgabe 2010 (S. 429-491). Frankfurt/M.: Bund-Verlag.

Levi, L. (2002). Würze des Lebens oder Gifthauch des Todes? Magazin Ausgabe 5 – *Stress lass nach* (S. 11-13). Bilbao: Europäische Agentur für Sicherheit und Gesundheitsschutz am Arbeitsplatz.

Lewin, K. (1920). Die Sozialisierung des Taylor-Systems. *Schriftenreihe Praktischer Sozialismus 4,* 3-36.

Lewin, K. (1928). Die Bedeutung der „psychischen Sättigung" für einige Probleme der Psychotechnik. *Psychotechnische Zeitschrift, 3,* 182-188.

Linden, H. (2000). *25 Jahre „Demokratie im Alltag".* Die gemeinnützige Stiftung der Martin Hoppmann GmbH. Siegen: Stiftung „Demokratie im Alltag".

Lipmann, O. (1932). *Lehrbuch der Arbeitswissenschaft.* Jena: G. Fischer.

Lizotte, K. (2001). Are balance benefits for real? *Journal of Business Strategy, 22,* 32-34.

Lockley, S. W., Cronin, J. W., et al. (2004). Effects of Reducing Interns' Weekley Work Hours on Sleep and Attentional Failures. *The New England Journal of Medicine 351 (18),* 1829-1837.

Lübbe, H. (1997). *Europäische Arbeitsphilosophie.* Vortrag am 43. Kongress der Gesellschaft für Arbeitswissenschaft, Dortmund, 12.-14.3.1997.

Lüders, E., Resch, M. & Weyerich, A. (1992). Auswirkungen psychischer Anforderungen und Belastungen in der Erwerbsarbeit auf das ausserbetriebliche Handeln. *Zeitschrift für Arbeits- und Organisationspsychologie, 36,* 92-97.

Lümkemann, D. (2004). Work Life Balance durch körperliche Aktivität. In M. Kastner (Hrsg.), Die Zukunft der Work Life Balance (S. 195-219). Kröning: Asanger.

Lundberg, G. A., Komarovsky, M. & McInery, M. A. (1934). Leisure. A Suburban Study. New York: Columbia University Press.

Lundberg, U. (1996). Work, stress and musculoskeletal disorders. In P. Ullsperger, M. Ertel & G. Freude (Eds.), *Occupational Health and Safety Aspects of Stress at Modern Workplaces* (pp.66-78). Schriftenreihe der Bundesanstalt für Arbeitsmedizin, Tagungsbericht 11. Bremerhaven: Wirtschaftsverlag.

M

MacLeod, G. (1997). *From Mondragon to America*. Sydney: University College of Cape Breton Press.

Major, V. S., Klein, K. J. & Ehrhart, M. G. (2002). Work time, work interference with family, and psychological distress. *Journal of Applied Psychology, 87,* 427- 236.

Mattocks, C., Ness, A., Deere, K., Tilling, K., Leary, S., Blair, S. N. & Riddoch, Ch. (2007). Early life determinants of physical activity in 11 to 12 year olds: cohort study. *British Medical Journal, January 2007*, 26-29.

Maynard, R. (1977). Some Aspects of Income Distribution. The Effects of the Rural Income Maintenance Experiment on the School Performance of Children. *The American Economic Review, 67, No. 1,* 370-375.

Meier, U., Küster, Ch. & Zander, U. (2004). Alles wie gehabt? – Geschlechtsspezifische Arbeitsteilung und Mahlzeitenmuster im Zeitvergleich. In Statistisches Bundesamt (Hrsg.), *Alltag in Deutschland. Analysen zur Zeitverwendung* (Forum der Bundesstatistik, Band 43; S. 114-130). Wiesbaden.

Meijman, T. F. & Mulder, G. (1998). Psychological aspects of workload. In P. J. D. Drenth, H. Thierry & J. de Wolff (eds.), *Handbook of work and organizational psychology* (2nd ed., pp. 5-33). Hove: Psychology Press/Erlbaum.

Meissner, M. (1971). The long arm of the job: A study of work and leisure. *Industrial Relations, 10,* 239-260.

Melchers, F. & Zölch, M. (2001). Führungskräfte in Teilzeitarbeit: Beweggründe, Arbeitsorganisation, Kommunikation. In E. Ulich (Hrsg.), *Beschäftigungswirksame Arbeitszeitmodelle* (S. 331-351). Schriftenreihe Mensch, Technik, Organisation, Band 29. Zürich: vdf Hochschulverlag.

Melin, B., Lundberg, U., Söderlund, J. & Granqvist, M. (1999). Psychological and physiological stress reactions of male and female assembly workers: a comparison between two different forms of work organization. *Journal of Organizational Behavior, 20,* 47-61.

Menke, M. (1998). *Planung der Unternehmensnachfolge.* Hamburg: Verlag Dr. Kovač.

Metz-Göckel, S. (2004). Wenn die Arbeit die Familie frisst: Work Life Balance als Genderproblem? In M. Kastner (Hrsg.), *Die Zukunft der Work Life Balance* (S. 107-139). Kröning: Asanger.

Mieg, H. A. & Wehner, T. (2002). Frei-gemeinnützige Arbeit. Eine Analyse aus Sicht der Arbeits- und Organisationspsychologie. *Harburger Beiträge zur Psychologie und Soziologie der Arbeit, Nr. 33.* Technische Universität Hamburg-Harburg.

Miller, R. (1979). *Job Change Behavior in the Rural Income Maintenance Experiment.* Institute for Research on Poverty Discussion Papers. Madison: Wisconsin University.

Moldaschl, M. (2001). Herrschaft durch Autonomie – Dezentralisierung und widersprüchliche Arbeitsanforderungen. In B. Lutz (Hrsg.), *Entwicklungsperpektiven von Arbeit* (S. 132-164). Berlin: Akademie-Verlag.

Moldaschl, M. (2005). Ressourcenorientierte Analyse von Belastung und Bewältigung in der Arbeit. In M. Moldaschl (Hrsg.), *Immaterielle Ressourcen* (S. 243-280), München: Rainer Hampp.

Moldaschl, M. (2010). Widersprüchliche Arbeitsanforderungen. Ein nichtlinearer Ansatz zur Analyse von Belastung und Bewältigung in der Arbeit. In G. Faller (Hrsg.), *Lehrbuch Betriebliche Gesundheitsförderung* (S. 82-94). Bern: Huber.

Moldaschl, M. & Voß, G. G. (Hrsg.) (2002). *Subjektivierung von Arbeit.* München: Rainer Hampp.

Morf, M. & Alexander, P. (1984). *The Electronic Cottage*. State-of-the-Art-Paper. Office for Research in High Technology Education, University of Tennessee. December 1984.

Moskowitz, M. & Levering, R. (2003). 10 great companies to work for in Europe: Mondragon. *Fortune*, January 7.

Müller, G. F. (2005). Unternehmerische Eignung, Selbstführungskompetenz und unternehmerische Berufsorientierung. *Wirtschaftspsychologie, 7*, 42-50.

Münsterberg, H. (1912). *Psychologie und Wirtschaftsleben*. Leipzig: J.A. Barth.

Münzel, G. (2004). *Studie zum Bericht zur Freiwilligenarbeit in der Schweiz* (unter Mitarbeit von S. Guzzi Heeb, E. Nadai, B. Kadishi u. J. Schön-Bühlmann). Neuchâtel: Bundesamt für Statistik.

Munnell, A. H. (1987). Lessons from the Income Maintenance Experiments: An Overview. *New England Economic Review, May/June, 32-45.*

N

Nachreiner, F. (1984). Psychologische Probleme der Arbeitszeit – Schichtarbeit und ihre psychosozialen Konsequenzen. *Universitas, 39*, 349-356.

Naegele, G. (2004). Verrentungspolitik und Herausforderungen des demografischen Wandels in der Arbeitswelt. In M. v. Cranach, H.-D. Schneider, E. Ulich & R. Winkler (Hrsg.), *Ältere Menschen im Unternehmen* (S. 189-219). Bern: Haupt.

Nakabayashi, S., Teramoto, N., Kawakita, K., Shimoda, M. & Kobo, K. (1986). C&C Satellite Office and Network. *NEC Research and Development, 4*, 8-18.

Naleppa, M. (2002). Freiwillige in der Sozialen Arbeit – Volunteering in den USA. In D. Rosenkranz & A. Weber (Hrsg.), *Freiwilligenarbeit* (S. 119-132). Weinheim: Juventa.

Nefiodow, L. (2000). *Der sechste Kondratieff* (4. Aufl.). Sankt Augustin: Rhein-Sieg.

Nerdinger, F. W., Blickle, G. & Schaper, N. (2008). *Arbeits- und Organisationspsychologie.* Heidelberg: Springer.

Neuloh, O. (1964). Sozialisation und Schichtarbeit. *Soziale Welt, 15,* 50-70.

Ng, T. W. H., Eby, L. T., Sorensen, K. L. & Feldman, D. C. (2005). Predictors of objective and subjective career success: A meta-analysis. *Personnel Psychology, 58,* 367-408.

NICHD (1998). Early child care and self-control, compliance, and problem behavior at twenty-four and thirty-six months. *Child Development, 69,* 1145-1170.

NICHD (2003). Amount of time spent in child care predicts socioemotional adjustment during the transition to kindergarten? *Child Development, 74,* 976-1005.

Nielson, T. R., Carlson, D. S. & Lankau, M. J. (2001). The supportive mentor as a mean of reducing work-family conflict. *Journal of Vocational Behavior, 59,* 364- 381.

Nitsche, L. & Richter, P. (2003). Tätigkeiten ausserhalb der Erwerbsarbeit. Evaluation des TAURIS-Projektes. Münster: LIT.

Noll, H.-H. 1997: Wohlstand, Lebensqualität und Wohlbefinden in den Ländern der Europäischen Union. In S. Hradil & S. Immerfall (Hrsg.): *Die westeuropäischen Gesellschaften im Vergleich* (S. 431-473). Opladen: Leske und Budrich.

Noll, H.-H. (2000): Konzepte der Wohlfahrtsentwicklung*: Lebensqualität und „neue" Wohlfahrtskonzepte.* Discussion Paper P00-505, Wissenschaftszentrum Berlin für Sozialforschung (WZB).

O

Oberlander, W. (2010). Die berufliche Situation junger Ärztinnen und Ärzte. In P. Angerer & F. W. Schwartz (Hrsg.), *Arbeitsbedingungen und Befinden von Ärztinnen und Ärzten* (S. 177-125). Report Versorgungsforschung (Hrsg. C. Fuchs, B.-M. Kurth & P. C. Scriba), Band 2. Köln: Deutscher Ärzte-Verlag.

Olson, G. I. & Schober, B. I. (1993). The satisfied poor. *Social Indicators Research, 28,* 173-193.

Olson, M. H. & Primps, S. B. (1984). Working at home with computers: Work and nonwork issues. *Journal of Social Issues, 40,* 97-112.

Orendi, B. (1990). Sozialzeit statt Arbeitszeit und Freizeit ? In F. Frei & I. Udris (Hrsg.), *Das Bild der Arbeit* (S. 329-340). Bern: Huber.

Ott, N. (1992). *Interfamily Bargaining and Households Decisions.* Berlin: Springer.

Otto, J. H. (1994). Möglichkeiten und Grenzen der Erfassung aktivierungsinduzierter Befindensveränderungen mit Hilfe eines zweidimensionalen Modells. In R. Wieland-Eckelmann, H. Allmer, K. W. Kallus & J. H. Otto (Hrsg.), *Erholungsforschung.* Beiträge der Emotionspsychologie, Sportpsychologie und Arbeitspsychologie (S. 16-44). Weinheim: Psychologie Verlags Union.

o.V. (2005). DAK-Gesundheitsreport. Krankenstand sinkt deutlich – Psychische Erkrankungen steigen dramatisch. *Basi infoprint 2,* 10-12.

P

Parasuraman, S., Purohit, Y. S., Godshalk, V. M. & Beutell, N. J. (1996). Work and family variables, entrepreneurial career success, and psychological well-being. *Journal of Vocational Behavior, 48,* 275-300.

Paul, K. & Moser, K. (2001). Negatives psychisches Befinden als Wirkung und Ursache von Arbeitslosigkeit. In J. Zempel, J. Bacher & K. Moser (Hrsg.), *Erwerbslosigkeit – Ursachen, Auswirkungen und Interventionen* (S. 81-110). Opladen: Leske + Budrich.

Pearce, P. L. (1987). Psychological studies of tourist behavior and experience. *Australian Journal of Psychology, 39,* 173-182.

Perlow, L. (1998). Boundary control: The social ordering of work and family time in a high-tech corporation. *Administrative Science Quarterly, 43,* 328-357.

Perlow, L. A. & Porter, J. L. (2010). Weniger arbeiten – mehr leisten. *Harvard Business Manager 2010, 1,* 24-35.

Perry-Jenkins, M., Repetti, R. L. & Crouter, A. C. (2000).Work and familiy in the 1990s. *Journal of Marriage and the Family, 62,* 981-998.

Peter, S., Portmann, N. & Ulich, E. (2001). Beschäftigungs-wirksame Arbeitszeitmodelle – Evaluation des Solidaritäts-modells bei der Post. In E. Ulich (Hrsg.), *Beschäftigungswirksame Arbeitszeitmodelle* (S. 87-107). Schriftenreihe Mensch, Technik, Organisation, Band 29. Zürich: vdf Hochschulverlag.

Peter, S. & Strohm, O. (2001). Beschäftigungswirksame Arbeitszeitmodelle – Erfahrungen aus dem Gesundheits-bereich. In E. Ulich (Hrsg.), *Beschäftigungswirksame Arbeitszeitmodelle* (S. 129-164). Schriftenreihe Mensch, Technik, Organisation, Band 29. Zürich: vdf Hochschulverlag.

Peter, S. & Ulich, E. (2003). Analyse der Arbeitssituation von Assistenz- und Oberärztinnen und -ärzten: Erfahrungen aus zwei Projekten. In E. Ulich (Hrsg.), *Arbeitspsychologie in Krankenhaus und Arztpraxis* (S. 75-98). Schriften zur Arbeitspsychologie (Hrsg. E. Ulich), Band 61 . Bern: Huber.

Peters, K. (2001). Die neue Autonomie in der Arbeit. In W. Glissmann & K. Peters (Hrsg.), *Mehr Druck durch mehr Freiheit.* Die neue Autonomie in der Arbeit und ihre paradoxen Folgen (S. 18-40). Hamburg: VSA.

Petzold, M. & Nickel, H. (1989). Grundlagen und Konzept einer entwicklungspsychologischen Familienforschung. *Psychologie in Erziehung und Unterricht, 36,* 241-257.

Pickshaus, K. (2000). Der Arbeit wieder ein Mass geben. In R. Wieland und K. Scherrer (Hrsg.), *Arbeitswelten von morgen* (S.86-93). Wiesbaden: Westdeutscher Verlag.

Pickshaus, K., Schmitthenner, H. & Hrban, H.-J. (Hrsg.)(2001). *Arbeiten ohne Ende.* Neue Arbeitsverhältnisse und gewerkschaftliche Arbeitspolitik. Hamburg: VSA.

Pleck, J. H. (1977). The work-family role system. *Social Problems, 24,* 417-427.

Pöhler, W. (1979). Fünf Jahre Humanisierungsprogramm im Bereich des Bundesministers für Forschung und Technologie. In W. Pöhler (Hrsg.), ... *damit die Arbeit menschlicher wird. Fünf Jahre Aktionsprogramm Humanisierung des Arbeitslebens* (S. 9-37). Bonn: Verlag Neue Gesellschaft.

Pongratz, H. J. & Voß, G. (2003). *Arbeitskraftunternehmer* – Erwerbsorientierungen in entgrenzten Arbeitsformen. Berlin: edition sigma.

Poppelreuter, S. & Wechsung, S. (2002). Change Ability – Psychologische Beratung bei der Lösung von Nachfolgeproblemen in Familienunternehmen. *Wirtschaftspsychologie aktuell, Heft 4,* 15-20.

Portmann, N & Stofer, C. (2001). Topsharing in Schweizer Institutionen. In E. Ulich (Hrsg.), *Beschäftigungswirksame Arbeitszeitmodelle* (S. 353-375). Schriftenreihe Mensch, Technik, Organisation, Band 29. Zürich: vdf Hochschulverlag.

Promberger, M., Rosdücher, J. Seifert, H. & Trinczek, R. (1996a). *Beschäftigungssicherung durch Arbeitszeitverkürzung.* Berlin: edition sigma.

Promberger, M., Rosdücher, J., Seifert, H. & Trinczek, R. (1996b). Akzeptanzprobleme beschäftigungssichernder Arbeitszeitverkürzungen. Empirische Evidenz zweier Beschäftigungsbefragungen bei der Volkswagen AG und der Ruhrkohle AG. *Mitteilungen aus der Arbeitsmarkt- und Berufsforschung 29,* 203-218.

Promberger, M. & Trinczek, R. (1995). *Beschäftigtenbefragung bei der VW AG zur 28.8h-Woche.* Ergebnisse einer ersten Grobauswertung. Erlangen-Nürnberg: Institut für Soziologie der Universität.

Pulver, B. (2002). Mobile Arbeit als brachliegendes juristisches Untersuchungsfeld. In L. Rey (Hrsg.), *Mobile Arbeit in der Schweiz* (S. 145 - 157). Zürich: vdf Hochschulverlag.

R

Ragins, B. R. & Cotton, J. L. (1991). Easier said than done: gender differences in perceived barriers to gaining a mentor. *Academy of Management Journal, 34,* 939-951.

Rat der Evangelischen Kirche in Deutschland und Deutsche Bischofskonferenz (1997). *Für eine Zukunft in Solidarität und Gerechtigkeit.* Gemeinsame Texte, Nr.9. Hannover: EKD/ Bonn: Deutsche Bischofskonferenz.

Reick, C. & Kastner, M. (2001). Formen und Ausprägungen neuer Arbeits- und Organisationsformen. In M. Kastner, K. Kipfmüller, W. Quaas, Kh. Sonntag & R. Wieland (Hrsg). *Gesundheit und Sicherheit in Arbeits- und Organisationsformen der Zukunft* (S. 9-24). Werkstattberichte Wb 29. Bremerhaven: Wirtschaftsverlag NW.

Reichwald, R. (Hrsg.). *Mobile Kommunikation – Wertschöpfung, Technologien, neue Dienste*. Wiesbaden: Gabler.

Resch, M. G. (1991). *Haushalt und Familie: Der zweite Arbeitsplatz.* Handlungstheoretische Analyse der Reproduktionsarbeit in Haushalt und Familie. Bern: Huber.

Resch, M. G. (1998). *Arbeitsanalyse im Haushalt.* Erhebung und Bewertung von Tätigkeiten außerhalb der Erwerbsarbeit mit dem AVAH-Verfahren. Zürich: vdf Hochschulverlag.

Resch, M. G. (1999). Verfahren zur Analyse von Arbeit im Haushalt (AVAH). In H. Dunckel (Hrsg.), *Handbuch psychologischer Arbeitsanalyseverfahren* (S. 55-81). Zürich: vdf Hochschulverlag.

Resch, M. G. (2001). Kürzer arbeiten – anders leben? In E. Ulich (Hrsg.), *Beschäftigungswirksame Arbeitszeitmodelle* (S. 23-40). Schriftenreihe Mensch, Technik, Organisation, Band 25. Zürich: vdf Hochschulverlag.

Resch, M .G. (2003). Work-Life Balance – neue Wege der Vereinbarkeit von Berufs- und Privatleben: In Gesellschaft für Arbeitswissenschaft (Hrsg), *Kooperation und Arbeit in vernetzten Welten* (1-8). Stuttgart: Ergonomia.

Resch, M. G. (2007). Familienfreundlichkeit von Unternehmen aus arbeitspsychologischer Sicht. In A. Dilger, I. Gerlach & H. Schneider (Hrsg.), *Betriebliche Familienpolitik. Potenziale und Instrumente aus multidisziplinärer Sicht* (S. 103-124). Wiesbaden: Verlag für Sozialwissenschaften.

Resch, M. G. & Bamberg, E. (2005). Work-Life-Balance – ein neuer Blick auf die Vereinbarkeit von Berufs- und Privatleben? *Zeitschrift für Arbeits- und Organisationspsychologie, 49*, 171-175.

Resch, M. & Hagge, M. (2003). Ärztegesundheit – ein lange vernachlässigtes Thema. In E. Ulich (Hrsg.), *Arbeitspsychologie in Krankenhaus und Arztpraxis* (S. 37-57). Schriften zur Arbeitspsychologie, Band 61. Bern: Huber.

Rey, L. (2002). Mobile Arbeit: Zwischen Hochgefühl und Untergangsstimmung. In L. Rey (Hrsg.), *Mobile Arbeit in der Schweiz* (S. 13-29). Zürich: vdf Hochschulverlag.

Rey, L. (Hrsg.). (2002). *Mobile Arbeit in der Schweiz.* Schriftenreihe Mensch, Technik, Organisation (Hrsg. E. Ulich), Band 28. Zürich: vdf Hochschulverlag.

Reyner, L. A. & Horne, J. A. (1997). Suppression of sleepiness in drivers: Combination of caffeine with a short nap. *Psychophysiology, 34,* 721-725.

Richter, P. (1992). Kompetenz im höheren Lebensalter – Arbeitsinhalt und Alterspläne. In I. Udris (Hrsg.), Arbeit und Gesundheit. *Psychosozial 15 (4),* 33-41.

Richter, P. (2002). Belastung und Belastungsbewältigung in der modernen Arbeitswelt. In J. Schumacher, K. Reschke & H. Schröder (Hrsg.), *Mensch unter Belastung.* Erkenntnisfortschritte und Anwendungsperspektiven in der Stressforschung (S. 44-65). Frankfurt: VAS.

Richter, P. & Nitsche, I. (2002). Langzeiterwerbslosigkeit und Gesundheit – Stabilisierende Effekte durch Tätigkeiten außerhalb der Erwerbsarbeit. *Zentralblatt für Arbeitsmedizin, 52,* 194-199.

Richter, P. & Uhlig, K. (1998). Psychische Belastungen und Ressourcen in der Arbeit und Herz-Kreislauf-Erkrankungen – Ansätze für eine betriebliche Prävention. In E. Bamberg, A. Ducki & A.-M. Metz (Hrsg.), *Handbuch betrieblicher Gesundheitsförderung.* Arbeits- und organisationspsychologische Methoden und Konzepte (S. 407-422). Göttingen: Hogrefe.

Richter, P. & Wardanjan, B. (2000). Die Lernhaltigkeit der Arbeitsaufgabe – Entwicklung und Erprobung eines Fragebogens zu lernrelevanten Merkmalen der Arbeitsaufgabe (FLMA). *Zeitschrift für Arbeitswissenschaft, 54,* 175-183.

Richter, W. (1931). Leistungssteigerung in der Blankschraubenfabrikation durch Einführung von Zwangspausen. *Industrielle Psychotechnik 8,* 129-146.

Richthoff, I. (2002). Unternehmensnachfolge – mit einem gezielten Coaching zum Erfolg. *Wirtschaftspsychologie aktuell, Heft 4*, 24-28.

Rieder, K., Poppitz, A. & Dunkel, W. (2004). Kundenorientierung und Kundenkontrolle im Zugbegleitdienst. In W. Dunkel & G. Voß (Hrsg.), *Dienstleistung als Interaktion*. Beiträge aus einem Forschungsprojekt Altenpflege-Deutsche Bahn-Call Center (S. 77-89). München: Rainer Hampp.

Rifkin, J. (1996). *Das Ende der Arbeit und ihre Zukunft*. 2. Auflage. Frankfurt/M.: Campus.

Ries, W. & Sauer, J. (1991). *Biologisches Alter*. Berlin: Akademie-Verlag.

Riso, S. (2007). Die Auswirkungen des Wandels in der Arbeitswelt auf das wiederholte Auftreten von Muskel- und Skelett-Erkrankungen. *Magazine 10* (Magazin der Europäischen Agentur für Sicherheit und Gesundheitsschutz am Arbeitsplatz), 3-7.

Riso, S. (2007). *Does greater working time flexibility equal better work-life balance?* In Family matters (p. 6-7). Foundation Focus 4. European Foundation for the Improvement of Living and Working Conditions.

Rixgens, P. (2008). Neue Herausforderungen für das betriebliche Gesundheitsmanagement. In Bertelsmann Stiftung (Hrsg.), *Psychische Erkrankungen im Vormarsch* (S. 2-8). Gütersloh: Bertelsmann.

Rohmert, W. (1960). Zur Theorie der Erholungspausen bei dynamischer Arbeit. *Intern. Zeitschr. für angewandte Physiologie einschliesslich Arbeitsphysiologie, 18*, 191-212 .

Rohmert, W. (1961). Rationalisierung durch Pausengestaltung bei Muskelarbeit. *Zentralblatt für Arbeitswissenschaft 15*, 87-92.

Rosenbladt, B. von (Hrsg.). (2000). *Freiwilliges Engagement in Deutschland.* (Ergebnisse der Repräsentativerhebung 1999 zu Ehrenamt, Freiwilligenarbeit und bürgerschaftlichem Engagement). Stuttgart: Kohlhammer.

Roth, W. L. & Zakrzewski, B. M. (2006). *Work Life Balance jenseits der 50-Stunden-Woche*: Motive, Visionen und Lebensgestaltung junger High-Potentials. Kröning: Asanger.

Roth, D. L. & Holmes, D. S. (1985). Influence of physical fitness in determining the impact of stressful life events on physical and psychological health. *Psychosomatic Medicine, 47*, 164-173.

Rubinstein, S. L. (1958). *Grundlagen der Allgemeinen Psychologie*. Berlin: Volk und Wissen.

Rudow, B. (1994). Eine Konzeption zur Belastungs-Beanspruchungs-Erholungs-Sequenz unter Berücksichtigung der Beziehung von Burnout und Sportaktivität. In R. Wieland-Eckelmann, H. Allmer, K. W. Kallus & J. H. Otto (Hrsg.), *Erholungsforschung*. Beiträge der Emotionspsychologie, Sportpsychologie und Arbeitspsychologie (S. 156-173). Weinheim: Psychologie Verlags Union.

Rürup, B. & Gruescu, S. (2005). *Familienorientierte Arbeitszeitmuster –* Neue Wege zu Wachstum und Beschäftigung. Berlin: Bundesministerium für Familie, Senioren, Frauen und Jugend.

Rupp, H. (1928, 1929). Die Aufgaben der psychotechnischen Arbeits-Rationalisierung. *Psychotechnische Zeitschrift, 3*, 165-182, und 4, 17-19.

Rutenfranz, J. & Knauth, P. (1989). *Schichtarbeit und Nachtarbeit*. München: Bayerisches Staatsministerium für Arbeit und Sozialordnung.

S

Salmela-Aro, K. & Wiese, B. S. (2006). Communicating personal goals: Consequences for person perception in the work and family domains. *Swiss Journal of Psychology, 65*, 181-191.

Salkind, N. J. & Haskins, R. (1982). Negative income tax. The impact on children from low-income families. *Journal of Family Issues 3*, No.2, 165-180.

Schackmann, V. (2003). *Unternehmensnachfolge im Familien-betrieb*. Wiesbaden: Gabler Verlag.

Schär Moser, M. (2002). Teilzeitarbeit für Männer. In J. Baillod (Hrsg.) (2002), *Chance Teilzeitarbeit*. Argumente und Materialien für Verantwortliche (S. 133-154). Schriftenreihe Arbeitswelt (Hrsg. A. Alioth), Band 18. Zürich: vdf Hochschulverlag.

Schelsky, H. (1957). *Die skeptische Generation*. Düsseldorf/Köln: Diederichs.

Scheuch, E. K. (1969). Soziologie der Freizeit. In R. König (Hrsg.), *Handbuch der empirischen Sozialforschung*, Band II, S. 735-833. Stuttgart: Enke.

Schmid, B. E. (2009). *Beteiligungsorientierung in Unternehmen*. Eine Studie zum Einfluss von partizipativen Strukturen und Verfahren auf die psychologische Bindung von Unternehmensmitgliedern. Innsbruck: Innsbruck University Press.

Schmidt, A. (2000). *Mit Haut und Haaren*: Die Instrumentali-sierung der Gefühle in der neuen Arbeitsorganisation. Denkanstösse – IG Metaller in der IBM, Mai, 25-42.

Schmitz-Scherzer, R. (1974). Einleitung. In R. Schmitz-Scherzer (Hrsg.), *Freizeit* (S. 1-6). Frankfurt/M.: Akademische Verlagsgesellschaft.

Schmook, R. & Konradt, U. (2000). Telearbeit, Freizeit und Familie – Analyse der Zeitbudgets und der erlebten Beanspruchung. *Zeitschrift für Familienforschung 12*, 39-57.

Schneer, J. A. & Reitman, F. (1997). The interrupted managerial career path: A longitudinal study of MBAs. *Journal of Vocational Behavior, 51*, 411-434.

Schneider, N. F., Limmer, R. & Ruckdeschel, K. (2002). Mobil, flexibel, gebunden: *Familie und Beruf in der mobilen Gesellschaft*. Frankfurt/M.: Campus.

Schooler, C., Mulatu, M. S. & Oates, G. (1999). The continuing effects of substantively complex work on the intellectual functioning of older workers. *Psychology and Aging, 14*, 483-506.

Schönfeld, S. & Tschirner, N. (2002). Mentoring: Konzept und Erfahrungen. *Wirtschaftspsychologie, 4*, 85-91.

Schraps, U. (2007). *Sicherung von Employability und Work-Life-Balance durch Lebensgestaltung*: Ergebnisse aus einer qualitativen Längsschnittstudie im IT- Bereich. Vortrag auf der 5. Tagung der Fachgruppe für Arbeits- und Organisations-psychologie der DGPs, Trier 2007.

Schüpbach, H. H., Zölch, M. & Soll, K. (2001). Arbeitszeitverkürzung und Arbeitszeitgestaltung – Gesetzliche Rahmenbedingungen und betriebliche Projekte in Frankreich. In E. Ulich (Hrsg.), *Beschäftigungswirksame Arbeitszeitmodelle* (S. 251-285). Schriftenreihe Mensch, Technik, Organisation, Band 29. Zürich: vdf Hochschulverlag.

Schüren, P. (1996). Gleitzeitsysteme. Inhaltsschranken der Zeitsouveränität. *Arbeit und Recht 10*, 381-386.

Schuler, F. (1993). Arbeitszeit bei der Hewlett-Packard GmbH – Strategie und betriebliche Erfahrungen. In R. Marr (Hrsg.), *Arbeitszeitmanagement* (S.256-263). 2. Auflage. Berlin: Erich Schmidt.

Schulz F. & Blossfeld, H.-P. (2006). Wie verändert sich die häusliche Arbeitsteilung im Eheverlauf. Eine Längsschnittstudie der ersten 14 Ehejahre in Westdeutschland. *Kölner Zeitschrift für Soziologie und Sozialpsychologie, 58*, 23-49.

Schweizerisches Staatssekretariat für Wirtschaft SECO (2007). *KMU-Handbuch Beruf und Familie*. Bern: Staatssekretariat für Wirtschaft. www.admin.seco.ch.

Schweizerisches Staatssekretariat für Wirtschaft SECO und Bundesamt für Sozialversicherungen BSV (2009). *Informationsplattform Vereinbarkeit Beruf und Familie*: Massnahmen der Kantone und Gemeinden (www.berufundfamilie.admin.ch).

Schweizerische Vereinigung für Datenverarbeitung SVD (Hrsg.) (1990). *Telearbeit – Eine neue Arbeitsform*. Zürich: SVD.

Sellach, B., Enders-Dragässer, U. & Libuda-Köster, A. (2005). *Besonderheiten der Zeitverwendung von Frauen und Männern*. Frankfurt a.M.: Gesellschaft für Sozialwissenschaftliche Forschung e.V.

Semmer, N., Grebner, S. & Elfering, A. (2010). „Psychische Kosten" von Arbeit: Beanspruchung und Erholung, Leistung und Gesundheit. In U. Kleinbeck & K.-H. Schmidt (Hrsg.). *Arbeitspsychologie* (S. 325-370). Enzyklopädie der Psychologie, Themenbereich D, Serie III, Band 1. Göttingen: Hogrefe.

Semmer, N. & Richter, P. (2004). Leistungsfähigkeit, Leistungsbereitschaft und Belastbarkeit älterer Menschen. Befunde und Konsequenzen. In M. v. Cranach, H.-D. Schneider, E. Ulich & R. Winkler (Hrsg.), *Ältere Menschen in Unternehmen*. Chancen, Risiken, Modelle (S. 95-116). Bern: Haupt.

Senator für Arbeit (1999). *Neue Arbeitszeitmodelle in Bremen und Bremerhaven*. Bremen: Senator für Arbeit, Frauen, Gesundheit, Jugend und Soziales.

Senghaas-Knobloch, E. (1998). Von der Arbeits- zur Tätigkeitsgesellschaft? *Feministische Studien, 16*, 9-30.

Sharit, J., Czaja, S. J., Hernandez, M. A. & Nair, S. N. (2009). The employability of older workers as teleworkers: An appraisal of issues and an empirical study. *Human Factors and Ergonomics in Manufacturing 19*, 457-477.

Sieber, S. (1974). Toward a theory of role accumulation. *American Sociological Review, 39*, 567-578.

Siegrist, J. (1996a). *Soziale Krisen und Gesundheit.* Göttingen: Hogrefe.

Siegrist, J. (1996b). Adverse health effects of high-effort/low-reward conditions. *Journal of Occupational Health Psychology, 1*, 27-41.

Siegrist, J. (1998). Berufliche Gratifikationskrisen und Gesundheit – ein soziogenetisches Modell mit differentiellen Erklärungsansätzen. In J. Margraf, J. Siegrist & S. Neumer (Hrsg.), *Gesundheits- oder Krankheitstheorie?* Saluto- versus patho-genetische Ansätze im Gesundheitswesen (S. 225-235). Berlin: Springer.

Siegrist, J. (2001): Stress, ageing and quality of life. *European Review, 9*, 487-499.

Siegrist, J. (2002). Effort-reward Imbalance at Work and Health. In P. L. Perrewe & D. C. Ganster (Eds.), *Research in Occupational Stress and Well Being,* Historical and Current Perspectives on Stress and Health, Vol. 2 (pp. 261-291). New York: JAI-Elsevier.

Siegrist, J. und Arbeitsgruppe (2004). *Gesundheitliche Folgen und Herausforderungen.* Expertenkommission „Betriebliche Gesundheitspolitik", Ergebnisse der Arbeitsgruppen. Gütersloh: Bertelsmann Stiftung.

Sime, W. (1988). Discussion: Exercise, fitness, and mental health. In C. Bouchard, R. J. Shepard, T. Stephens, J. R. Sutton & B. D. McPherson (Eds.), *Exercise, Fitness, and Health.* A Consensus of Current Knowledge (pp. 627-633). Champaign, IL: Human Kineics Books.

Simerly, R. L. & Tomkiewicz, J. M. (1997). Human resource management and economic performance: A strategic manage-ment approach. *International Journal of Management, 14*, 282–291.

Simonson, E. & Hebestreit, H. (1930). Zum Verhalten des Wirkungsgrades bei körperlicher Arbeit. 7. Mitteilung: Zur Physiologie des Energieumsatzes. *Pflügers Archiv für die gesamte Physiologie 225*, 498-531.

Sonnentag, S. (2001). Work, recovery activities, and individual well-being: A diary study. *Journal of Occupational Health Psychology, 6*, 196-210.

Sonnentag, S. (2003). Recovery, work engagement, and proactive behaviors: A new look at the interface between nonwork and work. *Journal of Applied Psychology, 88*, 518-528.

Sonnentag, S. & Fritz, Ch. (2007). The recovery experience questionnaire: Development and validation of a measure for assessing recuperation and unwinding from work. *Journal of Occupational Health Psychology, 12*, 204-221.

Specht, K. G. (1961). Arbeit-Beruf-Freizeit. In *Arbeitszeit und Freizeit.* Nürnberger Abhandlungen zu den Wirtschafts- und Sozialwissenschaften, H. 15, 119-130. Berlin: Duncker und Humblot.

Spescha, P. (1981). *Arbeit-Freizeit-Sozialzeit*. Bern: Lang.

Spitzley, H. (2007). Theorie und Empirie der Arbeitszeitflexibilisierung. Leitlinien zur Qualitätsverbesserung der betrieblichen Arbeitszeitgestaltung. In A. Dilger, I. Gerlach & H. Schneider (Hrsg.), *Betriebliche Familienpolitik.* Potentiale und Instrumente aus multidisziplinärer Sicht (S. 125-140). Wiesbaden: Verlag für Sozialwissenschaften.

Staatssekretariat für Wirtschaft (2007). *KMU-Handbuch Beruf und Familie.* Massnahmen zur Vereinbarkeit von Beruf und Familie in kleinen und mittleren Unternehmen. Bern: Eidgenössisches Volkswirtschaftsdepartement.

Standing, G. (1996). *The 'Human Development Enterprise'*. Geneva: International Labor Office.

Stansfeld, S. A., Fuhrer, R., Shipley, M. J. & Marmot, M. G. (1999). Work characteristics predict psychiatric disorder: prospective results from the Whitehall II Study. *Occupational and Environmental Medicine, 56* (5), 302-307.

Statistik Austria (2007). *Struktur und Volumen der Freiwilligenarbeit in Österreich.* Wien: Bundesanstalt für Statistik.

Statistische Ämter des Bundes und der Länder (2007). *Demografischer Wandel in Deutschland:* Bevölkerungs- und Haushaltsentwicklung im Bund und in den Ländern. Wiesbaden.

Statistisches Bundesamt (Hrsg.). (2004). *Alltag in Deutschland. Analysen zur Zeitverwendung* (Forum der Bundesstatistik, Band 43; S. 114-130). Wiesbaden.

Stewart, W. & Barling, J. (1996). Father's work experiences effect children's behavior via job-related affect and parenting behaviors. *Journal of Organizational Behavior 17*, 221-232.

Straubhaar, T. (2010). Ein Grundeinkommen für alle. *Süddeutsche Zeitung Nr. 31*, S. 16.

Straumann, L. D., Hirt, M & Müller, W. R. (1996). *Teilzeitarbeit in der Führung*. Perspektiven für Frauen und Männer in qualifizierten Berufen. Schriftenreihe Arbeitswelt (Hrsg. A. Alioth). Zürich: vdf Hochschulverlag.

Strauss-Blasche, G., Ekmekcioglu, C. & Marktl, W. (2000). Does vacation enable recuperation? Changes in well-being associated with time away from work. *Occupational Medicine, 50*, 167-172.

Strauss-Blasche, G., Ekmekcioglu, C. & Marktl, W. (2002). Moderating effects of vacation on reactions to work- and domestic stress. *Leisure Science, 24*, 1-13.

Strauss-Blasche, G., Reithofer, B., Schobersberger, W., Ekmekcioglu, C. & Marktl, W. (2005). Effect of vacation on health: Moderating factors of vacation outcome. *Journal of Travel Medicine, 12*, 94-101.

Strauss-Blasche, G., Riedmann, B., Schobersberger, W., Ekmekcioglu, C., Riedmann, G., Waanders, R., Fries, D., Mittermayr, M., Marktl, W. & Humpeler, E. (2004). Vacation at moderate and low altitude improves perceived health in individuals with metabolyc syndrome. *Journal of Travel Medicine, 11*, 200-305.

Szymenderski, P. (2004). Der Kunde als Belastungsfaktor. Personenbezogene Dienstleistungsarbeit im Call Center. In: In W. Dunkel & G. Voß (Hrsg.), *Dienstleistung als Interaktion.* Beiträge aus einem Forschungsprojekt Altenpflege-Deutsche Bahn-Call Center (S. 161-177). München: Rainer Hampp.

T

Takahashi, M., Nakata, A., Haratani, T., Ogawa, Y. & Arito, H. (2004). Post-lunch nap as a worksite intervention to promote alertness on the job. *Ergonomics, 47,* 1003-1013.

Teriet, B. (1987). Arbeits- und Betriebszeitflexibilisierung – eine Perspektive ohne Alternative? In Gehrmann, F. & Becker, T. A. (Hrsg.), *Arbeitszeit Flexibilisierung*. Tarifpolitische Erfahrungen und neue Modelle in Westdeutschland, Österreich und der Schweiz (S. 15-22). Frankfurt/M.: Campus.

Teriet, B. (1995). Beschäftigungsorientierte Arbeitszeitregelungen. In *Wege aus der Arbeitslosigkeit* (S. 213–229). Beihefte der Konjunkturpolitik. Zeitschrift für angewandte Wirschaftsforschung, Heft 43. Berlin: Duncker & Humblot.

Thayer, R. E. (1987). Energy, tiredness and tension effects of a sugar snack versus moderate exercise. *Journal of Personality and Social Psychology, 52,* 119-125.

Theobald, R. (Ed.) (1966). *The Guaranteed Income*: Next Step in Socioeconomic Evolution? New York: Doubleday.

Theorell, T. (2003). Flexibility at Work in Relation to Employee Health. In M. J. Schabracq, J. A. M. Winnubst & C. L. Cooper (Eds.), *The Handbook of Work & Health Psychology* (pp. 159-170). Chichester: Wiley.

Thiehoff, R. (2004). Wirtschaftlichkeit des betrieblichen Gesundheitsmanagements – Zum Return on Investment der Balance zwischen Lebens- und Arbeitswelt. In M. Meifert & M. Kesting (Hrsg.), *Gesundheitsmanagement in Unternehmen*. Konzepte – Praxis – Perspektiven. (S. 57-77). Berlin: Springer

Thoits, P. A. & Hewitt, L. N. (2001). Volunteer work and well-being. *Journal of Health and Social Behavior, 42,* 115-131.

Thomas, D. A. & Ely, R. J. (1996). Making differences matter: A new paradigm for managing diversity. *Harvard Business Review,* 5, 75-91.

Thomas, R. R. (2001). *Management of Diversity* – Neue Personalstrategien für Unternehmen. Wie passen Giraffe und Elefant in ein Haus? Wiesbaden: Gabler.

Thompson, C. A., Beauvais, L. L. & Lyness, K. S. (1999). When work-family benefits are not enough: The influence of work-family culture on benefit utilization, organizational attachment and work-family conflict. *Journal of Vocational Behavior, 54,* 392-415.

Thompson, C. A. & Prottas, D. J. (2005). Relationships among organizational family support, job autonomy, perceived control, and employee well-being. *Journal of Occupational Health Psychology, 10,* 100-118.

Thompson, C. A., Thomas, C. C. & Maier, M. (1992). Work-family conflict and the bottom line: Reassessing corporate policies and initiatives. In U. Sekaran & F. T. Leong (Eds.), *Womanpower: Managing in times of demographic turbulence* (pp. 59-84). Newbury Park, CA: Sage.

Tokarski, W. (1979). *Aspekte des Arbeitserlebens als Faktoren des Freizeiterlebens.* Frankfurt: Lang.

Treier, M. (2001). *Zu Belastungs- und Beanspruchungsmomenten der Teleheimarbeit unter besonderer Berücksichtigung der Selbst- und Familienregulation.* Hamburg: Kovac.

Trenberth, L., Dewe, Ph. & Walkey, F. (1999). Leisure and its role as a strategy for coping with work stress. *International Journal of Stress Management, 6,* 89-103.

Trice, A. D. & Knapp, L. (1992). Relationship of children's career aspirations to parental occupations. *Journal of Genetic Psychology, 153,* 355-357.

Triebe, J. K. (1977). Entwicklung von Handlungsstrategien in der Arbeit. *Zeitschrift für Arbeitswissenschaft 31,* 221-228.

Triebe, J. K. (1980). Untersuchungen zum Lernprozess während des Erwerbs der Grundqualifikation (Montage eines kompletten Motors). *Arbeits- und sozialpsychologische Untersuchungen von Arbeitsstrukturen im Bereich der Aggregatefertigung der Volkswagenwerk AG.* Bonn: BMFT 1980, HA 80-019.

Trist, E. L. (1973). Aspects of the transition to post-industrialism. In F. E. Emery & E. L. Trist (Eds.), *Towards a Social Ecology* (pp. 81-210). London: Plenum.

Trojan, A., Füllekrug, B. & S. Nickel (2008). Arbeiten im Krankenhaus: Probleme und Handlungsoptionen im Überblick. In S. Nickel, B. Füllekrug & A. Trojan (Hrsg.), *Arbeitszeitgestaltung im ärztlichen Dienst und Funktionsdienst des Krankenhauses*. Herausforderungen, Modelle, Erfahrungen (S. 183-192). München: Rainer Hampp.

Tsuchiya, N., Nakazawa, K., Kajiki, M., Gokan, T. & Barada, M. (1986). A control and management system for the C&C Satellite Office. *NEC Research and Development, 4, 19-23.*

Tucker, P. (2003). The impact of rest breaks upon accident risk, fatigue and performance: a review. *Work & Stress, 17,* 123-137.

U

Udris, I., Rimann, M. & Thalmann, K. (1994). Gesundheit erhalten, Gesundheit herstellen: Zur Funktion salutogenetischer Ressourcen. In B. Bergmann & P. Richter (Hrsg.), Die *Handlungsregulationstheorie* (S. 198-215). Göttingen: Hogrefe.

Ulich, E. (1957). Zur Frage der Belastung des arbeitenden Menschen durch Nacht- und Schichtarbeit. *Psychologische Rundschau, 8,* 42-61.

Ulich, E. (1964). *Schicht- und Nachtarbeit im Betrieb.* Köln, Opladen: Westdeutscher Verlag.

Ulich, E. (1978). Über das Prinzip der differentiellen Arbeitsgestaltung. *Industrielle Organisation, 47,* 566-568.

Ulich, E. (1980). Bericht über die arbeits- und sozialpsychologische Begleitforschung. In Bundesminister für Forschung und Technologie (Hrsg.), *Gruppenarbeit in der Motorenmontage* (S. 97-142). Schriftenreihe Humanisierung des Arbeitslebens, Band 3. Frankfurt: Campus.

Ulich, E. (1981a). Möglichkeiten autonomieorientierter Arbeitsgestaltung. In M. Frese (Hrsg.), *Stress im Büro* (S. 159-178). Schriften zur Arbeitspsychologie, Band 34. Bern: Huber.

Ulich, E. (1989). Arbeitspsychologische Konzepte der Aufgabengestaltung. In S. Maas & H. Oberquelle (Hrsg.), Software-Ergonomie '89: *Aufgabenorientierte Systemgestaltung und Funktionalität* (S. 51-65). Stuttgart: Teubner.

Ulich, E. (1990). Individualisierung und differentielle Arbeitsgestaltung. In C. Graf Hoyos & B. Zimolong (Hrsg.). *Ingenieurpsychologie* (S. 511-535). Enzyklopädie der Psychologie, Themenbereich D, Serie III, Band 2. Göttingen: Hogrefe.

Ulich, E. (1997). Flexibilisierung und Verkürzung von Arbeitszeiten – ein Beitrag zur Beschäftigungssicherung? In J. Baillod, F. Davatz, C. Luchsinger, M. Stamatiadis & E. Ulich (Hrsg.), *Zeitenwende Arbeitszeit: Wie Unternehmen die Arbeitszeiten flexibilisieren* (S. 15-28). Schriftenreihe Mensch, Technik, Organisation, Band 17. Zürich: vdf Hochschulverlag.

Ulich, E. (2001). Arbeitszeit und Beschäftigung – Vergangenheit und mögliche Zukunft. In E. Ulich (Hrsg.), *Beschäftigungswirksame Arbeitszeitmodelle* (S. 5-21). Schriftenreihe Mensch, Technik, Organisation, Band 29 Zürich: vdf Hochschulverlag.

Ulich, E. (2001). (Hrsg.). *Beschäftigungswirksame Arbeitszeitmodelle.* Schriftenreihe Mensch, Technik, Organisation, Band 29. Zürich: vdf Hochschulverlag.

Ulich, E. (Hrsg.) (2003). *Arbeitspsychologie in Krankenhaus und Arztpraxis.* Arbeitsbedingungen, Belastungen, Ressourcen. Schriften zur Arbeitspsychologie, Band 61. Bern: Huber.

Ulich, E. (2005). *Arbeitspsychologie* (6. Aufl.). Zürich: vdf Hochschulverlag; Stuttgart: Schäffer Poeschel.

Ulich, E. (2007). Von der Work Life Balance zur Life Domain Balance. *Zeitschrift Führung und Organisation, 76*, 188-193.

Ulich, E. (2009). Zurück in die Zukunft der Arbeit – Anmerkungen zu Geschichte und Konzepten industrieller Demokratie. In W. G. Weber & T. Höge (Hrsg.). Demokratie und Partizipation in Organisationen. *Wirtschaftspsychologie 2009,4*, 9-18.

Ulich, E. (2010). Aufgabengestaltung. In U. Kleinbeck & K.-H. Schmidt (Hrsg.), *Arbeitspsychologie* (S. 581- 622). Enzyklopädie der Psychologie, Themenbereich D, Serie III, Band 1. Göttingen: Hogrefe.

Ulich, E. (2011). Arbeitspsychologie. (7. überarb. u. erw. Auflage). Zürich: vdf Hochschulverlag. Stuttgart: Schäffer Poeschel.

Ulich, E. & C. Baitsch (1979). *Schicht- und Nachtarbeit im Betrieb.* 2. Auflage. Rüschlikon: gdi-Verlag.

Ulich, E., Trachsler, E., Inversini, S., Wülser, M. & Dangel, C. (2005). *Arbeitsbedingungen, Belastungen und Ressourcen in der Thurgauer Volksschule* – Teilstudie Schulbehörden. Frauenfeld: Amt für Volksschule und Kindergarten des Kantons Thurgau.

Ulich, E. & Ulich, H. (1977). Über einige Zusammenhänge zwischen Arbeitsgestaltung und Freizeitverhalten. In Th. Leuenberger & K.-H. Ruffmann (Hrsg.), *Bürokratie, Motor oder Bremse der Entwicklung* (S. 209-227). Bern: Lang.

Ulich, E. & Wülser, M. (2010). Gesundheitsmanagement in Unternehmen. Arbeitspsychologische Perspektiven (4. überarb. u. erw. Aufl.). Wiesbaden: Gabler.

Underhill, C. M. (2006). The effectiveness of mentoring programs in corporate settings: A meta-analytical review of the literature. *Journal of Vocational Behavior, 68*, 292-307.

V

Vandenberg, R. J., Richardson, H. A. & Eastman, L. J. (1999). The impact of high involvement work processes on organizational effectiveness. *Group & Organization Management, 24*, 300–339.

Van Hooff, M. L. M., Geurts, S. A. E., Kompier, M. A. J. & Taris, T. W. (2007). Workdays, in-between workdays and the weekend: a diary study on effort and recovery. *International Archives of Occupational and Environmental Health, 80*, 599-613.

Verein Deutscher Ingenieure VDI (1989). *Handlungsempfehlung „Sozialverträgliche Gestaltung von Automatisierungsvorhaben"*. Düsseldorf: VDI.

Vernon, H.M., Bedford, T. & Wyatt, S. (1924). Two contributions to the study of rest pauses in industry. *Industrial Fatigue Research Board Report*, No. 25.

Voermans, S. & Ahlers, G. (2009). *Präsentismus: Krank zur Arbeit*: Was kosten uns „tapfere" Kollegen? 2. Bremer Fachaustausch „Gemeinsam neue Wege". Bremen, 30.1.2009.

Volpert, W., Resch, M. & Lüders, E. (1992). *Entwicklung eines Kriterienkatalogs für die Bewertung von Massnahmen zur besseren Vereinbarkeit von Familie und Beruf.* Projektskizze. Berlin: Institut für Humanwissenschaft in Arbeit und Ausbildung der Technischen Universität Berlin.

Voß, G. G. (1995). Entwicklung und Eckpunkte des theoretischen Konzepts. In Projektgruppe „Alltägliche Lebensführung" (Hrsg.), *Alltägliche Lebensführung.* Arrangements zwischen Traditionalität und Modernisierung (S. 23-43). Opladen: Westdeutscher Verlag.

Voß, G. G. (1998). Die Entgrenzung von Arbeit und Arbeitskraft. Eine subjektorientierte Interpretation des Wandels der Arbeit. *Mitteilungen aus der Arbeitsmarkt- und Berufsforschung 98,* 473-487.

Voß, G. G. (2001). Der Arbeitskraftunternehmer. Ein neuer Typus von Arbeitskraft und seine sozialen Folgen. In H. Reichhold, A. Löhr & G. Blickle (Hrsg.), *Wirtschaftsbürger oder Marktopfer* (S. 15-32). Mehring: Rainer Hampp.

Voss, H. G. (1989). Entwicklungspsychologische Familienforschung und Generationenfolge. In H. Keller (Hrsg.), *Handbuch der Kleinkindforschung* (S. 207-228). Neuwied: Luchterhand.

Voydanoff, P. (2007). *Work, Family, and Community. Exploring Interconnections.* Mahwah, New Jersey: Lawrence Erlbaum Ass.

VPOD Verband des Personals der Öffentlichen Dienste. (1990). *Einführung neuer Technologien in Büro und Verwaltung.* Zürich: VPOD.

W

Walton, R. E. (1972). How to counter alienation in the plant. *Harvard Business Review, 50,* 70-81.

Warr, P. (1995). In what circumstances does job performance vary with age? In J. M. Pereiro, F. Orieot, J. L. Melia & O. Luqe (Eds.), *Work and Organizations Psychology: Contribution of the Nineties* (pp. 1-13). London: Taylor & Francis.

Warren, T. (2004). Working part-time: achieving a successful 'work-life' balance? *The British Journal of Sociology, 55,* 99-122.

Weber, W. G., Pasqualoni, P.-P. & Burtscher, C. (Hrsg.) (2004). *Wirtschaft, Demokratie und Soziale Verantwortung – Kontinuitäten und Brüche.* Reihe Psychologie und Beruf, Band 2. Göttingen: Vandenhoeck & Ruprecht.

Weber, W.G. & Rieder, K. (2004). Dienstleistungsarbeit und soziale Entfremdung – theoretische Konzeptualisierung und empirische Hinweise aus einer Studie im Call Center einer Direktbank. In W. Dunkel & G. Voß (Hrsg.), *Dienstleistung als Interaktion.* Beiträge aus einem Forschungsprojekt Altenpflege – Deutsche Bahn – Call Center (S. 181-205). München: Rainer Hampp.

Weber, W. G., Unterrainer, C. & Schmid, B. (2009). Organizational Democracy, Socio-moral Atmosphere, and Prosocial and Community-Related Value Orientations of Employees. *Journal of Organizational Behavior,* [Preview: DOI: 10.1002/job.615, 23 pages].

West, C. & Zimmerman, D. H. (1991). Doing gender. In J. Lorber & S. A. Farrell (Eds.), *The Social Construction of Gender* (pp. 13-37). Newbury Park: Sage.

Westman, M. & Aharoon-Madar, M. (1998, May 27-29). *The impact of vacation on stress, burnout, and performance.* Paper presented at the 7th International Conference on Social Stress, Budapest, Hungary.

Westman, M. & Eden, D. (1997). Effects of a respite from work on burnout: vacation relief and fade-out. *Journal of Applied Psychology, 82,* 516-527.

Westman, M. & Etzion, D. (2001). The impact of vacation and job stress on burnout and absenteeism. *Psychology and Health, 16,* 595-606.

WHOQOL Group (1993). Study protocol for the World Health Organization project to develop a Quality of Life Assessment instrument (WHOQOL). *Quality of Life Research 2,* 1993; 153-159.

WHOQOL Group (1994a). The development of the World Health Organization Quality of Life Assessment Instrument (the WHOQOL). In J. Orley and W. Kuyken (Eds). *Quality of Life Assessment: International Perspectives* (pp.41-60). Heidelberg: Springer.

WHOQOL Group (1994b). Development of the WHOQOL: Rationale and current status. *International Journal of Mental Health, 23* (3), 24-56.

Whyte, F. W. (1991). Preface. In W.F. Whyte & K.K. Whyte, *Making Mondragon* (p. xiii-xiv). Ithaca/London: ILR Press.

Whyte, W. F. & Whyte K.K. (1991) *Making Mondragon*. 2nd edition. Ithaca/London: ILR Press.

Wieland, R. (2006). Gesundheitsförderliche Arbeitsgestaltung – Ziele, Konzepte und Maßnahmen. *Wuppertaler Beiträge zur Arbeits- und Organisationspsychologie, Heft 1*, 2-47.

Wieland, R. (2010). Gestaltung gesundheitsförderlicher Arbeitsbedingungen. In U. Kleinbeck & K.-H. Schmidt (Hrsg.). *Arbeitspsychologie* (S. 869-919). Enzyklopädie der Psychologie, Themenbereich D, Serie III, Band 1. Göttingen: Hogrefe.

Wieland, R., Grüne, P., Schmitz, U. & Roth, K. (2001). *Zeitarbeit optimal gestalten*. Spezifische psychische Belastungen bei Leiharbeit. Schriftenreihe der Bundesanstalt für Arbeitsschutz und Arbeitsmedizin. Bremerhaven: Wirtschaftsverlag NW.

Wieland, R. & Krajewski, J. (2002). Psychische Belastung und Qualifizierung in neuen Arbeitsformen I: Zeitarbeit. *Wuppertaler Psychologische Berichte, Heft 1*.

Wiese, B. S. (2000). *Berufliche und familiäre Zielstrukturen*. Münster: Waxmann.

Wiese, B. S. (2004). Beruf und Familie im Alltagserleben erwerbstätiger Paare: Querschnittliche und prozessuale Befunde. *Zeitschrift für Sozialpsychologie, 35*, 45-58.

Wiese, B. S. (2004). Wahrgenommene familienunterstützende Unternehmenskultur: Beziehungen zur allgemeinen und arbeitsbezogenen Befindlichkeit. *Wirtschaftspsychologie, 6*, 72-85.

Wiese, B. S. (2007). Work-Life Balance. In K. Moser (Hrsg.), *Wirtschaftspsychologie* (S. 245-263). Berlin: Springer.

Wiese, B. S. & Freund, A. M. (2000). The interplay of work and family in young and middle adulthood. In J. Heckhausen (Ed.), *Motivational psychology of human development: Developing motivation and motivating development* (pp. 233- 249). Oxford, UK: Elsevier.

Wiese, B. S. & Freund, A. M. (2008). Vereinbarkeit von Beruf und Familie. In D. Läge & A. Hirschi (Hrsg.), *Berufliche Übergänge* – Psychologische Grundlagen der Berufs-, Studien- und Laufbahnberatung (S. 191-212). Zürich/Münster: LIT Verlag.

Wiese, B. S., Freund, A. M. & Seiger, C. P. (2007). *Positiver Transfer zwischen Beruf und Familie.* Vortrag auf der 5. Tagung der Fachgruppe Arbeits- und Organisationspsychologie der DGPs, Trier, September 2007.

Wiese, B. S., Seiger, C. P., Schmid, C. M. & Freund, A. M. (2010). *Beyond conflict: functional facets of the work-family interplay.* Manuscript submitted for publication.

Winker, G. (Hrsg.). *Telearbeit und Lebensqualität.* Zur Vereinbarkeit von Beruf und Familie. Frankfurt/M.: Campus.

Wippler, R. (1970). Leisure behaviour, a multivariate approach. Sociologica Nederlandica 6, 51-60. Dtsch. Übers.: Freizeitverhalten: ein multivariater Ansatz. In Schmitz-Scherzer, R. (Hrsg.). *Freizeit* (S. 91-107). Frankfurt/M.: Akademische Verlagsgesellschaft.

Wynne, R. (2009). *Promoting Mental Health at work*: Outlook of next ENWHP initiative. ENWHP conference Perugia. 5/27/2009.

Z

Zierau, J. (2000). Genderperspektive – Freiwilligenarbeit, ehrenamtliche Tätigkeit und bürgerschaftliches Engagement bei Männern und Frauen. In B. von Rosenbladt (Hrsg.), *Freiwilliges Engagement in Deutschland* (S. 136-145). Stuttgart: Kohlhammer.

Zok, K. (2008). Krank zur Arbeit: Einstellungen und Verhalten von Frauen und Männern beim Umgang mit Krankheit am Arbeitsplatz. In B. Badura, H. Schröder & Ch. Vetter (Hrsg.). Fehlzeiten-Report 2007 *„Arbeit, Geschlecht und Gesundheit"* (S. 121 – 144). Heidelberg: Springer.

Zülch, G. & Starringer, M. (1984). Differentielle Arbeitsgestaltung in Fertigungen für elektronische Flachbaugruppen. *Zeitschrift für Arbeitswissenschaft, 38,* 211-216

Zürcher Kantonalbank (Hrsg.). (2005). *Unternehmen Zukunft. Generationenwechsel bei KMU in der Schweiz.* Zürich.

Stichwortverzeichnis

A

B

C

D

E

F

G

H

I

J

K

L

U

V

W

Z